Emotionale Intelligenz bei Kindern fördern

Irina Bosley
Erich Kasten

Emotionale Intelligenz bei Kindern fördern

Ein Elternratgeber mit interaktiven Geschichten, Übungen und Spielen

Mit 50 Illustrationen von Anna Hirenko

Irina Bosley
Berlin, Deutschland

Erich Kasten
Medical School Hamburg
Hamburg, Deutschland

ISBN 978-3-658-28560-9   ISBN 978-3-658-28561-6   (eBook)
https://doi.org/10.1007/978-3-658-28561-6

Die Deutsche Nationalbibliothek verzeichnet diese Publikation in der Deutschen National-bibliografie; detaillierte bibliografische Daten sind im Internet über ▶ http://dnb.d-nb.de abrufbar.

© Springer Fachmedien Wiesbaden GmbH, ein Teil von Springer Nature 2020
Das Werk einschließlich aller seiner Teile ist urheberrechtlich geschützt. Jede Verwertung, die nicht ausdrücklich vom Urheberrechtsgesetz zugelassen ist, bedarf der vorherigen Zustimmung des Verlags. Das gilt insbesondere für Vervielfältigungen, Bearbeitungen, Übersetzungen, Mikroverfilmungen und die Einspeicherung und Verarbeitung in elektronischen Systemen.
Die Wiedergabe von allgemein beschreibenden Bezeichnungen, Marken, Unternehmensnamen etc. in diesem Werk bedeutet nicht, dass diese frei durch jedermann benutzt werden dürfen. Die Berechtigung zur Benutzung unterliegt, auch ohne gesonderten Hinweis hierzu, den Regeln des Markenrechts. Die Rechte des jeweiligen Zeicheninhabers sind zu beachten.
Der Verlag, die Autoren und die Herausgeber gehen davon aus, dass die Angaben und Informationen in diesem Werk zum Zeitpunkt der Veröffentlichung vollständig und korrekt sind. Weder der Verlag, noch die Autoren oder die Herausgeber übernehmen, ausdrücklich oder implizit, Gewähr für den Inhalt des Werkes, etwaige Fehler oder Äußerungen. Der Verlag bleibt im Hinblick auf geografische Zuordnungen und Gebietsbezeichnungen in veröffentlichten Karten und Institutionsadressen neutral.

Einbandabbildung: © ideabug/Getty Images/iStock
Illustrationen von Anna Hirenko

Planung/Lektorat: Lisa Bender, Heiko Sawczuk
Springer ist ein Imprint der eingetragenen Gesellschaft Springer Fachmedien Wiesbaden GmbH und ist ein Teil von Springer Nature.
Die Anschrift der Gesellschaft ist: Abraham-Lincoln-Str. 46, 65189 Wiesbaden, Germany

Vorwort

Wir leben in einer Zeit, die von jedem mehr fordert als früher. Ständig werden wir mit Neuigkeiten überschwemmt und immer wieder vor neue Herausforderungen gestellt. Die Dinge um uns herum verändern sich in einem rasanten Tempo: Trotz Ausbildung weiß kaum jemand, ob er seinen Arbeitsplatz auch in fünf Jahren noch hat, eine Einstellung ist keine Lebenseinstellung mehr. Ständig muss jeder Bereitschaft haben, sich weiterzubilden, sich auf die neuen Technologien einzulassen. Wer vorankommen will, kann oft das Berufsleben kaum noch vom Privaten trennen. Die Forderung an die neue Generation lautet: Flexibilität in jeder Hinsicht, ständige Erreichbarkeit, Anpassung an die Sklaverei der Dynamik unserer Zeit.

In einem Clip, der kürzlich durch die sozialen Medien rauschte, war eine Lehrerin zu sehen, die nach dem Abendessen Arbeiten ihrer Schüler korrigierte, während ihr Mann mit seinem Smartphone spielte. Plötzlich weint sie. Sie hatte den Schülern ihrer Klasse die Aufgabe gegeben, einen Aufsatz zum Thema „Mein Wunsch" zu schreiben, und eines der Kinder hatte geschrieben, es wäre gerne ein Smartphone, weil seine Eltern mehr mit ihrem Smartphone beschäftigt sind als mit ihm. Welches Kind war es denn?, fragte ihr Mann, während er mit einem Auge weiter sein Spiel beobachtete. „Unser Sohn", antwortete die Lehrerin.

Zwischen Arbeit, Hausaufgaben und Haushalt versuchen viele Eltern, ihren Kindern irgendwie die Zeit einzuräumen, die sie verdienen. Die Kinder kommen aber häufig zu kurz. Das bestätigt auch die aktuelle Umfrage des Spielzeugherstellers Hasbro (2018). Für einen Werbeclip wurden einige Kinder gefragt, wie viel Zeit sie mit ihren Eltern verbringen. Dabei stellt sich heraus: Die Zeit für den gemeinsamen Spaß geht oft im Alltagstrott unter. Manche Kinder erhalten so wenig elterliche Zuneigung und Liebe, dass sie sich innere Schutzmauern errichten, um nicht enttäuscht, gekränkt oder verletzt zu werden. Mit diesem Gefühlspanzer ausgestattet, suchen sie die verlockende und scheinbar unkomplizierte Bindung zu Sachen und Bildschirmen (Fernsehen, Smartphone, Computerspiele, soziale Netzwerke usw.), was ihre Interaktion mit Bezugspersonen und anderen Kindern verringert. Im Fernsehen wird man aber oft mit Gewaltszenen konfrontiert, wenn nicht in Nachrichten, dann in Filmen oder Dokumentationen. Schießspiele („Shooter"), in denen man Spielfiguren schießen lässt, sind sehr populär geworden. Während Erwachsene zwischen der Fiktion eines Computerspiels und dem realen Leben gut differenzieren können, fällt Kindern das schwer. Bekannt ist ein Fall, in dem ein 7-jähriger Schüler so auf seine Klassenlehrerin eindrosch, dass sie wochenlang arbeitsunfähig war.

Viele Kinder und Jugendliche sind auf der Suche nach neuen Maßstäben, Aufmerksamkeit und emotionalen Höhepunkten, in denen sie endlich wahrgenommen werden; das glauben sie zumindest. Und wenn diese Sinnsuche sich in körperlicher Gewalt entlädt, wenn ein Grundschüler einem anderen ein Teppichmesser an den Hals hält, wenn ein Schüler von seinen Klassenkameraden hemmungslos verprügelt oder gemobbt wird, wenn Kinder gegen Lehrer psychische und körperliche Gewalt ausüben, dann ist die Frage „Was ist los mit unserer Generation?" längst überfällig.

Wie alle wichtigen Dinge, die wir im Leben tun, ist Kindererziehung eine komplexe Aufgabe, die uns vor viele Herausforderungen stellt. Worin besteht unsere Aufgabe als Eltern? Nicht nur, um unsere Kinder zu ernähren, ihren Tagesablauf zu gestalten und ihnen alle möglichen Dinge zu kaufen. Mit diesen Verpflichtungen wird unsere Aufgabe offensichtlich nicht ganz erfüllt. Um unsere Kinder auf die Zukunft vorzubereiten, müssen wir ihnen helfen, soziale und emotionale Fähigkeiten zu entwickeln. Ob es den jungen Menschen gelingt, sich den alltäglichen Herausforderungen unserer Ellenbogengesellschaft zu stellen, Hindernisse zu überwinden, neue Chancen zu ergreifen, hängt davon ab, ob sie diese Fähigkeiten besitzen.

Als Eltern hätten wir unsere Kinder gerne als eine perfektionierte Version von uns selbst. Aus Liebe möchten wir ihnen die schmerzlichen Erfahrungen ersparen, die wir machen mussten. Darum neigen wir dazu, unseren Kindern zu sagen, was sie tun sollen. Unsere erzieherische Rolle besteht aber nicht darin, Probleme unsere Kinder zu lösen oder Entscheidungen für das Kind zu treffen. Wir können nicht immer da sein, um ihnen zu sagen, wie sie sich verhalten sollen. Kinder müssen lernen, selbst zu denken und sich an bestimmte moralische Richtlinien zu halten, die von den Eltern vorgegeben wurden. Bei allem, was wir tun, müssen wir auch die emotionale Komponente berücksichtigen. Wir müssen darauf achten, dass wir und unsere Kinder unsere Gefühle wahrnehmen und akzeptieren, aber auch kontrollieren können und uns nicht von ihnen beherrschen lassen.

Wir reagieren intuitiv und meistens spontan. Dabei neigen wir dazu, abgesehen von der Bewertung der aktuellen Situation, auf „Musterreaktionen" zurückzugreifen, die wir in unserem Leben anhand vergleichbarer Situationen selbst erlebt oder bei anderen (hauptsächlich bei unseren Eltern und gleichaltrigen Freunden) gesehen haben. Deshalb ist es wichtig, Kindern gute Lernsituationen im Bereich der emotionalen Kompetenz bereitzustellen und sie dadurch zu fördern. Emotionale Intelligenz zu besitzen und zu schulen heißt, eine große Bandbreite konstruktiver Erfahrungen verfügbar zu haben und sie für sich selbst und im Umgang mit anderen angemessen einsetzen zu können. Die Möglichkeit des Rückgriffs auf Bekanntes erlaubt es, gelassener zu reagieren, Belastbarkeit und Zufriedenheit mit sich selbst zu steigern.

Vorwort

Es gibt verschiedene Möglichkeiten, dieses Buch zu lesen. Wer bereits über Vorwissen zur emotionalen Intelligenz verfügt, kann mit dem Teil 2 beginnen, der praktische Aufgaben zu fünf Intelligenzbereichen enthält: Selbstwahrnehmung, soziales Bewusstsein, Selbstmanagement, verantwortungsvolle Entscheidungen und Beziehungsmanagement.

Für Leser, die hier Neuland betreten, ist Teil 1 der empfohlene Einstieg. In diesem Teil finden Sie kompaktes Wissen über emotionale Intelligenz. Hier erhalten Sie Antworten auf wichtige Fragen: Was ist emotionale Intelligenz? Sind Gefühle angeboren oder anerzogen? Welche Rolle spielen Erwachsene in der emotionalen Entwicklung ihrer Kinder? Sie werden deutlich erkennen, dass es höchste Zeit ist, die emotionale Entwicklung stärker in den Blickpunkt von Bildung und Erziehung zu rücken.

Teil 2 bietet Ihrem Kind die Möglichkeit, das „emotionale Alphabet" in seiner ganzen Spannbreite beherrschen zu lernen. Die untergeordneten Kapitel erläutern Ihnen die fünf Kompetenzgruppen, die emotionale Intelligenz bei Kindern ausmachen: Selbstwahrnehmung, soziales Bewusstsein, Selbstmanagement, verantwortungsvolle Entscheidungen, Beziehungsmanagement. Dieser umfangreichste Teil des Buchs beschäftigt sich mit der konkreten Anwendung im Alltag. Jeweils am Ende eines Kapitels erhalten Sie einige Tipps für Ihren Alltag mit Kindern.

In diesem Buch finden Sie eine Vielzahl von interaktiven Geschichten, Übungen und Spielen für verschiedene Altersstufen (5–7 Jahre, 8–10 Jahre und 11–12 Jahre), die das Wahrnehmen von Gefühlen bei sich und bei anderen und den kompetenten Umgang damit fördern. Das Erkennen von verschiedenen Gefühlen und der Körpersprache ist dabei ebenso wichtig wie die Handhabung von problematischen Gefühlszuständen wie Wut oder Angst.

Emotionale Intelligenz bei Kindern lässt sich besonders gut mit Geschichten fördern. In kleinen Geschichten zum Nachdenken, Mitfühlen und Weiterträumen werden bestimmte Themen dargestellt. Darauf basierend gibt es Entscheidungsfragen als Gesprächsanlass.

Die altersgerechten Übungen wurden mit dem Ziel entwickelt, ähnliche Fähigkeiten zu messen wie die EQ-Testaufgaben für Erwachsene. Diese Testaufgaben wurden von uns selbst erstellt. Seien Sie sicher: Diese Übungen werden wertvolle Spuren im emotionalen Gehirn Ihres Kindes hinterlassen.

Wir haben versucht, ein Spiele-Programm anzubieten, das sich mit möglichst wenig Material einsetzen lässt und den Kindern viel Spaß machen soll. Die hier angebotenen Spiele sind in fünf Bereiche eingeteilt, die die fünf oben genannten Kompetenzgruppen bedienen. Dabei gehen die einzelnen Bereiche ineinander über. Jedem Bereich sind kurze Überlegungen vorangestellt: Übungen im Umgang mit Gefühlen erlauben, Situationen nicht nur im Denken nachgehen, sondern auch gefühlsmäßig zu bewerten, und „integriert" agieren und reagieren können. Viele der hier vorgestellten Spiele lassen sich im Kindergarten, in der Schule oder im familiären Umfeld als Auflockerungsübung einsetzen und tragen dazu bei, den Umgang miteinander zu verbessern.

Jeder Mensch kommt umso besser mit kritischen Situationen, schwierigen Phasen, negativen Gefühlen, dauerhaften Belastungen klar, je ausgeprägter seine emotionale Intelligenz ist. Er vermag seine Gefühle und Handlungen und die anderer in verschiedenen Situationen besser einzuschätzen und handzuhaben. Deshalb hat die Förderung der inneren Stärke unserer Kinder große Vorteile: von einer besseren Gesundheit und einer gesteigerten Lernfähigkeit bis zu einem erfüllten und glücklicheren Leben. Grundsätzlich kann man sagen: Je besser die Entwicklung der emotionalen Intelligenz in der Kindheit gefördert wurde, umso ist eher die Entwicklung eines Menschen auch insgesamt als geglückt anzusehen.

Der Plan für dieses Buch begann mit der Absicht, liebe Leser, Ihnen viele Werkzeuge an die Hand zu geben, damit Kinder überall – im Elternhaus, im Kindergarten, in der Schule – das mächtige Kraftpaket zur erfolgreichen Bewältigung ihrer Zukunft erhalten: die emotionale Intelligenz.

Wir hoffen, dass alle, die den Reifungsprozess eines Kindes begleiten, in diesem Buch viele interessante Impulse finden und vor allem neue Dinge mit ihren Kindern ausprobieren. Wir wünschen Ihnen viel Spaß, gemeinsam den Reichtum an den Gefühlen zu entdecken.

Irina Bosley
Erich Kasten

Inhaltsverzeichnis

1	**Grundlagen**	1
1.1	Was ist emotionale Intelligenz?	2
1.2	Emotionen und Gefühle	7
1.3	Gefühle, Gedanken und körperliche Empfindungen	7
1.4	Den Umgang mit eigenen Gefühlen entwickeln	18
1.5	Einschätzung der emotionalen Intelligenz	20
1.5.1	Selbsteinschätzung bei Erwachsenen	20
1.5.2	Einschätzung bei Kindern	21
	Weiterführende Literatur	22
2	**Emotionale Intelligenz und die soziale Interaktion**	23
2.1	Emotionale Entwicklung von Kindern	24
2.1.1	Altersgruppe von 4 bis 5 Jahren	25
2.1.2	Altersgruppe von 6 bis 7 Jahren	27
2.1.3	Altersgruppe von 8 bis 12 Jahren	28
2.1.4	Altersgruppe ab ca. 12 Jahren	29
2.2	Die Rolle von Erwachsenen im emotionalen Reifungsprozess	30
2.2.1	Was Erzieher und Lehrer beachten sollen	32
2.2.2	Kritik in der Erziehung	34
	Literatur	35
3	**Kompetenzgruppen der emotionalen Intelligenz**	37
3.1	Sozial-emotionales Lernen (SEL)	38
3.2	Selbstwahrnehmung	40
3.2.1	Impulskontrolle als die Grundlage der Selbstbeherrschung	41
3.2.2	Optimismus als die Grundlage der Motivation	45
3.2.3	Tipps für Erwachsene	49
3.3	Selbstmanagement	50
3.3.1	Tipps für Erwachsene	56
3.4	Beziehungsmanagement	57
3.4.1	Tipps für Erwachsene	61
3.5	Verantwortungsvolle Entscheidungen	61
3.5.1	Problemlöseverfahren	64
3.5.2	Drei Situationstypen	66
3.5.3	Tipps für Erwachsene	67
3.6	Soziales Bewusstsein	68
3.6.1	Tipps für Erwachsene	70
	Literatur	71

4	**Übungsaufgaben**	73
4.1	**Emotionales Kennenlernen**	76
4.1.1	Fragenkatalog „Ich-du-Wir" (5–12 Jahre)	76
4.1.2	Meine Eigenschaften (5–12 Jahre)	77
4.1.3	Meine Stärken und Schwächen (5–12 Jahre)	78
4.1.4	Warum bin ich auf der Welt? (5–12 Jahre)	79
4.2	**Geschichten**	80
4.2.1	Regenwolke (ab 5 Jahren)	80
4.2.2	Otto und seine Angst (ab 5 Jahren)	85
4.2.3	Leon + Tina = Liebe (ab 5 Jahren)	89
4.2.4	Ein besonderes Gefühl (ab 8 Jahren)	92
4.2.5	Von Jongleur und Clown (ab 9 Jahren)	97
4.2.6	Was für ein Glück, dass es dich gibt (ab 5 Jahren) (Lösungen auf ▶ Abschn. 4.5)	99
4.2.7	Streit im Auto (ab 8 Jahren) (Lösungen auf ▶ Abschn. 4.5)	102
4.2.8	Die Spieleckengrenze (ab 5 Jahren) (Lösungen auf ▶ Abschn. 4.5)	103
4.2.9	Zusammen sind wir stark (ab 7 Jahren) (Lösungen auf ▶ Abschn. 4.5)	104
4.2.10	Vicky und die bösen Jungs (ab 8 Jahren) (Lösungen auf ▶ Abschn. 4.5)	107
4.2.11	Sag laut und deutlich „Nein" (ab 8 Jahren) (Lösungen auf ▶ Abschn. 4.5)	110
4.2.12	Vom Teilen und Abgeben-Können (ab 5 Jahren)	115
4.2.13	Avy und Rita im Streit (ab 5 Jahren)	117
4.2.14	Max hat keine Angst im Dunkeln (ab 5 Jahren) (Lösungen auf ▶ Abschn. 4.5)	119
4.2.15	Ella ist wütend (ab 5 Jahren) (Lösungen auf ▶ Abschn. 4.5)	122
4.2.16	Ich will mitspielen! (ab 5 Jahren)	123
4.2.17	Lisas Kuscheltier (ab 5 Jahren)	124
4.2.18	Arzt spielen (ab 5 Jahren)	125
4.3	**Übungen**	127
4.3.1	Gute Vorsätze (ab 8 Jahre)	127
4.3.2	Umgang mit eigenen Emotionen (5–12 Jahre) (Lösungen auf ▶ Abschn. 4.5)	129
4.3.3	Situationen und Verhalten (ab 5 Jahren)	136
4.3.4	Emotionen einordnen (5–12 Jahre) (Lösungen auf ▶ Abschn. 4.5)	136
4.3.5	Motivationskarten (ab 8 Jahren)	141
4.3.6	Positive und negative Gedanken (ab 8 Jahren) (Lösungen auf ▶ Abschn. 4.5)	143
4.3.7	Gefühle und körperliche Empfindungen (ab 5 Jahren)	145
4.3.8	Gefühle und Situationen (ab 10 Jahren)	147
4.3.9	Stressreaktion (ab 8 Jahre)	147
4.3.10	Eine Fantasiereise (ab 5 Jahren)	148
4.3.11	Von kleinen und großen Gefühlen (ab 5 Jahren) (Lösungen auf ▶ Abschn. 4.5)	149
4.3.12	Veränderungen (5–12 Jahre) (Lösungen auf ▶ Abschn. 4.5)	150

4.3.13	Umgang mit Emotionen (5–12 Jahre) (Lösungen auf ▶ Abschn. 4.5)	156
4.3.14	Gesichtsausdrücke (5–12 Jahre) (Lösungen auf ▶ Abschn. 4.5)	165
4.3.15	Argumentationen (ab 10 Jahre)	171
4.3.16	Sich in die Lage des anderen versetzen (ab 10 Jahre)	171
4.3.17	Geheimnisse (ab 5 Jahre)	172
4.3.18	Fragebogen Freundschaft (ab 5 Jahren) (Lösungen auf ▶ Abschn. 4.5)	172
4.3.19	Eine Nachdenkaufgabe für Kinder (ab 8 Jahre)	173
4.3.20	Konfliktsituationen (ab 10 Jahren) (Lösungen auf ▶ Abschn. 4.5)	174
4.3.21	Schaufensterbummel (ab 5 Jahren)	176
4.3.22	Bewusst mit Bewertungen umgehen (ab 5 Jahre)	176
4.4	**Spiele**	179
4.4.1	Selbstwahrnehmung	179
4.4.2	Selbstmanagement: Spiele	187
4.4.3	Beziehungsmanagement	195
4.4.4	Verantwortungsvolle Entscheidungen	200
4.4.5	Soziales Bewusstsein	207
4.5	**Lösungen**	214
	Weiterführende Literatur	217

Grundlagen

1.1	Was ist emotionale Intelligenz? – 2	
1.2	Emotionen und Gefühle – 7	
1.3	Gefühle, Gedanken und körperliche Empfindungen – 7	
1.4	Den Umgang mit eigenen Gefühlen entwickeln – 18	
1.5	Einschätzung der emotionalen Intelligenz – 20	
1.5.1	Selbsteinschätzung bei Erwachsenen – 20	
1.5.2	Einschätzung bei Kindern – 21	
	Weiterführende Literatur – 22	

© Springer Fachmedien Wiesbaden GmbH, ein Teil von Springer Nature 2020
I. Bosley und E. Kasten, *Emotionale Intelligenz bei Kindern fördern*,
https://doi.org/10.1007/978-3-658-28561-6_1

Kurze Zusammenfassung

Alle Eltern wollen, dass ihre Kinder in der Schule gute Noten schreiben. Doch zu einem erfolgreichen Leben gehört, dass aus unseren Kindern mitfühlende Erwachsene werden, die Probleme erkennen und diese selbstständig lösen können. Emotionale Intelligenz beeinflusst das Glücksempfinden, das wiederum Grundlage ist für gute Leistungen und die Steigerung des Selbstwertgefühls. Zudem sorgt emotionale Intelligenz für harmonische Beziehungen. Emotionen sind Grundlage für viele unserer Entscheidungen und Handlungen. Täglich findet in jedem Menschen blitzschnell und unbewusst ein bestimmter Kreislauf statt. Dieser Kreislauf besteht aus Situation, Gedanken, Gefühlen, Körperempfindungen und daraus resultierendem Verhalten. In bestimmten Situationen sind Gefühle mit dazugehörigen Gedanken, Körperempfindungen und Verhaltensmustern verknüpft.

1.1 Was ist emotionale Intelligenz?

Christoph und Alex sollen in der Schule einen Vortrag über den Zweiten Weltkrieg halten. Christoph hat gute IQ-Testwerte und gute Zeugnisse, die ihm den Weg durch Bildungseinrichtungen erleichtern werden. Alex ist nicht so intelligent wie Christoph. Weder seine IQ-Testwerte noch seine Zeugnisse sind bemerkenswert. Er besitzt aber einen gesunden Menschenverstand und soziale Kompetenz. Christophs Vortrag hat einen sehr guten Inhalt, allerdings zeigt er ein sehr unsicheres Auftreten, stottert viel und bringt Sätze nicht zu Ende. Alex kann zwar inhaltlich keine allzu gute Präsentation erstellen, dafür zieht er mit seiner guten, klaren Sprechweise seine Mitschüler in seinen Bann. Er wirkt überzeugend, kompetent und sicher. Am Ende ist die Note von Alex sogar besser als die von Christoph.

Kognitive Intelligenz, die in der Schule so hochgeschätzt wird, ist im eigentlichen Sinne eine Dimension zur Beschreibung von geistigen Fähigkeiten, wie etwa logisches Denken, Abstraktionsvermögen, Verarbeitungskapazität. Um sie zu messen, gibt es eine ganze Reihe von psychologischen IQ-Tests. Viele Kinder, Jugendliche und Erwachsene absolvieren diese Tests mit Bravour, was ihnen ein eindrucksvolles Potenzial akademischen Leistungsvermögens bescheinigt. Wer kognitive Intelligenz besitzt, muss aber nicht unbedingt wissen, wie man sie gewinnbringend einsetzt, um etwas für sich selbst oder andere zu bewirken. Erfolgreiche Menschen verlassen sich nicht nur auf ihre kognitive Intelligenz, denn sie haben etwas, das viel wichtiger ist: Sie kennen ihre Stärken und Schwächen. Sie setzen auf ihre Stärken und kompensieren bzw. korrigieren ihre Schwächen. Ausgeprägte soziale und emotionale Fähigkeiten verhelfen in allen Lebensbereichen zum Erfolg. Junge Menschen, die über diese Fähigkeiten verfügen, sind oft glücklicher, selbstbewusster und kompetenter. Verglichen mit rein theoretischer Intelligenz, hilft eine hohe emotionale Intelligenz Menschen dabei, im Lauf des Lebens die besseren Schüler, Familienmitglieder, Freunde und Mitarbeiter zu sein.

Der Begriff der emotionalen Intelligenz wurde in den USA geprägt, und seine Wichtigkeit wird seit rund 30 Jahren auch in Deutschland heiß diskutiert. Die Stärke

1.1 · Was ist emotionale Intelligenz?

der Intelligenz drückt man aufgrund der historischen Entwicklung dieses Begriffs als „Intelligenz-Quotient" (IQ) aus, und analog dazu spricht man bei guten emotionalen Fähigkeiten von dem „EQ", dem emotionalen Quotienten. Beides sind Versuche, eine verborgene Fähigkeit messbar zu machen und in Zahlenwerten auszudrücken. Intelligenz im eigentlichen Sinne ist eine Dimension zur Beschreibung von geistigen Fähigkeiten, wie logisches Denken, Abstraktionsvermögen, räumliche Wahrnehmung, Sprachverständnis, Rechenvermögen oder auch Ratefähigkeit. Intelligenz hat auf den ersten Blick wenig mit Emotionen oder Gefühlen zu tun, allerdings können Aufregung und starke emotionale Betroffenheit die geistige Leistungsfähigkeit blockieren, zum Beispiel in einer Prüfungssituation. Jemand, der mit seiner Nervosität in einer Prüfung gut umgehen kann, besitzt eine hohe emotionale Intelligenz und wird dann auch sein Wissen besser präsentieren können (◻ Abb. 1.1).

Ist emotionale Intelligenz angeboren? Dazu gibt es verschiedene Konzepte. Ein Ansatz geht davon aus, dass es sich um eine genetisch vererbte Eigenschaft handelt. Ein anderer Ansatz sieht emotionale Intelligenz als ein Zusammenspiel von erlernbaren Fertigkeiten und Eigenschaften. Die Experten sind der Meinung, dass die Anlage dafür vor allem in den ersten fünf Lebensjahren gebildet wird. Im Laufe des Lebens nimmt diese Form der Intelligenz ständig zu, weil Kinder durch elterliche und schulische Erziehung sowie durch ihre Erfahrungen beeinflusst werden. Bei Einzelkindern, die immer im Mittelpunkt standen, lassen sich in der Regel mehr soziale Probleme erkennen als bei Kindern aus Großfamilien, die frühzeitig lernen mussten, mit ihren Geschwistern zu teilen. Größtenteils gehen die Forscher davon aus, dass der EQ gezielt trainiert und bis ins hohe Alter verbessert werden kann.

Erstmals wurde der Begriff „emotionale Intelligenz" 1990 von zwei amerikanischen Psychologen, Peter Salovey und John Mayer, benutzt. Sie beschrieben emotionale Intelligenz als Teil der sozialen Intelligenz. „Soziale Intelligenz" meint die Kunst, in einem komplexen sozialen Gefüge mit anderen Leuten klarzukommen; emotionale Intelligenz bedeutet die Fähigkeit, mit eigenen Gefühlen, aber auch mit denen anderer Menschen angemessen umgehen zu können. Emotionale Intelligenz soll, nach Meinung der beiden Psychologen, auch die Fähigkeit einschließen, die eigenen Emotionen und die Emotionen der anderen zu kontrollieren, zwischen ihnen zu unterscheiden und diese Informationen zu benutzen, um das eigene Denken und die eigenen Handlungen zu lenken.

Einer breiten Öffentlichkeit wurde dieser Begriff in den USA erst 1995 durch den Bestseller von Daniel Goleman „Emotionale Intelligenz" bekannt. Der Psychologe kam zu einer wichtigen Erkenntnis: Nur wer seine eigenen Emotionen und Gefühle zu deuten weiß, kann auch mit den Emotionen anderer Menschen etwas anfangen. Die

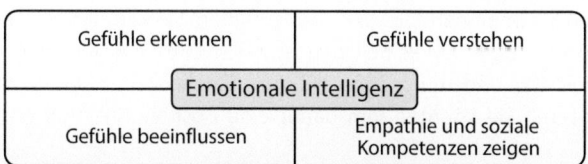

◻ **Abb. 1.1** Wichtige Merkmale von emotional intelligenten Menschen

Reaktionen der anderen auf eigene Gefühlsregungen sind ebenso wichtig. Sie ermöglichen dem Individuum, sich besser kennenzulernen, eine eigene Identität zu entwickeln und zu erkennen, wann es seine eigenen Gefühle beherrschen muss, um keine unerwünschten Reaktionen hervorzurufen. Goleman meint, dass diese Fähigkeiten vor allem im Verlauf der Erziehung des Kindes geformt werden: „Wer in seiner Kindheit und Jugend das Management von Emotionen und rationellem Denken nicht gelernt hat – nämlich seine Impulse, seine Wut- und Angstanfälle zu zähmen –, ist auch nicht in der Lage, sein geistiges Potenzial voll auszuschöpfen." (Goleman, EQ 1995)

Goleman definiert den Begriff der emotionalen Kompetenz als Fähigkeit, intelligent mit den eigenen Gefühlen sowie auch mit den Empfindungen anderer Personen umzugehen. Eine grundlegende Voraussetzung, mit einem Gefühl umgehen zu können, ist die Fähigkeit, es wahrzunehmen. „Emotionale Intelligenz bedeutet auch, die eigenen Gefühle zu kennen und sie optimal managen zu können. Empfindungen so zu regulieren, dass Zorn effektiv wird, Furcht bezähmbar. Ein emotional intelligenter Mensch findet fast immer selber aus einer Niedergeschlagenheit heraus, kann seine optimistische Stimmung bewahren und beispielsweise am Arbeitsplatz trotz Frustration unbeirrt weitermachen." (Goleman: Unser Gehirn tanzt. Interview in: Der Spiegel, Nr. 6, 1996, S. 19)

Es ist menschlich, Höhen und Tiefen zu spüren, verschiedene Gefühle zu durchleben, denn das Leben ist nun einmal so. Leider lassen sich unsere Gefühle nicht so einfach abstellen. Sich nach außen hin scheinbar gut zu fühlen, negativen Dingen keine Beachtung zu schenken, dauerhaft eine optimistische Stimmung zu bewahren, das kann zu einer Pflichtaufgabe werden. Je stärker diese Verpflichtung ist, desto größer wird unser seelischer Kampf und desto schlechter fühlen wir uns, oft gar noch schlechter als vorher, weil es Kraft kostet, niemanden merken zu lassen, was hinter der lächelnden Maske vor sich geht. Anstatt gegen negative Gefühle anzukämpfen sollten wir lernen, sie zu akzeptieren. Wenn wir verstehen, was in uns abläuft, können wir sowohl die Tage mit strahlendem Sonnenschein als auch die mit Sturm, Wind und Gewitter genießen (◘ Abb. 1.2).

Nehmen wir einmal an, Sie sind verspätet auf dem Flughafen angekommen und müssen sich zum Einchecken beeilen. Es sind besonders viele Menschen im Flughafen unterwegs. Ein Mann mit großem Koffer steht Ihnen mitten im Weg. Es ist schwierig, um ihn herumzugehen, weil Sie Ihr eigenes Gepäck schleppen. Sie sagen zu diesem Mann: „Entschuldigung!", und er sagt frech: „Wo ist Ihr Problem?" Sie könnten jetzt mit Wut auf seinen scheinbaren Ärger reagieren und sagen: „Mein Problem sind eigentlich Sie!" Der Konflikt wird sich dann aufschaukeln. Wenn Sie auf ihn und nicht auf das Problem selbst reagieren, wird das eher von Nachteil sein. Wenn Sie sich stattdessen vorstellen, dass er heute wahrscheinlich Schwierigkeiten hatte, die ihn reizbar und leicht provozierbar machten, würden Sie beginnen, sich in ihn einzufühlen. Sie könnten zum Beispiel sagen: „Tut mir leid, ich möchte Ihnen keine Unannehmlichkeiten bereiten, aber ich habe hier diese schweren Koffer und muss dringend zum Einchecken. Könnten Sie mich bitte vorbeigehen lassen?" Sie könnten ihm damit eine positive Reaktion entlocken. Seine

1.1 · Was ist emotionale Intelligenz?

- Ich gebe meiner negativen Emotion (zumindest für die Zeit, in der ich sie nicht verändern kann) eine bedingte „Erlaubnis", da zu sein, weil ich weiß, dass der Kampf gegen diese Emotion mich nur stärker macht.
- Ich versuche, meine Gefühle zu verstehen, indem ich mich frage: Stimmt das, was ich da denke? Kann ich sicher wissen, dass es so kommen wird und dass es so schlimm sein wird, wie ich es mir vorstelle?
- Ich werde vom ängstlichen Lamm zum Löwen, der sich seinem größten und zugleich einzigen Feind stellt: seinem Zweifel an sich und der Angst vor der Angst.

- Ich finde alle Emotionen toll.

- Ich gebe auf und tue nichts dafür, dass es mir bessergeht.

- Ich akzeptiere Gefühle, und dadurch laufe ich vor ihnen weg.

Abb. 1.2 Richtiger und falscher Weg, mit Gefühlen umzugehen

Unhöflichkeit ist wahrscheinlich auf irgendwelche Schwierigkeiten zurückzuführen. Wenn Sie in der Lage sind, Empathie auch mit einem unhöflichen Menschen zu empfinden, ist er vielleicht sogar bereit, Ihnen zu helfen.

Der kompetente Umgang mit Gefühlen ist also eine sehr wichtige Fähigkeit, die gelernt werden muss. Was bedeutet das? Unsere gefühlsmäßige Reaktion auf bestimmte Situationen ist individuell. Gemäß unserer persönlichen Struktur reagieren wir etwa auf ein schmerzliches oder ein freudiges Ereignis heftiger oder weniger heftig. Zudem wird unsere Reaktion durch die momentane Umwelt bestimmt, und wir versuchen uns in der Situation entsprechend angemessen zu verhalten. Niemand käme zum Beispiel auf die Idee, laut loszulachen, nachdem man vom Tod eines Angehörigen erfahren hat. Viele Situationen sind aber nicht so eindeutig wie diese. Oft kann unser wesensgemäßes Reagieren mit dem in Konflikt kommen, was in der entsprechenden Situation als angemessen zu betrachten ist. Wenn beispielsweise eine Frau mit hohen Absätzen umknickt und zu Boden fällt, werden wir es aufgrund unserer Erziehung in der Situation für angemessen halten, ihr dir Hand zu reichen, um ihr hochzuhelfen. Unser eigenes Wesen kann uns aber durchaus einen Streich spielen und uns ein schadenfrohes Lachen entlocken. Das heißt: Die Kompetenz unseres Reagierens ergibt sich oft aus einer Vermittlung zwischen unserer wesensgemäßen Reaktion und der, die in der Situation angemessen ist. Wir müssen quasi zwischen den beiden abgleichen. Hierbei kann oft nicht genau festgelegt werden, was richtig und was falsch ist. Wie würden Sie reagieren, wenn Ihr Partner auf einer Party mit jemandem sehr offenkundig flirtet? Was werden Sie tun, wenn ein Obdachloser Sie am Arm festhält und Geld von Ihnen haben will? Wie werden Sie sich verhalten, wenn Ihr Chef einen schlechten Tag hat und Sie ungerechtfertigt anschnauzt? In manchen Situationen muss man zeigen, dass man wütend ist, in anderen ist es das Verkehrteste, was man tun kann. Der Kern der Kompetenz liegt darin, größtmögliche Stimmigkeit zwischen unseren inneren Emotionen und den Umständen der Situation zu erreichen. Das bedeutet: Unsere „Verhandlung" mit uns selbst muss zum Ziel haben, in größtmöglicher Übereinstimmung mit dem zu reagieren, was die Situation erfordert. Darin zeigt sich die emotionale Intelligenz.

Warum eigentlich verhalten wie uns so, wie wir uns verhalten? Im Mittelpunkt der Diskussion nach den Ursachen steht die Debatte, wie groß der Anteil der genetischen Komponente ist. Vererbt werden biologische und genetische Voraussetzungen, nicht aber das Verhalten selbst. Viele Gene sitzen in Warteposition, sie entfalten ihre Wirkung aber nur in Interaktion mit der Umwelt. Eine vertrocknete, alte Kastanie, die man vielleicht schon seit Jahren in seinem Rucksack mit sich herumträgt, hat das genetische Potenzial, ein riesiger Kastanienbaum zu werden, mit weitreichenden Wurzeln, Hunderten von Ästen und Tausenden Blättern. Warum hat diese Kastanie ihr genetisches Potenzial nicht entfalten können? Die Antwort ist offensichtlich. Die Kastanie braucht Wasser, Erde, eine bestimmte Temperatur und Sonnenlicht, damit ihr Erbgut sich entfalten kann. Das hat sie in einem Rucksack nicht, und die Gen-Umwelt-Interaktion kommt somit nicht zum Tragen.

Das Beispiel mag simpel erscheinen, aber die Genexpression lässt sich tatsächlich in vielen Bereichen beeinflussen. Gene entfalten ihre Wirkung nur durch bestimmte Reize. So gibt es beispielsweise ein genetisches Risiko dafür, zum Alkoholiker zu werden. Träger dieses Gens werden frühzeitiger zum Alkoholiker, trinken mehr und sterben durch ihre Sucht früher als Menschen, die diese erbliche Belastung nicht besitzen. Was aber passiert, wenn jemand mit diesem Gen niemals in Kontakt mit Alkohol kommt? Etwa wenn er in einer strenggläubigen Religionsgemeinschaft aufwächst, in der jeglicher Alkoholkonsum absolut verboten ist? Das Sucht-Gen kann seine Wirkung hier nicht entfalten, und der Träger kann ein ebenso hohes Lebensalter erreichen wie sein nicht betroffener Nachbar. Weil der Mensch ein soziales Wesen ist, bestimmt sein soziales Umfeld im Zusammenspiel mit seinen Genen seine Individualität. Dazu ein Beispiel: Ein Kind, das von seinem Vater die Tendenz zu impulsivem Handeln (Gene) geerbt hat, muss nicht zwangsläufig reizbar werden. Durch gute Vorbilder (Umwelt) kann er andere Verhaltensweisen entwickeln. Fakt ist, dass die genetischen Voraussetzungen eines Menschen sich nicht verändern lassen. Daher ist es wichtig zu klären, durch welche Faktoren das Verhalten eines Menschen in einer bestimmten Situation beeinflusst wird.

Emotionale Intelligenz wirkt sich positiv auf den privaten und beruflichen Bereich aus. Emotional intelligente Menschen sind deshalb so hochgeschätzt, weil sie dazu in der Lage sind, bei wichtigen Entscheidungen auch gefühlsmäßige Aspekte zu berücksichtigen, Konflikte konstruktiv zu lösen sowie gut mit Stresssituationen umzugehen. Sie können gut zuhören und akzeptieren Menschen so, wie sie sind. Dadurch sind sie meist sehr beliebt und pflegen tiefgehende Beziehungen und Freundschaften.

1.2 Emotionen und Gefühle

> *„Alles, vom Lesen eines Romans oder vom Fernsehen bis zu den Aktivitäten und Freuden, für die wir uns entscheiden, kann als ein Bemühen aufgefasst werden, zu erreichen, dass wir uns besser fühlen."* Daniel Goleman (in Emotionale Intelligenz, dt. 1996)

Emotionen sind ein wesentlicher Bestandteil unseres Lebens. Das gilt sowohl für positive Emotionen, wie Freude oder Begeisterung, als auch für negative, mit körperlichem Unwohlsein einhergehende Gefühle wie Angst, Traurigkeit, Ärger und Wut. Allerdings sind Sie uns hier gerade auf den Leim gegangen, denn es gibt eigentlich keine „positiven" und „negativen" Emotionen. Als positiv und negativ bezeichnet man die Empfindung einer Emotion, nicht aber ihre Funktion. Auch negative Emotionen sind wichtig, weil sie den Anreiz schaffen können, etwas zu verändern, sich zu wehren oder sich zu schützen. Eine Beleidigung durch einen guten Freund kann zum Beispiel Traurigkeit oder Wut auslösen. Ein klärendes Gespräch mit ihm kann dazu führen, dass Ihre Freundschaft gefestigt wird. Die Natur hat Gefühle nicht geschaffen, um uns zu ärgern, sondern um Ziele damit zu erreichen. Angst hilft, Gefahren zu vermeiden, Aggression kann das eigene Leben retten.

Die Begriffe Emotion und Gefühle werden häufig synonym verwendet, definitionsgemäß sind Gefühle aber nur ein Teilaspekt von Emotionen (◘ Abb. 1.3).

1.3 Gefühle, Gedanken und körperliche Empfindungen

Kennen Sie diese Situationen?

Beispiel
— Sie sitzen in einem Meeting. Plötzlich klingelt Ihr Handy. Sie haben vergessen, es abzuschalten. Ihnen ist das peinlich.

Emotionen	Gefühle
• Bei Emotionen handelt es sich um Basisemotionen – wie Freude, Traurigkeit, Wut, Angst, Überraschung, Ekel und Verachtung–, also unsere Urinstinkte. Diese Emotionen lassen sich nicht unterdrücken, sie kommen effektartig zum Vorschein. Hier sind mentale und körperliche Prozesse gekoppelt und veranlassen uns, so zu Handlungen. Vor Wut schreien und schimpfen wir oder schmeißen zum Beispiel Sachen.	• Gefühle sind der Ausdruck unserer wahrgenommenen Emotionen. Sie sind für Menschen überlebenswichtig. Erst durch Gefühle ist der Mensch in der Lage, auf Situationen und Ereignisse zu reagieren. In lebensbedrohlichen Situationen spüren wir Angst. Fast alle Menschen kennen Liebe und sehnen sich nach diesem berauschenden Gefühl und nach der Nähe eines Menschen, der uns zustimmt so wie wir sind.

◘ Abb. 1.3 Emotionen und Gefühle

- Heute müssen Sie einem Kunden Ihr Projekt präsentieren. Sie haben sich darauf gut vorbereitet und sind absolut sicher, dass alles gut läuft. Trotzdem sind Sie sehr aufgeregt.
- Sie machen in der Dunkelheit einen Spaziergang durch einen Park. Plötzlich knackt es irgendwo ganz in Ihrer Nähe. Ihr Herz pocht vor Angst. Kurz darauf sehen Sie einen Hund in Reichweite, der beim Laufen auf einen Ast getreten ist. Schlagartig verfliegt die Angst.
- Im Kaufhaus ist Ihre kleine Tochter verschwunden. Sie sind angespannt und besorgt. Dann taucht sie wieder auf, sie hatte sich verlaufen. Freudestrahlend laufen Sie auf Ihr Kind zu und nehmen es in die Arme.

? Notieren Sie sich alle Ereignisse der letzten Woche, die in Ihnen besondere Emotionen ausgelöst haben. Wie haben Sie sich gefühlt, und warum?
_____
_____

? Wie haben Sie bei diesem Ereignis jeweils auf Ihr Gegenüber reagiert? Wie ist die Situation daraufhin ausgegangen?
_____
_____

? Gibt es ähnliche Situationen? Reagieren Sie immer gleich in einer ähnlichen Situation?
_____
_____

Wenn Sie gelernt haben, welche konkreten Situationen Sie aus der Fassung bringen können und vor allem, warum dies stetig immer wieder passiert, werden Sie die lästigen Verhaltensmuster aufbrechen können. Nur wer seine Emotionen und das daraus resultierende Verhalten gut genug kennt, kann hier eine Lösung finden.

? Haben Sie einmal Ihre Emotionen unterdrückt? Was ist dann passiert?
_____

? Oder sind Ihre Emotionen ein anderes Mal völlig übergekocht? Was ist dann passiert?
_____
_____

Möglicherweise haben Sie sich immer wieder verstellt, um höflich zu sein oder um sich nicht zu blamieren. Wenn Sie dann aber die Fassung verloren haben, haben Sie sich vermutlich blamiert und waren unhöflich und eventuell auch ungerecht. Bei der nächsten

1.3 · Gefühle, Gedanken und körperliche Empfindungen

ähnlichen Gelegenheit äußern Sie deutlicher Ihre Gefühle, indem Sie sie aussprechen. Sie werden merken, wie befreiend es sein kann, wenn sich keine Wut aufstaut.

Unsere Gefühle lassen sich zum Teil von Gedanken beeinflussen. Ein typisches Beispiel ist Eifersucht. Obwohl gar nichts Konkretes vorgefallen ist, steigert ein Partner sich immer weiter in die Vorstellung hinein, dass der andere fremdgeht. In manchen Situationen wird man impulsiv und sagt Dinge, die man hinterher bitter bereut. Rational kann man sich zwar immer sagen: *„Das ist doch Unsinn, das bildest du dir nur ein"*, aber das nagende Gefühl bleibt dennoch. Wie geht man am besten damit um?

Nur wir und niemand anderes als wir selbst entscheiden darüber, welche Gedanken in unserem Kopf zugelassen werden. Wenn negative, belastende Denkweisen über uns hereinbrechen, haben wir die Wahl, zu entscheiden, ob wir bei ihnen verweilen oder sie verjagen.

Im Gegensatz zu Gedanken erscheinen uns Gefühle unpräziser. Lange bevor der vernunftbegabte Mensch in der Evolution auftrat, steuerte Mutter Natur mit Gefühlen die Handlungen von Tieren. Gefühle und Instinkte sind dadurch viel älter als rationales Denken, und die Hirnforschung lehrt uns heute, dass Vernunft und Verstand in diese ursprüngliche emotionale Natur eingebettet sind. Körper, Emotionen, Gedanken und Handeln sind bei einem Menschen durch neuronale Netzwerke miteinander verbunden und funktionieren als eine Einheit. Täglich findet in jedem Menschen blitzschnell ein bestimmter Kreislauf statt, der von den meisten von uns unbewusst empfunden wird. Dieser Kreislauf besteht aus Situation, Gedanken, Gefühlen, Körperempfindungen und dem daraus resultierenden Verhalten. Ein Beispiel: Ein Kind hört Musik, empfindet die Rhythmen als angenehm, der Körper beginnt fast automatisch zu tanzen, es entsteht eine Sehnsucht danach, selbst Musik spielen zu können, die dem Kind den Anstoß dazu geben kann, mit Klavierunterricht anzufangen (◘ Abb. 1.4).

◘ **Abb. 1.4** Kreislauf aus Situation, Gedanken, Gefühlen, Körperempfindungen und daraus resultierendem Verhalten

Unsere Gefühle gehen mit bestimmten körperlichen Empfindungen einher: Vor Freude schlägt das Herz höher, die Trauer lässt die Schultern hängen, vor Angst entsteht Schweiß auf der Stirn, der Schreck und der Neid machen uns blass, und vor Wut wird unser Gesicht rot.

Angst fühlt sich anders als Freude an, und jeder Mensch spürt sie auf seine individuelle Art. Nehmen wir an, Sie sehen auf der Straße einen großen Hund. Ob Sie Angst empfinden, hängt nun davon ab, wie Sie diese Situation bewerten. Wenn Sie als Kind möglicherweise von einem Hund angekläfft wurden und den Hund als Gefahr bewerten, empfinden Sie Angst. Wenn Sie dagegen die Erwartung haben, dass der Hund friedlich an Ihnen vorbeilaufen wird, bewerten Sie den Hund als nicht gefährlich.

Nachfolgend werden einige Gefühle in bestimmten Situationen mit dazugehörigen Gedanken, Körperempfindungen und Verhaltensmustern thematisiert. Es sind nicht nur positive Gefühle, wie Freude, Liebe oder Überraschung, sondern auch vermeintlich negative Gefühle, wie Ärger, Wut oder Scham, dabei. Jedes Gefühl hat seine Berechtigung, und jedes Kind hat das Anrecht darauf, den Regenbogen der Gefühle in allen seinen Facetten empfinden zu dürfen.

Gefühl	Freude
Situationen	1. Ein guter Freund kommt zu Besuch 2. Ein Tor beim Fußballspiel schießen
Gedanken	„Was für ein schöner Tag!", „Sehr gut!", „Das ist toll!", „Es hat geklappt!"
Körperempfindungen	Herzklopfen, die Arme nach oben reißen und jubeln, erhöhter Pulsschlag, schnellerer Atem, vermindertes Schmerzempfinden
Verhalten	Lachen, tanzen, in die Luft springen

Das Gefühl der Freude erleben wir dann, wenn etwas besser ist als erwartet, uns mehr zukommt, als zu erwarten war. Wenn wir uns freuen, sind wir einverstanden mit uns, mit der Welt, mit den Mitmenschen.

- **Reflexion**

Fragen Sie Ihr Kind, über was es sich freut. Fast alles, was es gibt auf der Welt, kann auch Freude auslösen. Sammeln sie einige Beispiele von unterschiedlichen Situationen, in denen man Freude empfinden kann. Fragen Sie, wie man von außen sehen kann, wenn sich jemand freut. Wie kann man Freude zeigen?

- **Aufgabe**

Das Kind sucht in Zeitungen oder Zeitschriften Bilder von Menschen, die sich freuen. Diese Bilder werden ausgeschnitten und auf ein großes Blatt geklebt, sodass ein gemeinsames Bild entsteht.

Gefühl	Liebe
Situationen	1. Einen Jungen oder ein Mädchen sehen, den/die man ganz, ganz doll mag 2. Eine Umarmung der Oma

1.3 · Gefühle, Gedanken und körperliche Empfindungen

Gefühl	Liebe
Gedanken	„Wow!", „Toll"
Körperempfindungen	Herzklopfen, Kribbeln im Bauch
Verhalten	Auf diesen Menschen zugehen, Nähe suchen

Liebe ist etwas, was uns erfüllt, Gemeinschaft möglich macht und Frieden stiftet. Geliebt zu werden ist genauso wichtig, wie jemanden zu lieben. Liebe ist die Voraussetzung für intime Begegnungen zwischen zwei Menschen und eines der herausragendsten Gefühle, die man spüren kann.

- **Reflexion**

So ähnlich könnte ein Gespräch mit dem Kind über Liebe verlaufen: Liebe ist ein schönes Gefühl. Es gibt Menschen, die wir liebhaben, und auch Menschen, die uns liebhaben. Jeden haben wir anders lieb: Eltern, Großeltern, Geschwister, Freunde. Vielleicht gibt es auch eine Katze oder einen Hund oder ein anderes Tier, das du liebhast. Die Art, in der du den anderen deine Liebe zeigst, ist bei jedem etwas anders, und das ist auch umgekehrt so. Deine Oma nimmt dich in den Arm, während du dich an ihr kuschelst. Deine Katze kraulst du am Kopf, und sie schnurrt.

- **Aufgabe**

Das Kind malt Menschen oder Tiere, die es liebhat. Das Kind erzählt, wen es gemalt hat und wie sich die Liebe anfüllt.

Gefühl	Überraschung
Situation	1. Ein Geschenk zum Geburtstag bekommen 2. Ein „sehr gut" für eine Arbeit zu bekommen, von der man überzeugt war, dass sie misslungen war
Gedanken	„Toll", „Das habe ich nicht erwartet", „Die Überraschung ist gelungen"
Körperempfindungen	Zunahme der Herzfrequenz und des Muskeltonus
Verhalten	Lächeln, in die Luft springen

Überraschung ist ein Gefühl, das durch etwas Unerwartetes, Neues oder Seltsames hervorgerufen wird. Es hat die kürzeste Halbwertszeit – maximal wenige Sekunden. Sobald wir nach der ersten Überraschung dahintergekommen sind, was gerade passiert ist, ist das Gefühl auch schon nahezu verflogen und mündet in ein anderes Gefühl, zum Beispiel Freude, Glück, Liebe, Erleichterung, aber auch Angst oder Ekel.

- **Reflexion**

Eine Überraschung kommt immer dann besonders gut an, wenn es sich um etwas dreht, was dem Kind gefällt. Überlegen Sie gemeinsam mit Ihrem Kind, was es liebt und wovon es träumt. Welches Spielzeug, welche Spiele mag Ihr Kind? Sagen ihm Familienausflüge ins Kino oder in den Vergnügungspark zu?

Aufgaben

Das Kind malt etwas, was es überraschen könnte.

Gefühl	Aufregung
Situation	1. Ein Gedicht auf der Bühne aufzusagen 2. Eine Klassenarbeit in der Schule
Gedanken	„Ich stehe das nicht durch"
Körperempfindungen	Herzrasen, Übelkeit, weiche Knie, zitternde Hände, Schlaflosigkeit
Verhalten	Kopf- oder Bauchweh, Traurigkeit, Nervosität und Überdrehtsein, schlechte Laune

Kennen Sie Prüfungsangst, Wettkampfangst oder Lampenfieber? Der aufgeregte Zustand, der uns total aus dem Gleichgewicht bringen kann, ist durch psychische und körperliche Abläufe gekennzeichnet, die insbesondere durch die vermehrte Ausschüttung des Stresshormons Adrenalin verursacht werden. Aufregung ist in einem dosierten Maß normal und hilft dem Menschen, sich hellwach auf eine wichtige Sache konzentrieren können. Eine zu stark aufgeregte Person kann aber unter Umständen ihre Handlung nicht mehr kontrollieren. Meist fällt ihr schwer, stillzusitzen oder stillzustehen.

Reflexion

Lassen Sie Ihr Kind Situationen beschreiben, wann es aufgeregt war. Erinnern Sie sich an Ihre bisherigen Erfahrungen damit. Fragen Sie Ihr Kind, was es sich aufgrund der Aufregung nicht getraut hat.

Überlegen auch Sie sich etwas und geben ein Beispiel: ein Lied auf einem Musikinstrument vor einem Publikum zu spielen, einen eingeübten Zaubertrick vor der Verwandtschaft zeigen. Die Aufregung kann bewältigt werden, indem man sich seiner Aufgabe bewusst wird: „Ich habe viel geübt. Ich kann das!" Manchmal hilft es schon, einmal tief ein- und auszuatmen.

Aufgaben

Das Kind malt eine Situation, in der es aufgeregt war.

Gefühl	Angst
Situation	1. Beim Spiel hochklettern 2. In den dunklen Keller gehen
Gedanken	„Weg hier!" „Mein Herz pocht laut vor Angst", „Oh Gott!", „Das geht nicht gut aus!"
Körperempfindungen	Zittern, Schwitzen, Frieren, Herzklopfen, Schwindel, Kopfschmerzen, Bauchschmerzen, Erröten, Erblassen, Übelkeit, Unruhe, Kribbeln, Verkrampfung, mulmiges Gefühl, Harndrang, Weinen
Verhalten	Wegrennen, Sich-Fernhalten, Weggucken

1.3 · Gefühle, Gedanken und körperliche Empfindungen

Angst ist ein ganz normales Gefühl, das jeder kennt. Nur die Inhalte von Angst unterscheiden sich bei jedem Menschen. Ein Kind fürchtet sich vor dem Blitz, das andere Kind hat vielleicht Angst vor dem dunklen Keller oder vor einem Zahnarztbesuch. Es geht nicht darum, keine Angst zu haben, sondern um die Fähigkeit, mit ihr umgehen zu können. Nur wer die eigenen Ängste kennt, kann auch mutig sein; denn Mut bedeutet, Angst zu überwinden, sich etwas zu trauen, obwohl man sich damit möglicherweise in Gefahr bringt. Angst kann auch eine Schutzfunktion erfüllen, indem sie hilft, Gefahren zu bedenken und abzuwägen.

- **Reflexion**

Ermuntern Sie Ihr Kind, über Angst zu reden. „Wovor hast du Angst? Wie fühlst du das im Körper, wenn du Angst hast?" Überlegen Sie gemeinsam mit Ihrem Kind, was ihm hilft, wenn es Angst hat. Fragen Sie Ihr Kind, ob es Ideen hat, was bei den Ängsten der anderen Kinder helfen könnte.

- **Aufgaben**

Das Kind malt etwas, wovor es Angst hat.

Gefühl	Ärger
Situation	1. Eine Verabredung, auf die man sich gefreut hat, wird kurzfristig abgesagt 2. Schlafen gehen zu müssen, obwohl man noch fernsehen möchte
Gedanken	„Mist", „Oh Mann, bin ich sauer!", „Das ist unfair. Wie konnte er/sie mir so etwas antun", „Der Idiot!"
Körperempfindungen	Augenbrauen zusammengezogen, Pupillen geweitet, stechender Blick
Verhalten	Füße stampfen, Fäuste ballen

Ärger läuft ungewollt und spontan ab und kommt in unterschiedlichster Dosierung daher, von der flüchtigen Irritation über die nagende Frustration bis zum bebenden Zorn. Ärger ist ein unangenehmes Empfinden, das uns sehr deutlich anzeigt, dass wir am Erreichen eines Ziels gehindert wurden, dass ein anderer Mensch uns enttäuscht und frustriert hat. Deshalb ist es wichtig, sich seinen Ärger bewusst zu machen. Das muss nicht zwangsläufig mit einer Handlung einhergehen. Dem Kind verärgert zu sagen, dass sein unaufgeräumtes Zimmer der Grund ist, warum ein Besuch vom Vergnügungspark verschoben wird, könnte neuen Ärger auslösen – beim Kind.

Tipp

Wenn jemand einem auf die Nerven geht, sollte man ruhig bleiben, auch wenn der oder die andere sich dadurch noch mehr aufregt, denn dann wird sie oder er nachher ein schlechtes Gewissen haben (Stangl 2018).

Ärger schadet, wenn er in keinem nachvollziehbaren Verhältnis zum Auslöser steht, beispielsweise wenn die Tatsache, dass jemand in Straßenschuhen durch die frisch geputzte Wohnung läuft, eine große Wut auslöst. Hinter dem Ärger steckt dann oft ein ganz anderes Gefühl, zum Beispiel Hilflosigkeit, Einsamkeit oder die Traurigkeit darüber, von dieser Person nicht wertgeschätzt zu werden.

- **Reflexion**

Sprechen Sie Ihr Kind darauf an, dass wir alle Ärger empfinden. Fragen Sie Ihr Kind, wann und in welcher Situation es sich zuletzt geärgert hat. In welchen Situationen sonst kann man Ärger empfinden? Hat vielleicht das Kind Ideen, wie es bei Ärger der anderen Kindern helfen könnte?

- **Aufgaben**

Das Kind malt eine Situation, in der es Ärger verspürt hat.

Gefühl	Wut
Situation	1. Von jemandem angerempelt, geschubst, angegriffen werden 2. Jemand hat mein Eigentum kaputtgemacht
Gedanken	„Du bringst mich auf die Palme", „Das ist ungerecht", „Wie Blubberblasen kocht die Wut in mir", „Ich bin gefährlich wie ein wildes Tier"
Körperempfindungen	Herz schlägt schneller, Magen zieht sich zusammen. Der Kopf wird rot wie eine Tomate (oder bei manchen auch weiß wie eine Wand), man wird ganz steif und ballt die Fäuste
Verhalten	Schreien, Schimpfen, Schlagen, Spucken, Rache üben, Sachen schmeißen, Türen knallen

Es gibt viele Situationen, die uns wirklich wütend machen können. Aber neben manchen negativen und zerstörerischen Effekten kann Wut auch durchaus etwas Positives mit sich bringen. In manchen Situationen muss man sich wehren können, wenn man angegriffen wird; die Psychosomatik-Forscher behaupten sogar, dass es Magengeschwüre verursachen kann, wenn man seine Wut immer herunterschluckt. Andererseits: Wer sich im Moment der größten Erregung zurückhält, hat oft gute Chancen, das Gewünschte später zu erreichen und steht positiver dar als der, der seine Aggressivität unkontrolliert herauslässt. Den Antrieb der Wut positiv für sich zu nutzen braucht zwar etwas Übung, ist aber durchaus erlernbar.

- **Reflexion**

Fragen Sie Ihr Kind, wann es zuletzt so richtig wütend war. Es gibt genug Situationen, die wütend machen. Man wird wütend, wenn jemand einem etwas wegnimmt. Oder wenn man ausgelacht wird oder jemand gemein zu einem ist. Manchmal wird man auch wütend, wenn einer was kaputtmacht. Manchmal hat man eine Riesenwut und weiß nicht, warum. Vielleicht liegt es an einem blöden Tag oder daran, dass die Eltern sich gestritten haben.

Fragen Sie Ihr Kind, wie es seine Wut zeigt. Es gibt viele Möglichkeiten, das „Wütend-Sein" zu zeigen. Manchmal würde man am liebsten ganz laut schreien:

1.3 · Gefühle, Gedanken und körperliche Empfindungen

„Waaaa!" Manchmal möchte man jemanden anbrüllen, gern irgendetwas zerfetzen oder irgendwo gegentreten. Vielleicht möchte man sogar jemanden hauen.

- **Aufgaben**

Das Kind überlegt, was es alles tun kann, um seine Wut zu zeigen oder sie loszuwerden. Es gibt verschiedene Arten, seine Wut abzureagieren:
- Andere verletzen oder ihnen wehtun;
- Dinge kaputtmachen oder beschädigen;
- die Wut im Sport herauslassen;
- über die Wut mit jemandem reden.

Besprechen Sie gemeinsam mit Ihrem Kind, welche Arten, seine Aggressionen loszuwerden, am besten geeignet sind, um eine richtig große Wut abzubauen. Dazu einige Ideen: Man kann seine Wut zum Fenster rausbrüllen. Man kann ein dickes Kissen verprügeln. Man kann die Wut tief in den Boden stampfen. Man kann ein Wutmännchen malen und den Zettel in tausend kleine Stücke zerfetzen. Man kann die Wut im Garten verbuddeln. Man kann Wutbälle aus Papier knüllen und so weit wegschmeißen, wie man nur kann. Das tut keinem weh. Und vor allem: Erst mal tief Luft holen.

Gefühl	Ekel
Situation	1. In Hundekot treten 2. Heuschrecken auf dem Spieß als Delikatesse 3. Einen unhygienischen Mensch sehen und riechen
Gedanken	„Igitt", „Bäh","Ich finde, das riecht ganz ekelig", „Ich mag das nicht"
Körperempfindungen	Übelkeit, Kontraktion der Rachenmuskulatur und Brechreiz
Verhalten	Nase zuhalten, Zunge rausstrecken, Grimassen-Schneiden, abwehrende Bewegungen

Ekelgefühle haben alle Menschen. Ekel hat eine wichtige Funktion: den Selbstschutz vor ungesunden Substanzen. Beim Ekel werden physiologische Reaktionen ausgelöst: Der Körper wehrt sich und stößt Substanzen wie verdorbenes Essen, Mundgeruch, Stuhl, Totes und Erbrochenes ab. Auch wenn Ekel uns sogar den Magen umdrehen lässt, bewahrt uns das unangenehme Gefühl doch vor Krankheiten und ist damit überlebenswichtig.

- **Reflexion**

Fragen Sie Ihr Kind, wovor es sich am meisten ekelt. Mit einer Gruppe können Sie verschiedene Ekelszenarien besprechen und auf einer Skala von gar nicht eklig bis zu extrem eklig bewerten. Mögliche Beispiele: unangenehmer Körpergeruch, in der Nase popeln, Exkremente auf der Toilette, Mäuse, Spinnen, Nacktschnecken, verdorbenes oder verschimmeltes Essen, Wunden, Blasen, lange Fingernägel.

Aufgaben

Auf einem Blatt Papier malt das Kind ein Bild zum Gefühl „Ekel". Es kann eine Situation sein, in der es Ekel empfindet.

Gefühl	Mitleid
Situation	1. Ein trauriges Kind trösten 2. Einem behinderten Menschen mit eingeschränkten Fähigkeiten helfen
Gedanken	„Es tut mir sehr leid"
Körperempfindungen	Im Gehirn werden die gleichen Zentren aktiviert wie bei der betroffenen Person
Verhalten	Hilfe anbieten, trösten, auf jemanden eingehen

Stellen Sie sich vor: Sie sehen eine alte Frau an einer Kreuzung die Straße überqueren. Mit einem angestrengten Gesichtsausdruck läuft sie langsam und gebückt am Stock. Sie braucht länger über die Straße, als die Fußgängerampel Grün zeigt. Wenn Sie sich manchmal denken: *„Hoffentlich geht es mir im Alter nicht so"* oder *„Die Arme! Ihr Tag ist wahrscheinlich von Schmerzen geplagt"*, dann haben Sie Mitleid.

Mitleid haben heißt das Leid des anderen zu fühlen und zu teilen, ohne dass man selbst vom Leid betroffen ist. Mitleid bekommt man, wenn man eine Person sieht, die Hilflosigkeit ausstrahlt und in einer Situation ist, in der man selbst nicht ist und in der man nicht sein möchte.

Reflexion

Führen Sie Ihr Kind in die Situationen, in denen es einem anderen gegenüber Mitleid erlebt hat. Erzählen Sie selbst von einer Situation, in der Sie Mitleid gespürt haben.

Zum Beispiel: Sie sehen eine Frau, die gebückt am Stock läuft. Es ist deutlich, dass sie mit jedem Schritt Schmerzen spürt. Sie denken daran, dass Sie im Alter diesem Schicksal hoffentlich entgehen können.

Lassen Sie auch Ihr Kind mindestens eine Situation beschreiben, in der es Mitleid gespürt hat. Falls Ihr Kind sich an keine Situation erinnern kann, versuchen Sie es einmal mit: *„Wenn ein kleines Kind beim Radfahren hinfällt und sich wehtut, würdest du es dann trösten?"*

Aufgaben

Auf einem Blatt Papier malt das Kind ein Bild zum Gefühl „Mitleid".

Gefühl	Trauer
Situation	1. Ein Lieblingsspielzeug ist kaputtgegangen 2. Ein Todesfall in der Familie
Gedanken	„Ich kann das nicht aushalten", „Das ist mir zu viel", „Es wäre schön, wenn …", „Schade"

1.3 · Gefühle, Gedanken und körperliche Empfindungen

Gefühl	Trauer
Körperempfindungen	Man fühlt sich schwer, der Aktivitätsdrang ist reduziert
Verhalten	Sich verstecken, Weinen

Trauer ist ein unangenehmes Gefühl. Jedoch müssen wir mit der Trauer umgehen und unter Umständen einen Verlust bewältigen, um wieder Freude spüren zu können. Es geht darum, innerlich Dinge neu zu ordnen, um sich anschließend wieder der äußeren Welt zuzuwenden.

- **Reflexion**

Sprechen Sie mit Ihrem Kind darüber, wann es traurig ist und was es traurig macht. Ein konkreter Anlass, wie etwa der Tod eines Haustieres, kann ein wichtiger Zeitpunkt für dieses Thema sein. Erzählen Sie Ihrem Kind, was Sie getröstet hat, als Sie selbst noch ein Kind waren. Fragen Sie Ihr Kind, was es braucht, wenn es traurig ist, und was es tröstet.

- **Aufgaben**

Auf einem Blatt Papier zeichnet das Kind das Gefühl „Trauer". Das Kind malt oder klebt das dazu, was es tröstet, wenn es traurig ist. Das Kind erzählt, wie sich das sich anfühlt.

Gefühl	Scham
Situation	1. Etwas sehr Peinliches gesagt haben 2. Aus Versehen in die Hose oder ins Bett machen 3. Begeisterung, Zorn oder Schmerz viel zu lautstark ausleben 4. Vor wenig bekannten Menschen unbekleidet durch die Wohnung hopsen
Gedanken	„Ich wünschte, ich wäre unsichtbar", „Ich möchte am liebsten aus dem Blickfeld der anderen verschwinden", „Oh Gott, hoffentlich sieht das keiner"
Körperempfindungen	Herzrasen, Schwitzen
Verhalten	Rot werden, sich verstecken

Schamgefühle gelten als angeboren und bilden sich im Lauf der Entwicklung heraus. Ein 5-jähriger Junge rennt nach dem Baden noch splitterfasernackt durch die warme Wohnung. Seine 10-jährige Schwester reagiert in dieser Hinsicht wesentlich schamhafter, sie mag es gar nicht mehr, wenn sie andere nackt sehen. Auch die Toilettentür macht sie neuerdings immer zu, wenn sie ihr Geschäft erledigt. Scham in peinlichen Situationen entsteht etwa ab dem Kindergartenalter. Voraussetzung für diese Emotion ist allerdings, dass eine als beschämend empfundene Situation in Anwesenheit anderer Personen abläuft.

- **Reflexion**

Sprechen Sie mit Ihrem Kind über Situationen, in denen man Scham empfinden kann. Es gibt verschiedene Anlässe, sich zu schämen, wie zum Beispiel Leistungsscham, moralische Scham oder auch Körperscham im Zusammenhang mit Nacktheit und Toilettengang. Sich „fremdzuschämen" bedeutet, dass man sich für das Verhalten einer nahestehenden Person, etwa des betrunkenen Vaters, mitschämt. Obwohl Scham ein schmerzhaftes Gefühl ist, kann sie trotzdem positive Wirkung haben, weil sie dazu führt, dass Menschen lernen, Regelüberschreitungen wahrzunehmen. Daraus folgt, dass man sich in ähnlichen Situationen später angemessen verhält und damit negative Gefühle vermeidet.

- **Aufgaben**

Auf einem Blatt Papier malt das Kind ein Bild zum Gefühl „Scham".

1.4 Den Umgang mit eigenen Gefühlen entwickeln

Emotionen schwingen immer im Hintergrund mit, aber sprachliche Gedanken übertönen sie oft. Können Sie immer Ihre eigenen Gefühle erkennen? Achten Sie darauf, wie Sie sich fühlen? Sind Sie sich dessen bewusst, wann Sie glücklich, traurig oder verärgert sind? Nehmen Sie es frühzeitig wahr, wenn es Ihnen nicht gut geht? Die meisten Menschen leben vor sich hin, ohne sich über ihre Gefühlslage bewusst zu sein. Viele von uns verbergen ihre Gefühle oder versuchen, nicht in die Situationen zu geraten, in denen negative Gefühle entstehen können. Manche geben sich gar große Mühe, möglichst überhaupt nichts zu fühlen. Sie versuchen, sich durch Essen, Computerspiele, Fernsehen oder chemische Mittel, wie Drogen, Alkohol, Zigaretten, abzulenken, um negative Gefühle wie Schmerz, Trauer oder Wut nicht aufkommen zu lassen.

> **Übersicht**
>
> Das Nirwana ist für Buddhisten ein geistiger Zustand der Vollkommenheit. In diesem Zustand gibt es kein Gut und kein Böse, keine Trauer, keine Wut, kein Leid, aber auch kein Glück und keine Liebe. Die Seele befindet sich völlig im Gleichgewicht. Sie ist befreit von allen aufwühlenden Gedanken und Emotionen.
> Vom westlichen Standpunkt kann man sagen, dass das Nirwana uns gestattet, frei davon zu sein, dass man Emotionen auf eine Weise zum Ausdruck bringt, die für uns selbst und andere schädlich ist und den Aufbau kooperativer Beziehungen beeinträchtigt.

Wenn man Emotionen betrachtet und zu verstehen versucht, welche destruktiv (leidverursachend) sind und welche konstruktiv (aufbauend), kommt es nicht so sehr auf das Wesen der Emotionen selbst an. Es spielt eine große Rolle, ob und in welchem Maß die Emotionen unter den gegebenen Bedingungen realistisch und nützlich sind. Wenn man sich in einen Menschen verliebt, der diese Gefühle erwidert, ist das realistisch und nützlich. Verliebt man sich dagegen in einen Menschen, der ohnehin

1.4 · Den Umgang mit eigenen Gefühlen entwickeln

unerreichbar ist, dann werden schnell destruktive Gefühle daraus. Wenn eine Emotion unrealistisch wird, ist sie gewöhnlich destruktiv. Um die Wahl zu haben, ob und wie man eine Emotion zum Ausdruck bringt, muss man sich der aufkommenden Gefühle bewusst sein und das Niveau und die Art, wie man reagiert, darauf abstimmen. Eine sogenannte „negative" Emotion kann Ihnen das Leben retten: Nach einem Beinahe-Unfall mit dem Motorrad kann Ihre Furcht beispielsweise dazu führen, dass Sie Ihren Fahrstil entsprechend anpassen oder das Motorradfahren aufgeben. Humor wird als positives Gefühl bewertet, er kann uns dabei helfen, schwierige Zeiten oder Situationen mit mehr Gelassenheit durchzustehen. Humor kann aber auch destruktiv sein, wenn man dabei jemanden lächerlich macht und Schadenfreude empfindet. Es ist schwer vorstellbar, dass die Emotion Verachtung konstruktiv sein kann. Es ist aber möglich. Wenn eine Person Verachtung empfindet, fühlt sie sich dem Objekt ihrer Verachtung moralisch überlegen. Dabei kann sich die andere Person in ihrem Verhalten daran anpassen, indem sie nicht mehr auf eine Weise handelt, die dieser Person missfällt. Weil niemand das Zielobjekt von Verachtung sein möchte, wird diese Emotion grundsätzlich als leidverursachend angesehen.

Mehr noch als Erwachsene haben viele Kinder Schwierigkeiten, ihre Gefühle zu erkennen und sie genau zu benennen. Manchmal verwechseln sie beispielsweise „verärgert" und „wütend", „bestürzt" und „traurig", „stolz" und „froh". Manchmal schalten Kinder von „gutgelaunt" auf „wütend" um, ohne sich der dazwischen liegenden Palette von Emotionen, wie zum Beispiel gereizt, verletzt oder aufgebracht sein, bewusst zu sein.

Kinder brauchen ein großes „Gefühlsvokabular". Sie als Eltern können Ihren Kindern helfen, in unterschiedlichen Situationen zu Hause, in der Schule oder mit ihren Freunden auf der Gefühlsebene besser klarzukommen. Wenn Sie zum Beispiel Ihre Kinder fragen, wie ihr Tag war, sollten Sie auch fragen, wie sich die Kinder bei bestimmten Ereignissen gefühlt haben und wie sich die Personen, die daran beteiligt waren, gefühlt haben mögen. Unterstützen Sie Ihre Kinder dabei, die richtigen Worte zu finden, um ihre Gefühle zu beschreiben. Stellen Sie die Vermutungen über Gefühle von Kindern an, vermeiden Sie aber, ihnen zu sagen, wie sie sich fühlen sollten. Manchmal muss man verschiedene Möglichkeiten ausprobieren, um ein treffendes Wort zu finden. Betrachten wir einmal einen Dialog zwischen Vater und Sohn.

Vater - „Du musst wütend darüber sein, dass du bei der Prüfung durchgefallen bist, obwohl du fleißig gelernt hast."
Sohn - „Nein, das macht mich nicht wütend."
Vater - „An deiner Stelle wäre ich enttäuscht, dass ich mein Ziel nicht erreicht habe."
Sohn - „Du hast recht. Das ist blöd."

Je genauer Kinder ihre Gefühle beschreiben können, desto hilfreicher ist es. Der verwendete Gefühlsausdruck hängt vom Alter des Kindes ab sowie von seiner Fähigkeit, Dinge zu verstehen. Wenn Kinder in der Lage sind, ihre verschiedenen Emotionen zu unterscheiden, dann gelingt es ihnen besser, sie zuzulassen und mit ihnen umzugehen. Denn alles, was sie tun, wird stark von ihren Gefühlen beeinflusst. Wenn sie ihre Emotionen nicht erkennen, differenzieren und benennen können, dann sind sie unsicher, was sie tun werden und wie sie damit umgehen sollen.

1.5 Einschätzung der emotionalen Intelligenz

Anhand des Emotionsquotienten (EQ) kann gemessen werden, wie angepasst oder hilflos wir in Stress- oder Krisensituationen reagieren, ob wir soziale Situationen korrekt oder völlig falsch einschätzen können oder wie grob oder feinfühlig wir mit unseren Mitmenschen umgehen.

Die folgenden Tests haben keinen wissenschaftlichen Anspruch. Es geht lediglich darum, Ihnen eine bessere Einschätzung von sich selbst und Ihrem Kind zu ermöglichen. Beantworten Sie bitte die Fragen. Vergeben werden pro Aussage 0–4 Punkte: 0 = trifft gar nicht zu, 1 = trifft eher nicht zu, 2 = weder/noch, 3 = trifft eher zu, 4 = trifft völlig zu. Daraus ergeben sich ein Maximalwert von 40 Punkten, ein Minimalwert von 0 und ein Mittelwert von 20 Punkten. Je stärker Sie diesen Aussagen zustimmen, desto stärker ist Ihre emotionale Intelligenz ausgeprägt.

1.5.1 Selbsteinschätzung bei Erwachsenen

	Trifft gar nicht zu 0	Trifft eher nicht zu 1	Weder/ noch 2	Trifft eher zu 3	Trifft völlig zu 4
1. Ich erkenne meine eigenen Gefühle meist gut					
2. Ich kann andere gut motivieren					
3. Ich kann meine Emotionen steuern					
4. Ich kann mich in einen anderen Menschen hineinversetzen und dessen Gefühle und Reaktionen verstehen					
5. Ich kann den Gemütszustand meines Gesprächspartners erkennen					
6. Ich erwäge Alternativen, bevor ich meine Entscheidung treffe					
7. Ich kann mich gut auf andere Menschen einstellen					
8. Ich bin in der Lage, konstruktive Kritik zu akzeptieren und die beanstandeten Punkte zu verbessern					

1.5 · Einschätzung der emotionalen Intelligenz

	Trifft gar nicht zu 0	Trifft eher nicht zu 1	Weder/ noch 2	Trifft eher zu 3	Trifft völlig zu 4
9. Ich weiß, wie ich mein Leistungspotenzial steigere					
10. Auf dem Weg zu meinen längerfristigen Zielen behalte ich einen langen Atem					
Punkte:					

1.5.2 Einschätzung bei Kindern

	Trifft gar nicht zu 0	Trifft eher nicht zu 1	Weder/ noch 2	Trifft eher zu 3	Trifft völlig zu 4
1. Mein Kind kann gut seine Gefühle ausdrücken. Wenn ich es frage, was es fühlt, kann es mit einem Gefühlswort antworten					
2. Mein Kind zeigt Empathie. Wenn ich ihm Geschichten über das Unglück anderer Leute erzähle, reagiert es mit Betroffenheit					
3. Während eines Konflikts kann mein Kind beide Seiten eines Argumentes erkennen					
4. Mein Kind kann warten, um sein Ziel zu erreichen, vor allem, wenn es sich um etwas handelt, was es wirklich haben möchte					
5. Mein Kind kann gut mit Frustrationen umgehen					
6. Mein Kind kann Wut und andere negative Gefühle unter Kontrolle halten					

	Trifft gar nicht zu 0	Trifft eher nicht zu 1	Weder/ noch 2	Trifft eher zu 3	Trifft völlig zu 4
7. Mein Kind macht einen Plan, bevor es etwas tut					
8. Mein Kind löst Probleme und Konflikte überwiegend selbst					
9. Mein Kind kann sich verschiedene Wege ausdenken, um Konflikte zu lösen					
10. Mein Kind kann zuhören					
Punkte:					

Wie sind Ihre Auswertungen ausgefallen? Wo sind Ihre Stärken, wo sind die Stärken Ihres Kindes? Überlegen Sie, woran Sie noch arbeiten müssen.

Weiterführende Literatur

Friedlander, B. S., Elias, M. J., & Tobias, S. E. (2000). *EQ für Eltern. Kinder erziehen und fördern mit emotionaler Intelligenz.* Berlin: Gesundheit.
Goleman, D. (1996). Unser Gehirn tanzt. Interview. *Der Spiegel, 6,* 19.
Lama, D., & Ekman, P. (2011). *Gefühl und Mitgefühl. Emotionale Achtsamkeit und der Weg zum seelischen Gleichgewicht.* Wiesbaden: Spektrum Akademischer Verlag.
Paschke-Müller, M., Biscardi, M., Rauh, R., Fleischhacker, C., & Schulz, E. (2017). *TOMASS – Theory-of-Mind-Training bei Autismusspektrumstörungen.* Berlin: Springer.
Pfeffer, S. (2004). *Die Welt der Gefühle verstehen. Wunderfitz – Arbeitsheft zur Förderung der emotionalen Kompetenz.* Freiburg im Breisgau: Herder.
Stangl, W. (2018). Online Lexikon für Psychologie und Pädagogik. ▶ http://lexikon.stangl.eu/20062/aerger/(2018-12-30).

Emotionale Intelligenz und die soziale Interaktion

2.1	Emotionale Entwicklung von Kindern – 24
2.1.1	Altersgruppe von 4 bis 5 Jahren – 25
2.1.2	Altersgruppe von 6 bis 7 Jahren – 27
2.1.3	Altersgruppe von 8 bis 12 Jahren – 28
2.1.4	Altersgruppe ab ca. 12 Jahren – 29
2.2	Die Rolle von Erwachsenen im emotionalen Reifungsprozess – 30
2.2.1	Was Erzieher und Lehrer beachten sollen – 32
2.2.2	Kritik in der Erziehung – 34
	Literatur – 35

© Springer Fachmedien Wiesbaden GmbH, ein Teil von Springer Nature 2020
I. Bosley und E. Kasten, *Emotionale Intelligenz bei Kindern fördern*,
https://doi.org/10.1007/978-3-658-28561-6_2

Kurze Zusammenfassung

Die soziale Entwicklung von Kindern ist fast gleichzusetzen mit der Entwicklung ihrer emotionalen Intelligenz. Den größten Einfluss auf diese Entwicklung hat zunächst die Familie, danach Erzieher im Kindergarten und später Lehrer in der Schule. Im Kindergartenalter erfolgt die Einübung grundlegender sozialer Emotionen, wie etwa nonverbale Kommunikationsfähigkeit oder Selbstwahrnehmung eigener Gefühle. Schon neugeborene Säuglinge kommunizieren nonverbal mit ihrer Mutter, und Kleinkinder sind in der Lage, ihre Gefühle durch Mimik, Gestik oder Worte mitzuteilen. Die Grundschule ist ein idealer Ort zum Trainieren und Fördern der Selbstdisziplin oder der Selbstbeherrschung. Schulkinder können ihren sehr facettenreichen Emotionsausdruck kontrollieren und an die Gegebenheiten anpassen.

Kinder werden mit der Anlage für alle sozialen Eigenschaften geboren. Um diese weiterzuentwickeln, brauchen sie nichts anderes als die Gegenwart von Erwachsenen, die sich menschlich verhalten und den Kindern das Gefühl vermitteln, wertvoll für die Gemeinschaft zu sein. Alle, die den Reifungsprozess eines Kindes begleiten, sollen dabei nicht vergessen, dass Erziehung vor allen Dingen Selbsterziehung und Selbstreflexion bedeutet.

2.1 Emotionale Entwicklung von Kindern

Kindergarten und Schule sind die am besten geeigneten Umfelder für junge Kinder, um emotionale Intelligenz auszubilden. Emotionale Entwicklung hängt zum einen mit weiteren Entwicklungsbereichen zusammen, insbesondere mit der kognitiven (IQ), der sprachlichen und sozialen Entwicklung. Dabei spielen genetisch bedingte Unterschiede (z. B. ein angeborenes Temperament des Kindes) und soziales Umfeld (z. B. Familie, Erfahrungen mit Gleichaltrigen, schulische Erlebnisse) eine entscheidende Rolle. Die emotionale Kompetenz wird umso größer, je intensiver die Förderung des Kindes ist.

In der nachfolgenden Abbildung werden die Wechselwirkungen dieser Faktoren bei der emotionalen Entwicklung dargestellt (◘ Abb. 2.1).

Auf der Abbildung sieht man deutlich, dass die Fähigkeit zur Emotionsregulation eng mit der sozialen Interaktion (a) in und (b) außerhalb der Familie zusammenhängt. Eltern gehen meist tolerant mit Gefühlsausbrüchen ihrer Kinder um, und gerade in Bezug auf unangenehme Gefühle wie Wut oder Enttäuschung sind die in der Kindheit erlernten Regulationsstrategien eine wichtige Ressource im Umgang mit belastenden Situationen und Konflikten.

Im Folgenden soll der Weg der emotionalen Entwicklung im Kindesalter aufgezeigt werden, und dabei wollen wir die Meilensteine Emotionsausdruck, Emotionsverständnis und Emotionsregulation passieren. Ein bedeutsamer Teil der emotionalen Entwicklung ist darüber hinaus die Empathie, also die Fähigkeit, eine emotionale Situation wahrzunehmen und Gefühle stellvertretend mit der betroffenen Person mitzuerleben. Der Verlauf der emotionalen Entwicklung ist dem Alter des Kindes entsprechend gegliedert. Dabei ist zu beachten, dass diese Altersangaben variieren können.

2.1 · Emotionale Entwicklung von Kindern

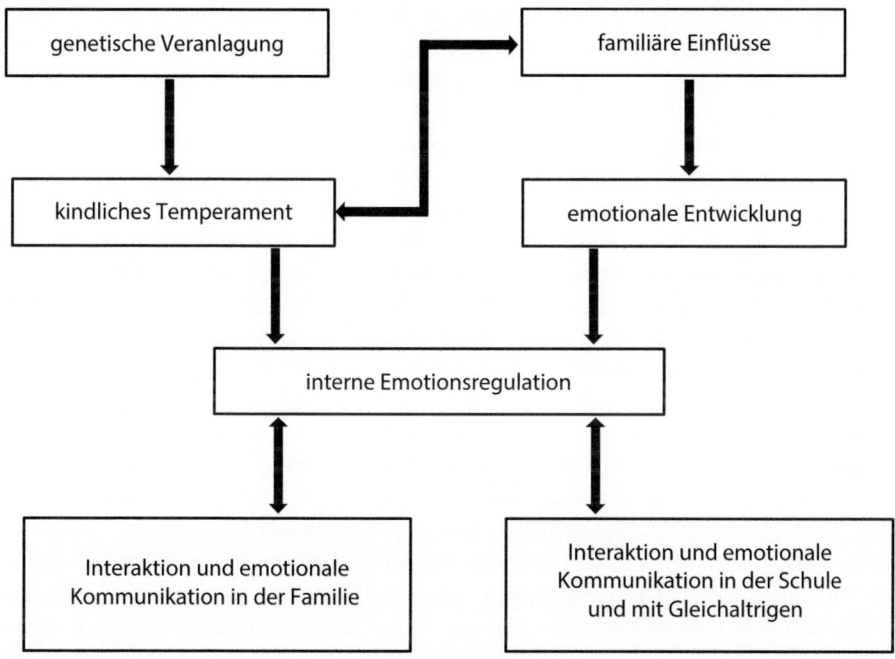

Abb. 2.1 Faktoren emotionaler Entwicklung. Eigene Darstellung, angelehnt an Franz Petermann, Silvia Wiedebusch (2016): Emotionale Kompetenz bei Kindern (Klinische Kinderpsychologie)

2.1.1 Altersgruppe von 4 bis 5 Jahren

Bereits etwa ab dem 3. Lebensjahr bildet sich die emotionale Intelligenz heraus. Freundschaft und die Beziehungen zu anderen Kindern bekommen eine immer größere Bedeutung. Kleinkinder sind neugierig und fühlen sich oftmals magisch von Gleichaltrigen oder Älteren angezogen. Als Freund werden oft auch noch alle bezeichnet, die ihre Zuneigung wecken und mit denen man einige Zeit verbringt: Mama, Papa, Oma, der Onkel oder gar der Hund des Nachbarn. Mit wachsender Sprachfähigkeit ergreifen Kinder dann aktiver und bewusster die Initiative und versuchen, mit anderen Kindern, etwa im Sandkasten oder auf dem Spielplatz, zu spielen. In diesem Alter können Freundschaften aber noch so schnell enden, wie sie angefangen haben. Bei Konflikten heißt es manchmal: *„Du bist nicht mehr mein Freund".* Oftmals nach einer kurzen Zeit sind die beiden wieder *„beste Freunde".*

Das Alter etwa ab dem 4. Lebensjahr ist eine aufregende Zeit, die von vielen Veränderungen geprägt ist und immer wieder etwas Neues bietet. Entwicklungspsychologisch werden Kinder hier immer selbstständiger, bilden eigene Freundschaften heraus, im „Fragealter" zeigt sich typische Neugier, außerdem eine Trotzphase, in der das Kind seinen eigenen Willen entdeckt. Der Psychoanalytiker Erik H. Erikson bezeichnete diese Phase mit den bipolaren Begriffen „Initiative versus Schuldgefühl", was bedeutet, dass ein gesundes Kind lernt, von sich aus die Initiative zu ergreifen und neue Erfahrungen macht oder aber, wenn diese Phase nicht gelingt, es sich verstrickt in Schuldgefühlen und Abhängigkeit. Die in dieser Phase entstehenden Emotionen sind sehr vielfältig. Obwohl das Vokabular des Kindes umfangreich ist und es nun in der Lage ist, seine Gefühle durch Mimik, Gestik oder Worte mitzuteilen, ist seine emotionale Entwicklung noch lange nicht abgeschlossen. Emotionen verwirren das Kind oft, denn sie sind nicht immer eindeutig, und oftmals weiß das Kind nicht, wie es mit ihnen umgehen soll – dieses Problem kennen auch Erwachsene nur allzu gut. Trotz der Abgrenzung des eigenen Bewusstseins von dem der Erwachsenen, genießen es Kinder dieses Alters, ihre Eltern eine Weile für sich allein zu haben und in die gemeinsamen Aktivitäten eingebunden zu werden. Das elterliche Gefühl von Wärme und Behutsamkeit kann Kindern helfen, ihre Gefühle und Gedanken zum Ausdruck zu bringen. In einer entspannten Atmosphäre können 4- bis 5-Jährige ihre Sorgen zum Ausdruck bringen.

Kleinkinder können noch nicht alle Emotionen differenzieren; neue, fremde Gefühle erleben sie häufig noch als widersprüchlich und verwirrend. 4- bis 5-Jährige kennen schon viele Begriffe, um Emotionen zu beschreiben. Das trägt dazu bei, sich selbst und andere besser zu verstehen, da sie sich mithilfe der neu erlernten Wörter besser mit Gefühlen auseinandersetzen können. In diesem Alter klappt es möglicherweise noch nicht sehr gut, den inneren mentalen Zustand klar in Worte zu fassen. Jedoch finden sie oft Umschreibungen, um zu äußern, was sie denken und fühlen, wenn man ihnen die Gelegenheit dazu gibt. Ein 3-Jähriger, der sich beim Einkauf im Supermarkt langweilt, macht vielleicht ein großes Geschrei, weil das der schnellste Weg scheint, um seine Bedürfnisse zu erfüllen. Demgegenüber ist ein 5-jähriges Kind in der Lage, zu erkennen, dass er gelangweilt ist, und kann dies auch mit Wörtern ausdrücken.

„Ich will jetzt diese Puppe haben! Mamaaaa!" – wütend und völlig aufgelöst schreit ein 4-jähriges Mädchen im Spielzeugladen. Seine Stimme wird greller, aus ihren Augen kullern Tränen, und kurz darauf wirft es sich auf den Boden. Bestimmt haben Sie bereits so einen ähnlichen Wutanfall in der Öffentlichkeit beobachtet, oder kennen Sie das vielleicht von ihren eigenen Nachwuchs? Gerade in solchen extremen emotionalen Situationen sind wir ratlos und unsicher, wie wir reagieren sollen. Vor allem besorgten Eltern fällt es schwer, diesen Zustand auszuhalten. Liebend gerne würden sie ihrem Kind schnell ein Lächeln ins Gesicht zaubern. Es ist aber vollkommen normal, wenn Kinder in diesem Alter sich gelegentlich ungesteuert und impulsiv verhalten: schreiend auf dem Boden wälzen, laut brüllen oder wütend auf dem Boden stampfen. Wenn dieses auffällige Verhalten selten auftritt, dann gibt es keinen Grund zur Sorge, das Kind bildet seinen eigenen Willen aus, und das ist wichtig für die Zukunft. Nur wenn das Kind ständig von einer Welle des Zorns überrollt wird und solche Wutanfälle ständig auftreten, sollte ihm rasch mit einer Therapie geholfen werden, sonst gerät es ins soziale Abseits. Aggression ist einer von vielen Wegen, die Kinder ausprobieren, um ihre Interessen durchzusetzen. Das Kind muss aber ein Repertoire an vielen Möglichkeiten entwickeln, um zu seinem Recht zu kommen. Wut darf nicht der einzige Weg sein.

Warum spielen Kinder in diesem Alter so gerne? Für den Umgang mit belastenden Situationen und negativen Gefühlen können Kinder zunächst im spielerischen Umfeld ihre eigene Strategien entwickeln. Gerade in diesem Alter brauchen sie noch häufig Hilfestellungen von Erwachsenen in Form konstruktiven Vorschlägen zur Lösung von

Konflikten, aber auch durch Trost, wenn etwas schiefgelaufen ist. Die Anerkennung durch Eltern, Erzieher und Lehrer ist für sie von entscheidender Bedeutung, denn daraus entwickeln sie ein positives Selbstwertgefühl, und Kinder mit gesundem Selbstwertgefühl trauen sich dann auch zu, Neues auszuprobieren und anzuwenden. Kinder sehen ihre Bezugspersonen als Vorbilder. Deren Reaktionen sind ihre Bezugsrahmen, innerhalb deren sie neue Verhaltensweisen zunächst einmal gefahrlos ausprobieren und Fehler machen können. Durch Eltern, Erzieher und Lehrer und andere soziale Kontakte entwickelt sich auch die Fähigkeit weiter, die Perspektive eines anderen Menschen zu übernehmen und somit seine Emotionen zu verstehen.

Die Entwicklung von emotionalen und sozialen Fähigkeiten schreitet ab dem 5. Lebensjahr rasch voran. Dem Kind ist zum Beispiel bereits bewusst, dass Stolz eine positive Emotion ist. Für ein 5-jähriges Kind kann Stolz Freude, Glück oder Begeisterung bedeuten. Erst in den kommenden Jahren wird es lernen, dass Stolz mit Leistungen und Lob zusammenhängt, also eine stark von der Umwelt abhängige Emotion ist. Das Gleiche gilt für solche Emotionen wie Schuld, Scham und Neid. Die Palette der möglichen Ursachen und Folgen wird stetig größer, je mehr die Kinder die sozialen Strukturen der Gesellschaft verstehen.

Immer häufiger stehen ab diesem Alter auch die Emotionen der Mitmenschen im Zentrum der kindlichen Betrachtungen. Kinder lernen, dass auch vergangene Ereignisse, Gedanken und Erinnerungen emotionale Zustände hervorrufen und dass Emotionen widersprüchlich sein können. Die typischen Beispiele dafür sind Freude und Angst – Emotionen, die man häufig zeitgleich spürt, wenn eine neue Erfahrung bevorsteht, etwa die erste Fahrt in einer Achterbahn. Die Anwendung von Selbstberuhigungsstrategien zwecks Emotionsregulation ist hier empfehlenswert. Das sind solche Rituale, wie „Tief durchatmen" oder „Selbstgespräche", die Kinder anwenden, um zu einem inneren Gleichgewicht zurückzufinden. Durch Gespräche lernen Kinder, Situationen gedanklich umzudeuten, sich abzulenken oder ihre Emotionen zu regulieren.

2.1.2 Altersgruppe von 6 bis 7 Jahren

Die emotionale Entwicklung dieser Altersgruppe ist schon weit vorangeschritten. Kinder dieser Altersgruppe besitzen die Fähigkeit, Emotionen mimisch nachzuahmen oder verbal zu beschreiben. Das sie bereits ein großes Repertoire an Regeln des gesellschaftlichen Lebens besitzen, können sie nun ihren sehr facettenreichen Emotionsausdruck kontrollieren und an die Gegebenheiten anpassen. Sie können sogar schon Emotionen vortäuschen, die sie gar nicht wirklich fühlen, oder sie verbergen Emotionen (insbesondere Ärger, Wut oder Trauer), die in der vorgegebenen Situation unangebracht wären, etwa in der Schule vor den Klassenkameraden. Solches Verhalten dient dem Schutz vor Verletzung oder Bloßstellung oder der Vermeidung von unangenehmen Konsequenzen. Das erweiterte Emotionsverständnis reflektiert sich sowohl im vielfältigeren Umgang mit eigenen Emotionen und deren Ursachen und Auswirkungen als auch im großen Wissen bezüglich der Möglichkeiten der Emotionsregulation. Die Launen sind weiterhin wechselhaft. Schlechte Laune hält aber meistens nicht lange an.

In diesem Alter sind Kinder stolz, wenn sie gelobt worden sind. Nun beginnt die Verknüpfung von der Emotion „Stolz" mit Lob und Anerkennung, also der Reaktion eines anderen auf die eigenen Leistungen. Die Anwesenheit von Erwachsenen ist dabei von großer Bedeutung; ihre unmittelbaren Reaktionen als Auslöser für kindliche Emotionen treten zunehmend in das Bewusstsein der Kinder. Durch das Speichern von Situationen im Gedächtnis, die so unangenehme Gefühle wie Neid oder Eifersucht hervorrufen, erweitern Kinder ihr emotionales Wissen. Allmählich lernen sie, ihr Verhalten selbstständig einzuschätzen, und eignen sich dadurch die Fähigkeit an, die Urteile ihrer Mitmenschen vorhersagen zu können und sich rechtzeitig angemessen zu verhalten.

Freundschaften werden auch in diesem Alter noch schnell geschlossen und ebenso schnell beendet. Für Freundschaften wählen Kinder meistens das eigene Geschlecht, für die Jungs sind Mädchen oft nur „dumme Gänse", und die Mädchen halten alle Jungs für Rüpel. Das ändert sich erst in der Vorpubertät. Beim Spiel mit anderen lernen sie zunehmend die Sichtweise anderer kennen und verbessern ihre Fähigkeit, sich empathisch in andere hineinzuversetzen. Gruppenaktivitäten und Gruppensport sind sehr hilfreich, um Kontakte zu knüpfen und sich zu integrieren. Sie erfahren, dass eigene Interessen denen anderer Kinder gegenüberstehen und Kompromisse geschlossen werden müssen. Kinder, die ihre Emotionen regulieren können und aufgrund guter Emotionsregulation wenige negative Emotionen äußern, sind bei Gleichaltrigen beliebt und gelten als sozial kompetent. Diese Fähigkeit hat meist auch eine positive Wirkung auf ihren Schulerfolg.

2.1.3 Altersgruppe von 8 bis 12 Jahren

Die 8- bis 12-jährigen Kinder erleben die Welt durch einen Filter, der aus ihrem Selbstempfinden in Beziehungen zu ihren wichtigsten Bezugspersonen entsteht. Sie können so weit rational denken, dass sie die Welt und sich selbst besser verstehen. Jean Piaget nannte dies in seiner Entwicklungspsychologie der Intelligenz das „konkretoperationale Stadium". Das Denken ist noch an das Sichtbare gebunden, aber in dieser Phase sind Kinder in der Lage, etwas Abstand von der Situation zu nehmen, um ihr Denken und Handeln zu hinterfragen. Sie können dadurch ihre Gefühle und ihr Verhalten besser einordnen.

Ein Kind in diesem Alter sollte ein Dutzend oder mehr emotionale Zustände erkennen und benennen können. Wenn es nach seiner Reaktion auf einen bevorstehenden Ausflug ins Schwimmbad oder die Krankheit seiner Großmutter befragt wird, kann es auf Erinnerungen emotionaler Erfahrungen zurückgreifen und seine Reaktion auf diese Ereignisse vorhersehen.

Die Worte, die seine Gefühle beschreiben, wie etwa „glücklich, aufgeregt, traurig, beunruhigt, ängstlich", sind auch mit den Gedanken selbst verbunden. Wenn Ihr Kind antwortet, es habe Angst davor, zum Zahnarzt zu gehen, stellt sich eine blitzschnelle Verbindung von seinem Sprachzentrum zu seinem emotionalen Gehirn her und löst die subtilen physiologischen Reaktionen aus, die wir mit Angst verbinden: eine leichte Pulsbeschleunigung, ein kleiner Anstieg des Blutdrucks, eine Anspannung des Körpers.

Kinder dieser Altersgruppe können sich also bereits Vorgänge gedanklich vorstellen und künftige Ereignisse antizipieren, oft haben sie in diesem Alter sogar besonders viel Phantasie. Sie lernen in der Schule, ihre Energie ohne Ablenkung auf die zu schaffende Aufgabe zu richten. Freundschaft und Beziehungen entwickeln sich nicht mehr so spontan wie bei kleineren Kindern, dauern dafür aber auch länger an. Jetzt geht es nämlich verstärkt darum, sich seinen Platz in einer Gruppe Gleichaltriger zu sichern. Kinder entwickeln zunehmend Empathie, und das verändert auch die Qualität ihrer Freundschaft. Sie tauschen nicht nur ihre Pausenbrote und Sticker aus, sondern auch ihre Gefühle und Geheimnisse. Es werden Freundschaftsrituale geschaffen, Phantasiewelten aufgebaut oder Versprechungen gegeben. Von einem Freund wird nicht nur Unterstützung bei den Hausaufgaben, sondern auch bei Streit oder anderen Problemen erwartet.

2.1.4 Altersgruppe ab ca. 12 Jahren

Ab der Vorpubertät zählen bei einer Freundschaft dann immer stärker ähnliche Überzeugungen, Werte und gemeinsame Interessen. Besonders Mädchen gehen enge Beziehungen zu ihren besten Freundinnen ein. Sie tauschen sich über die Dinge vorwiegend verbal aus und schaffen so eine Bindung zueinander. Jungs sind da eher praktisch und motorisch orientiert, haben gleiche Interessen, aber auch das schweißt zusammen.

In der Pubertät definieren sich Jugendliche neu. Sie verändern sich sehr schnell und sehen sich immer weniger als Kinder. Dieser Wandel gehört zum Erwachsenwerden, und jeder von uns muss ihn bewältigen. Der bereits erwähnte Psychoanalytiker Erik H. Erikson benannte die beiden Pole dieser Phase als „Identität versus Rollendiffusion", d. h., ein Heranwachsender muss hier seine eigene Identität finden, was das Ausprobieren unterschiedlichster Rollen und Verhaltensweisen impliziert. Trotz großer Belastung und vieler Anforderungen vermittelt diese Entwicklungsphase ein Gefühl von unbegrenzten Möglichkeiten. Während der Körper sich auf eine verwirrende Art und Weise verändert, erleben die Heranwachsenden die Achterbahn der Gefühle. In dieser Zeit hat ihr Peergroup-Umfeld dabei einen bedeutenden Einfluss: Die Akzeptanz von Gleichaltrigen ist ihnen wichtiger als das, was die Eltern sagen, oder, schlimmer noch: Das, was die Eltern möchten, wird aus einem Gefühl der Rebellion heraus gerade eben nicht getan. *„Du weißt doch gar nicht, wie das heute ist!"*, müssen sich Eltern von ihrem pubertierenden 14-Jährigen anhören. Was der 14-Jährige absolut nicht erahnt, ist, dass seine eigenen Eltern in ihrer Jugend die gleichen Krisen durchgemacht haben und sein Verhalten daher sehr wohl einschätzen können. Selbstzweifel, Ängste, Depressionen, Zwänge, Labilität, sexuelle Abweichungen und Experimente mit Drogen gehören in dieser Phase zur Identitätsentwicklung. Die Pubertät wird von manchen Entwicklungspsychologen als „normale Psychopathologie" gesehen, denn es treten phasenweise fast alle psychischen Störungen auf, die man sonst nur in Lehrbüchern der Psychiatrie findet, und kaum machen die Eltern sich verzweifelt Sorgen darüber, können sie wie von Zauberhand auch wieder so spontan verschwinden, wie sie entstanden sind.

Ein Teenager ist fähig, Gefühle in Bildern beschreiben. Er kann etwa erklären, er sei so *„ängstlich wie ein Hase"*, oder er *„fühlt sich, als ob er auf einer Mauer balancieren soll"*. Er kann auch seine körperlichen Reaktionen verschiedenen Emotionen zuordnen, indem er von „Herzklopfen" oder einem „mulmigen Gefühl" spricht. Junge Menschen sind emotional dünnhäutig und verletzlich, sie fühlen sich schnell von allen Dingen in ihrer Umgebung gestört und überreizt, obwohl sie gleichzeitig ihre eigene Umgebung stetig provozieren. Manchmal steht dahinter auch die Angst, Fehler zu machen, sich zu blamieren oder den Erwartungen nicht gerecht zu werden. Kritische Bemerkungen werden mimosenhaft sofort persönlich genommen. Eltern müssen hier umschwenken; ein Pubertierender ist kein Kleinkind mehr, dem man etwas verbieten oder erlauben kann. Verbote umgehen die Kids in dieser Phase, indem sie die Dinge einfach heimlich tun. Es macht daher wenig Sinn, mit drakonischen Strafen zu drohen, sie wecken nur Widerstand nach dem „Jetzt-erst-recht"-Motto. Ein Elternteil, das eine vernünftige Beziehung zu seinem pubertierenden Kind aufbauen will, sollte versuchen, das Kind wie seine beste Freundin zu behandeln – auch wenn das schwerfällt. Aber eine achtsame, respektvolle und wertschätzende Kommunikation mit Menschen, von denen sie sich geschätzt fühlen, ist sehr wichtig für den Heranwachsenden. Auch oder gerade Jugendliche brauchen feste Bezugspersonen, von denen sie sich geliebt fühlen, so, wie sie sind. Schenken Sie Ihrem heranwachsenden Kind Ihre Aufmerksamkeit, nehmen Sie die Gefühle Ihres Kindes ernst, und setzen Sie sie nicht als Teenager-Laune ab. Wenn seine Gefühle nicht übergangen werden, fällt es Ihrem Kind auch leichter, sich selbst zu akzeptieren.

2.2 Die Rolle von Erwachsenen im emotionalen Reifungsprozess

Das große Problem in unserer modernen Gesellschaft ist, dass immer mehr Menschen unter hohem Leistungsdruck und Burn-out leiden und dann innere Selbstzweifel entwickeln. Emotionale Intelligenz hilft Kindern, mit einer immer komplexer werdenden Welt umzugehen. Sie fördert die gesunde Beziehung zu anderen Menschen, stärkt die eigene Belastbarkeit, verstärkt die Fähigkeit zur Empathie und bringt damit letztlich auch inneren Frieden. Kinder lernen, sich selbst wertzuschätzen und mit sich zufrieden zu sein.

In den ersten Lebensjahren entwickelt sich emotionale Kompetenz vor allem im kommunikativen Austausch mit den Eltern oder auch anderen Bezugspersonen, wie Geschwistern, Spielkameraden und Großeltern. Sie erweitert sich bei Kindern täglich, wenn sie sehen, was ihr Verhalten bei anderen auslöst oder wie ihre Eltern oder andere Bezugspersonen darauf reagieren. *„Beim Trinken schlürft man nicht!"* – Die Zeiten waren vielleicht nie einfach, aber unsere Eltern und Großeltern waren sich noch gewiss, das Richtige zu tun, wenn sie sich an den allgemeingültigen Werten und Normen orientierten. Heute gibt es so viele unterschiedliche Strömungen, gerade in der Kindererziehung, dass es kaum noch möglich ist, zu sagen, was das Richtige ist. Von antiautoritärer über *laissez-faire* und demokratischem oder autoritärem Erziehungsstil bis zu *„Ein kleiner Klaps hat noch nie jemandem geschadet!"* gibt es die unterschiedlichsten Sichtweisen, was für Kinder sein soll. Für Eltern kann das

2.2 · Die Rolle von Erwachsenen im emotionalen Reifungsprozess

irritierend sein. Theorien und Modelle über Elternverhalten können hilfreich sein, aber letztlich können Sie wenig falsch machen, solange Sie ihrem Kind alles geben, was es braucht: Herzenswärme, klare Regeln und genügend Spielraum. Sie können Ihr Kind in seiner Entwicklung unterstützen, wenn Sie es für gutes Verhalten bewusst loben oder es auf jemanden aufmerksam machen, der sich gut verhalten hat. Gerade die als „negativ" deklarierten Empfindungen wie Ekel, Trauer oder Scham sind für ein Kind nicht leicht in Worte zu fassen, doch es hilft, sie zu benennen, um sie zu bewältigen. Bei negativen Stimmungen ist es wichtig, sie nicht zu unterdrücken, sondern sie zu verstehen.

> **Übersicht**
> „Eltern, die selbst gewalttätiges Verhalten zeigen, übertragen dies auf ihr Kind. Der Zusammenhang zwischen erfahrener und selbst ausgeübter Gewalt ist groß. 25–40 % der misshandelten Kinder geben die Gewalt weiter. Laut Umfragen werden noch immer rund 30 % der Kinder und Jugendlichen von ihren Eltern zu Hause gezüchtigt oder misshandelt. Damit übertrifft die familiäre Gewalterfahrung die durch Gleichaltrige."
> ▶ https://www.neurologen-und-psychiater-im-netz.org/kinder-jugend-psychiatrie/erkrankungen/stoerungen-des-sozialverhaltens/ursachen/

Was die meisten Eltern tun, das Kind nach einem Schultag fragen, wie der Tag war oder was ihm besonders gut gefallen hat, erscheint lapidar, ist aber wichtig. Wenn Ihr Kind mit einem Gleichaltrigen streitet, fragen Sie es, was es wütend, traurig oder neidisch macht? Geben Sie Ihrem Kind das Gefühl, dass Sie es verstehen. Mit ständiger Ablehnung und Kritik, Ignorierung seiner Emotionen, Wünsche und Bedürfnisse sowie mangelndem Körperkontakt entsteht emotionale Kälte. Natürlich ist auch das Gegenteil möglich: Mit einem Übermaß an Bindung machen wir das Kind von uns abhängig, engen es ein und verhindern seine emotionale Selbstständigkeit. Wie auch in vielen anderen Dingen liegt hier die Wahrheit in der Mitte.

> **Übersicht**
> Wenn Sie einmal das schlechte Gewissen packt, dass Sie für Ihr Kind selten da sind, denken Sie daran, dass materielle Dinge wie Computer, Handy, Spielzeug kein Kind auf Dauer im tiefsten Innern seiner Seele glücklich machen. Ihr liebevolles und verständnisvolles Dasein ist nicht zu ersetzen.

Für Kleinkinder sind die Eltern die wesentlichsten Bezugspersonen, später werden Vorbilder wie die Erzieherin oder die Lehrerin immer bedeutsamer. In einer Leistungsgesellschaft, in der Eltern immer weniger Zeit für ihre Kinder haben, gleichzeitig aber das Beste für ihren Nachwuchs herausholen wollen, ist der Erwartungsdruck auf Kindergarten und Schule groß geworden: Diese Institutionen sollen nicht nur analytische Kenntnisse und Fähigkeiten, sondern auch emotional-soziale Kompetenz vermitteln. Leider herrscht in vielen Kindertagesstätten und Schulen ein angespanntes Klima, und nicht selten entladen sich Gefühle in körperlicher Gewalt. In Erinnerung bleibt ein unglaublicher Vorfall an einer Rostocker Grundschule: Eine 7-Jährige hat ihre Lehrerin krankenhausreif gebissen. Wenn früher die Anweisungen von Erziehern und Lehrern schweigend befolgt werden sollten, muss heute mit jedem Einzelnen diskutiert werden. In Zeiten, in denen Einzelkinder die Norm geworden sind und viele als kleine Prinzen oder Prinzessinnen aufgewachsen sind, wird die Überzeugungskraft der Erzieher und Lehrer immer wieder auf eine harte Probe gestellt. Die meisten Lehrer und Erzieher klagen heutzutage über fehlende Disziplin, Selbstständigkeit oder Durchhaltevermögen bei ihren Schützlingen.

Aber Vorsicht vor allzu übereilten Vorurteilen! Den pessimistischen Satz *„Früher war alles besser"* hören wir viel zu oft. Jede abtretende Generation ist mit der nachwachsenden unzufrieden, einfach deswegen, weil sich viele Normen verändert haben. Unsere Eltern haben über uns geschimpft, als wir noch jung waren, und haben uns niemals zugetraut, dieses Land weiter wachsen zu lassen. Dennoch hat jeder von uns seine Pflicht getan und ist in Verantwortungsbereiche hineingewachsen. Auch die neue Generation kann nicht nur schlecht sein: Heute sind Kinder und Jugendliche nicht mehr so gehorsam, dafür aber viel selbstbewusster als je zuvor. Die Übergriffe und Kränkungen durch Erwachsene wollen sie nicht mehr klaglos hinnehmen, wozu Kinder früherer Generationen gezwungen waren. Das Negative an der neuen Generation fällt immer stärker auf, und das Positive droht dagegen als Selbstverständlichkeit einzugehen.

2.2.1 Was Erzieher und Lehrer beachten sollen

Neben der Familie ist die Schule vermutlich die einflussreichste Institution im Leben von Kindern. In schulischen Räumlichkeiten erwerben Kinder das Wissen und die Fähigkeiten, die sie für das Erwachsenenleben benötigen. In der Schule treffen Kinder mit unterschiedlichem Können, Wissen, mit unterschiedlichen Charakteren und Bedürfnissen aufeinander. Lehrer stehen jeden Tag vor der herausfordernden Aufgabe, sowohl die Individualität der Kinder zu berücksichtigen und zu bewahren als auch ein soziales und gemeinsames Lernen zu fördern. Schule ist nicht nur ein Ort, an dem Kinder Wissen erwerben, sie sollen sich dort angenommen und geborgen fühlen. Ihnen soll die Möglichkeit gegeben werden, soziale und emotionale Erfahrungen im Umgang miteinander zu machen und Freundschaften zu schließen, aber auch zu lernen, Konflikte konstruktiv lösen. Damit dies gelingt, sind gewisse Regeln erforderlich, deren Einhaltung ein soziales Miteinander bewirkt. In Anbetracht der zunehmenden Gewalt an Schulen scheint diese Aufgabe für Pädagogen aber nicht leicht zu sein. An manchen Schulen scheinen Aggression und Gewalt bereits zum Alltag zu gehören. Im Gedächtnis bleiben vor allem Extremfälle, wie zum Beispiel im Februar 2019 in einer Grundschule in Berlin: Dort hat sich eine 11-jährige Schülerin aufgrund schwerer Mobbing-Attacken, die seit mehr als ein Jahr andauerten, das Leben genommen.

Einer Studie zufolge, die auf Angaben einer Umfrage von 1200 Schulleiterinnen und Schulleitern in Deutschland basiert, kam es in den vergangenen fünf Jahren an

2.2 · Die Rolle von Erwachsenen im emotionalen Reifungsprozess

48 % aller Schulen zu verbalen Bedrohungen, Beschimpfungen, Beleidigungen und Mobbing gegen Lehrkräfte. An diesen Gewalttaten waren nicht nur Schüler, sondern teilweise auch ihre Eltern beteiligt. 26 % der befragten Schulleiter berichteten von körperlichen Angriffen auf Pädagogen, und an jeder fünften Schule sei Cybermobbing gegen Lehrer im Netz registriert worden (▶ https://www.vbe.de/service/meinungs-umfragen/gewalt-gegen-lehrkraefte-2018/?L=0).

> **Übersicht**
> Cybermobbing ist Mobbing, das im sogenannten Cyberspace stattfindet, also im virtuellen Raum, der sich heute wiederum mehr und mehr mit dem realen Leben vermischt. Mithilfe von Mobiltelefonen, E-Mails, Instant Messaging (ICQ, WhatsApp) und sozialen Netzwerken, wie beispielsweise Facebook oder Instagram, die den virtuellen Raum erst schaffen, können Menschen dort andere mobben.

Zudem hat die Hälfte aller Teenager weltweit schon Gewalt oder Mobbing durch Mitschüler erlebt; das berichtet das UN-Kinderhilfswerk UNICEF. Insgesamt rund 150 Mio. Teenager zwischen 13 und 15 Jahren weltweit haben laut diesem Bericht in oder in der Nähe der Schule Mobbing erlebt oder seien im Verlauf eines Jahres in eine Schlägerei verwickelt gewesen. (▶ https://www.unicef.org/publications/files/An_Everyday_Lesson-ENDviolence_in_Schools.pdf).

Das ist erschütternd. Gewalt in Schulen hat klare Auswirkungen auf das Wohlbefinden der Schüler, die dann zum Teil unter den lebenslangen Auswirkungen einer Posttraumatischen Belastungsstörung leiden. Deshalb sollte man möglichst früh ansetzen, um die Perspektive der Kinder auf nichtaggressive Verhaltensalternativen zu erweitern. Welche Maßnahmen sind also geeignet? Zuerst sollte man sich nach den Ursachen und Bedingungen, die die Entwicklung von vermehrter Aggression begünstigen, Gedanken machen. Zudem sollte man untersuchen, welche schützenden Bedingungen es gibt, die die Chance einer gesunden Entwicklung erhöhen. Man muss handeln, bevor „das Kind in den Brunnen fällt".

Eine mögliche Ursache für die angestiegene Zahl der Kinder mit den schwerwiegenden Verhaltensproblemen ist Armut. Ausreichende finanzielle Mittel sind die Voraussetzung für Sicherheit der Kinder sowie ihre medizinische Versorgung, ausgewogene Ernährung und Kleidung. Nun sollte man denken: In Deutschland verhungert doch niemand, gibt es hier Armut? Hierbei klammert man aus, dass schon alleine Mieten heute so teuer sind, dass oft beide Elternteile arbeiten müssen und dadurch keine Zeit für Kinder haben. Viele Familien sind hoch verschuldet, der Staat macht es ja vor mit der Verschuldung, und man kann alles auf Kredit kaufen. In einer Kaufrausch- und Wegwerf-Gesellschaft ist das verführerisch, und man ahnt nicht, dass die Leute, die gut gekleidet vor einem stehen, längst im Insolvenzverfahren sind. Solche Schulden machen Druck in der Familie, was sich immer auch auf die gesamte Atmosphäre auswirkt. Wie soll man eine liebevolle Stimmung schaffen, wenn das Portemonnaie ständig nur gähnende Leere anzeigt?

Neben Sicherheit und einer gewissen materiellen Grundversorgung brauchen Kinder auch eine liebevolle familiäre Beziehung, entwicklungsfördernde Erfahrungen, Grenzen und Strukturen. Viele Eltern sind von in der heutigen Lebenssituation aber überfordert und deshalb kaum in der Lage, diese Grundbedürfnisse ihrer Kinder zu befriedigen. Einige Kinder lernen erst im Kindergarten den Umgang mit Strukturen und Regeln kennen und haben erst dort die Möglichkeit, Erfahrungen zu sammeln und Lernanregungen zu bekommen. Fehlt diese Stabilität, entsteht oft eine Orientierungslosigkeit, die bei Kindern später zu Perspektivlosigkeit führt. Damit steigt die Verantwortung von bildenden und erziehenden Institutionen wie Kindergarten und Schule. Weil bereits 15–30 % der Kinder im Kindergartenalter ein erhöhtes Risiko haben, Lern- und Entwicklungsstörungen zu entwickeln, sollte man die Prävention möglichst früh ansetzen. Wenn man nichts tut, besteht die Gefahr, dass sich Verhaltensauffälligkeiten herausbilden und manifestieren.

Was können Kindergarten und Schule überhaupt leisten? Präventive Maßnahmen kann man in folgenden Bereichen durchführen:

— **Grundbedürfnisse der Kinder stillen**
Für Kinder aus sozial benachteiligten Familien und Familien mit Immigrantenstatus sollte man einen Ausgleich schaffen, wenn eine defizitäre Versorgung und Erziehung vorliegt. Nicht jede Mutter kümmert sich darum, ihrem Kind ein Frühstück mitzugeben, daher ist ein im Kindergarten oder in der Schule gestelltes gleiches Frühstücksangebot besser als die selbst mitgebrachte Brotdose, die unter Umständen nur einige Schokoriegel enthält. Ein Kontakt zu sozialen Diensten kann helfen, die Lage der Kinder zu verbessern.

— **Sprachförderung**
Sprache ist die wichtigste Grundlage für Konfliktlösung und Integration. Wenn ein Kind sich mittels Sprache verständlich machen kann, muss es nicht handgreiflich werden, um seine Bedürfnisse durchzusetzen.

— **Soziale Kompetenzen fördern**
Kinder sollen ein Gefühl dafür entwickeln, wie sie mit sich und den anderen angemessen umgehen. Damit sollen solche Entwicklungsstörungen wie beispielsweise aggressives Verhalten, Ängste, sozialer Rückzug und Depressionen verhindert oder abgemildert werden.

2.2.2 Kritik in der Erziehung

Viele Eltern wünschen sich, dass ihre Kinder gute Schulabschlüsse machen, damit es ihnen einmal gut geht oder vielleicht sogar besser als ihnen selbst. Vielleicht wollen sie auch, dass ihr Kind fleißig und sauber ist und sich höflich und aufmerksam verhält. Eigentlich haben sie wirklich gute Absichten. Oft vergessen sie dabei jedoch, dass es ihre eigenen Vorstellung von Glück und Erfolg sind, die sie da auf ihre Kinder projizieren. So werden ihre Kinder zu Objekten ihrer eigenen Ziele und Absichten. Hohe Erwartungshaltung der Eltern setzt Kinder unter Druck. Nur die wenigsten Eltern sind sich dessen bewusst, dass häufige Kritik die Grundbedürfnisse von Kindern verletzen können; sie führen letztlich zu einem geringen Selbstwertgefühl.

> **Tipp**
>
> Wenn Sie Kritik an Ihrem Kind üben, denken Sie daran, dass es richtige und falsche Arten zu kritisieren gibt. Dies kann einen wesentlichen Einfluss darauf haben, ob ihr Kind zu einem Optimisten oder Pessimisten wird. Die erste Regel lautet, genau zu sein, wenn Sie Ihr Kind kritisieren. Denn eine übertriebene Schuldzuweisung ruft Schuld- und Schamgefühle hervor, was dem Kind keinen Anstoß zur Veränderung gibt. Die zweite Regel besteht darin, dass Sie eine optimistische Einstellung vorleben. Erklären Sie Probleme mit wirklichkeitsnahen Begriffen, sodass man den Grund als spezifisch und veränderbar erklärt.

Forscher an der US-amerikanischen Bingham University konnten in einer Studie nachweisen, dass ein kritischer Erziehungsstil die kognitive Entwicklung von Kindern massiv beeinträchtigt. Kinder, die von ihren Eltern stark kritisiert wurden, reagierten anders auf emotionale Informationen als Kinder von weniger kritischen Eltern (Journal of Clinical Child & Adolescent Psychology, Volume 47 2018 – Issue sup1: Parenting: Parental Expressed Emotion-Criticism and Neural Markers of Sustained Attention to Emotional Faces in Children, ▶ https://www.tandfonline.com/doi/full/10.1080/15374416.2018.1453365).

Die US-Forscher baten die teilnehmenden Eltern, fünf Minuten lang über ihre Kinder zu sprechen. Anschließend werteten die Forscher nach bestimmten Kriterien aus, wie kritisch die Eltern gegenüber ihren Kindern waren. Als Nächstes baten sie die 7- bis 11-jährigen Kinder, sich Bilder von Menschen mit unterschiedlichen Gesichtsausdrücken anzusehen. Die abgebildeten Personen zeigten verschiedene Emotionen wie Freude oder Traurigkeit.

Die Ergebnisse deuten darauf hin, dass Kinder von kritischen Eltern Emotionen aus dem Weg gehen. Sie schützen sich vor Situationen, die sie traurig machen. Sie vermeiden es, den emotionalen Gesichtsausdrücken überhaupt Aufmerksamkeit zu schenken. Dieses Verhalten könnte ihre Beziehungen zu anderen Menschen beeinträchtigen und ein Grund sein, warum Kinder von sehr kritischen Eltern Gefahr laufen, an Krankheiten wie Depressionen oder Angststörungen zu leiden.

Aber um welche Art der Kritik geht es hier überhaupt? Die Kritik der Eltern ist dann für ein Kind schädlich, wenn sie dazu führt, dass das Kind sich nicht um seiner selbst willen geliebt fühlt, sondern glaubt, sich anstrengen zu müssen, um Mutter und Vater zufriedenzustellen.

Literatur

Journal of Clinical Child & Adolescent Psychology, Volume 47, 2018 – Issue sup1. Parenting. Parental Expressed Emotion-Criticism and Neural Markers of Sustained Attention to Emotional Faces in Children. ▶ https://doi.org/https://www.tandfonline.com/doi/full/10.1080/15374416.2018.1453365.

Klinkhammer, J., & von Salisch, M. (2015). *Emotionale Kompetenz bei Kindern und Jugendlichen: Entwicklung und Folgen*. Stuttgart: Kohlhammer.

Petermann, F., & Wiedebusch, S. (2016). *Emotionale Kompetenz bei Kindern* (Klinische Kinderpsychologie). Göttingen: Hogrefe.

Wertfein, M. (2007). *Emotionale Entwicklung und elterliche Förderung: Im Vor- und Grundschulalter*. Saarbrücken: VDM Verlag Dr. Müller.

Lantieri, L., & Goleman, D. (2009). *Ein Übungsprogramm, um innere Stärke aufzubauen*. München: Verlagsgruppe Random House.

Links

▶ https://www.unicef.org/publications/files/An_Everyday_Lesson-ENDviolence_in_Schools.pdf
▶ https://www.vbe.de/service/meinungsumfragen/gewalt-gegen-lehrkraefte-2018/?L=0
▶ https://www.tandfonline.com/doi/full/10.1080/15374416.2018.1453365
▶ https://www.neurologen-und-psychiater-im-netz.org/kinder-jugend-psychiatrie/erkrankungen/stoerungen-des-sozialverhaltens/ursachen/

Kompetenzgruppen der emotionalen Intelligenz

3.1 Sozial-emotionales Lernen (SEL) – 38

3.2 Selbstwahrnehmung – 40
3.2.1 Impulskontrolle als die Grundlage der Selbstbeherrschung – 41
3.2.2 Optimismus als die Grundlage der Motivation – 45
3.2.3 Tipps für Erwachsene – 49

3.3 Selbstmanagement – 50
3.3.1 Tipps für Erwachsene – 56

3.4 Beziehungsmanagement – 57
3.4.1 Tipps für Erwachsene – 61

3.5 Verantwortungsvolle Entscheidungen – 61
3.5.1 Problemlöseverfahren – 64
3.5.2 Drei Situationstypen – 66
3.5.3 Tipps für Erwachsene – 67

3.6 Soziales Bewusstsein – 68
3.6.1 Tipps für Erwachsene – 70

Literatur – 71

© Springer Fachmedien Wiesbaden GmbH, ein Teil von Springer Nature 2020
I. Bosley und E. Kasten, *Emotionale Intelligenz bei Kindern fördern*,
https://doi.org/10.1007/978-3-658-28561-6_3

Kurze Zusammenfassung

Die Schule konzentriert sich darauf, den Kindern beizubringen, ihre kognitiven Fähigkeiten zu nutzen. Das Unterrichten von sozialen und emotionalen Fähigkeiten wird aber oft vernachlässigt oder gar vergessen, was viele Eltern verunsichert. Sozial-emotionale Kompetenzen beeinflussen die Art und Weise, wie Menschen mit ihren Emotionen umgehen, wie sie sich selbst wahrnehmen und mit anderen in Kontakt treten. Sozial-emotionales Lernen (SEL) wird als Schlüsselfaktor betrachtet, wenn es um den späteren beruflichen Erfolg im Leben geht. Bei SEL werden fünf Kompetenzgruppen definiert, die emotionale Intelligenz bei Kindern ausmachen: Selbstwahrnehmung, Selbstmanagement, Beziehungsmanagement, verantwortungsvolle Entscheidungen, soziales Bewusstsein.

3.1 Sozial-emotionales Lernen (SEL)

Heutzutage wissen es Eltern wie auch Pädagogen: Ängste, Stress oder aufgewühlte Gedanken und Gefühle verringern bei Kindern die Kapazität des Arbeits- oder Kurzgedächtnisses zur Verarbeitung des Lernstoffs und auch die Konzentration und Ausdauer. Das lässt daraus schließen, dass der schulische Erfolg zumindest teilweise von der Fähigkeit des Schülers abhängt, sich ein positives soziales Umfeld aufzubauen. Deshalb ist es wichtig, eine gesunde Entwicklung der Kinder im Umgang mit ihren Gefühlen sowie ihren zwischenmenschlichen Beziehungen zu fördern. Dieser Bereich wird als sozial-emotionales Lernen (SEL) bezeichnet, und er muss erlernt werden wie eine Sprache, die Mathematik oder das Lesen. Dieses Konzept wurde von der Collaborative for Academic, Social, and Emotional Learning entwickelt und ist international verbreitet. SEL hat einen wichtigen Stellenwert für die Entwicklung von individuellen Kompetenzen für eine gelingende Lebensbewältigung, für die Förderung von Schlüsselkompetenzen in der Berufswelt und für Gesundheitsförderung und Prävention von Mobbing, von Verhaltensproblemen oder von Suchtverhalten.

Das Ziel der emotionalen Entwicklung ist die Förderung der emotionalen Kompetenz. Das ist die Fähigkeit einer Person, mit eigenen Emotionen und mit Emotionen anderer angemessen umzugehen. Eine sehr wichtige Entwicklungsaufgabe für Kinder ist das Erlernen von emotionsbezogenen Fertigkeiten, wie Selbstwahrnehmung, soziales Bewusstsein, Selbstmanagement, verantwortungsvolle Entscheidungen und Beziehungsmanagement. Diese Fertigkeiten bauen aufeinander auf und sind miteinander verbunden. Unklarheiten und Defizite in diesen Fertigkeiten können von Nicht-Verstehen von eigenen Emotionen bis zu massiven Kommunikationsproblemen und gewalttätigen Auseinandersetzungen führen. Die Entwicklung der emotionalen Kompetenz ist daher ein wichtiger Grundstein der Gewaltprävention (◘ Abb. 3.1).

Bei SEL werden fünf Kompetenzgruppen definiert, die emotionale Intelligenz bei Kindern ausmachen:

Selbstwahrnehmung Die eigenen Gedanken identifizieren und erkennen, wie sie die Entscheidungen und das Handeln beeinflussen.

3.1 · Sozial-emotionales Lernen (SEL)

Abb. 3.1 Kompetenzgruppen von SEL

Selbstmanagement Mit eigenen Gefühlen so umgehen, dass es leichter wird, die zu erledigende Aufgabe zu lösen. Es werden lang- und kurzfristige Ziele gesetzt und Hindernisse überwunden.

Beziehungsmanagement Fähigkeit, auch einem negativen Gruppendruck standzuhalten und auf Konfliktlösungen hinzuarbeiten, um gesunde und lohnende Verbindungen zu Einzelpersonen und Gruppen aufrechtzuerhalten.

Verantwortungsvolle Entscheidungen Positive, sachlich fundierte Lösungen für Probleme finden und umsetzen. Die langfristigen Folgen des eigenen Handels für sich und andere abzuschätzen.

Soziales Bewusstsein Die Gedanken und Gefühle anderer verstehen, Mitgefühl entwickeln und in der Lage sein, die Dinge auch aus der Sicht eines anderen zu sehen. Psychologen nennen dies Empathie.

Emotionale Kompetenzen können besonders leicht in der frühen Kindheit erworben werden. Welche Unterstützung benötigt ein Kind, um einen hohen Grad an Kompetenz zu erlangen? Diese Begabung lässt sich fördern und entwickeln. Kindern soll geholfen werden, ihre Gefühle und die der anderen wahrzunehmen. Es geht nicht nur darum, über die Gefühle des Kindes zu reden, sondern diesem auch bewusst zu machen, was andere empfinden. Empfindungen wie Trauer oder Scham sind nicht leicht in Worte zu fassen, doch es hilft, sie zu benennen, um sie zu bewältigen. Bei negativen Stimmungen ist es wichtig, sie nicht zu unterdrücken, sondern sie zu verstehen. Denn alle potenziell schädlichen Gefühle haben, wie bereits gesagt, auch positive Aspekte:

> **Stress** (besonders Eustress) mobilisiert zusätzliche geistige und körperliche Energien, erhöht kurzfristig die Leistungsfähigkeit.
>
> **Traurigkeit** bereitet körperliche und geistige Prozesse vor, die einer Person helfen können, sich von dem Ziel zu lösen, das sie nicht erreichen kann.
>
> **Angst** bereitet darauf vor, die Situation aufmerksam auf mögliche Gefahren zu untersuchen.
>
> **Ärger** bereitet den Körper auf eine effektive Selbstdurchsetzung vor.
>
> **Scham** sorgt für die Einhaltung von sozialen Regeln und schützt vor der Gefährdung der sozialen Integration.

Ein wichtiger Bestandteil bei der Entwicklung von emotionaler Kompetenz bei Kindern ist dabei, dass sie erfahren, dass ihnen jemand zuhört und sie ernst nimmt. Solche Gefühle wie „Sich-geborgen-Fühlen", „Klare Grenzen erkennen" sind für Kinder sehr wichtig, um auch andere elementare Fähigkeiten, wie Konzentration, Ausdauer und Leistungsbereitschaft, zu entwickeln.

In den folgenden Kapiteln werden diese Aspekte ausführlich erläutert.

3.2 Selbstwahrnehmung

Selbstwahrnehmung Die eigenen Gedanken identifizieren und erkennen, wie sie die Entscheidungen und das Handeln beeinflussen (❏ Abb. 3.2).

Eine Katze klettert blitzschnell auf einen Baum, um sich von einem unternehmungslustigen Hund zu retten. Nun betrachtet sie den Hund von oben, auf einem Ast sitzend. Ihr Herz klopft heftig, sie wedelt nervös mit dem Schwanz. Getrieben von großer Angst hat die Katze über ihre Handlungsweise nicht viel nachgedacht. Jetzt hat sie sich in Sicherheit gebracht, jetzt kann ihr nichts passieren.

Sich des Zusammenhangs von Gefühlen, Gedanken und Verhalten bewusst sein	Gefühle voneinander unterscheiden	Gefühle und Gedanken auf eigenes Verhalten beziehen
Achtsam in Bezug auf die eigenen Empfindungen	Körpersignale spüren und zuordnen	Optimistische Lebenseinstellung entwickeln
Die eigenen Gefühle verarbeiten können	Verstehen, wie man selbst auf andere wirkt	Die eigenen Stärken und Schwächen erkennen

❏ **Abb. 3.2** Bausteine von Selbstwahrnehmung

3.2 · Selbstwahrnehmung

Jeder Mensch hat Angst, und dieses Gefühl ist für sein Überleben sehr wichtig, wie in diesem Beispiel mit der Katze. Wer hat nicht schon einmal ein mulmiges Gefühl gespürt, als man in einen dunklen Keller gehen musste oder wenn es draußen blitzt und donnert? Angst, Wut und Traurigkeit können unser Denken und Handeln massiv beeinflussen und somit unser Leistungsvermögen beeinträchtigen. Deshalb soll das Kind lernen, diese Gefühle weder heroisch zu unterdrücken noch sich damit willenlos abzufinden, sondern sie bewusst erleben und versuchen, die helle Kehrseite der dunklen Medaille zu entdecken. Das Positive daran: Angst kann unsere Konzentration und Energie freisetzen, um uns in Alarmbereitschaft zu bringen. Erst wenn alle Probleme auf dem Weg zum Ziel überwunden sind, kann man die berauschenden Glücksmomente wirklich genießen.

> **? Fragen**
> Was waren in den letzten zwölf Monaten Ihre persönlichen Glücksmomente? War das vielleicht eine bestandene Prüfung, eine Anerkennung durch Ihren Chef, eine hervorragende sportliche Leistung, oder haben Sie sich verliebt?

So wie Erwachsene sind auch Kinder immer stolz, wenn sie etwas geschafft haben: *„Schau mal, das kann ich! Schau mal, das traue ich mich!"* Manchmal werden solche Situationen von Erwachsenen als unwichtig angesehen. Für Kinder sind sie aber ein wesentlicher Entwicklungsschritt. Sich etwas zu trauen heißt Angst zu überwinden und mutig zu sein.

Das ist auch für Kinder schwierig und oft nur mit Unterstützung eines Erwachsenen möglich: *„Glaubst du, dass du das kannst?"*, *„Was möchtest du denn?"* oder *„Das hast du toll hingekriegt!"*. Ermuntern Sie Ihr Kind, auch mal schwierige Aufgaben anzugehen. Nur so kann es sich beweisen und wertvolle Erfolgserlebnisse sammeln. Kinder, die sich etwas trauen, werden selbstbewusster und trainieren ihre sozialen Fähigkeiten, zum Beispiel sich durchzusetzen, andere in ihrem momentanen Tun und Befinden wahrzunehmen, schrittweise auf sie zuzugehen oder sich abzugrenzen. So entwickeln sich Kinder zu starken Persönlichkeiten. Egal, ob ihr Kind eine Abschlussprüfung schaffen, regelmäßig Sport treiben oder mit dem Schachspielen anfangen will: Um mit seinen Emotionen Ziele zu erreichen, braucht man eine große Portion Selbstbeherrschung und Motivation.

3.2.1 Impulskontrolle als die Grundlage der Selbstbeherrschung

„Wenn du dieses Überraschungsei nicht aufmachst, bis ich zurückkomme, bekommst du ein zweites dazu." Eine solche Aufforderung kann ein 5-jähriges Kind auf eine harte Probe stellen. Viele kennen den berühmten Marshmallow-Test, bei dem 5-jährigen Kindern je eine dieser Süßigkeiten gegeben wurde. Kinder durften den Marshmallow gleich essen, sie würden allerdings einen zweiten bekommen, wenn sie zehn Minuten lang mit dem Essen warten. Nur etwa die Hälfte der Kinder konnte diesen inneren Kampf zwischen Impuls und Selbstkontrolle gewinnen. Kleine Kinder agieren

und reagieren impulsiv, denn Selbstbeherrschung ist uns nur zum Teil angeboren. Der weitaus größere Teil aber beruht allein auf Willenskraft. Kindern, die gelernt haben, ihre Gefühle zu beherrschen, fällt es leichter, sich zu konzentrieren. Erst im Alter von 2 bzw. 3 Jahren sind Kinder in der Lage, sich in Selbstkontrolle zu üben. Spätestens im Schulalter profitieren sie davon. Eine spätere Nachuntersuchung der Kinder des Marshmallow-Experiments zeigte, dass diejenigen Kinder, die warten konnten, es in Schul- und Berufsausbildung weiter gebracht hatten als die Kinder, die ihre Süßigkeit gleich aufgegessen hatten.

> **Übersicht**
> Selbstbeherrschung ist die Fähigkeit, sich zurückzuhalten, um reflexartige, gefühlsbedingte Aktionen zu verhindern, auch trotz verführerischer Versuchungen oder Belohnungen. Diese Fähigkeit ist oft gleichbedeutend mit „Sich-Zusammenreißen" oder „Sich selbst disziplinieren", um sich selbst zu erwünschtem Verhalten zu motivieren.

Mit etwa 2 bis 3 Jahren entwickelt sich bei einem Kind die Fähigkeit, Situationen einzuschätzen und die eigenen Reaktionen unterschiedlichen Eindrücken und Emotionen zuzuordnen. Erst dann ist ein Kind überhaupt in der Lage, sich in Selbstkontrolle zu üben. Mit dem Entdecken des eigenen Willens und einer gewissen Eigenständigkeit überschätzen Kinder gerne ihre Fähigkeiten, testen Grenzen aus, erfahren erst noch, dass sie mit ihrem Verhalten diese oder jene Wirkung erzielen können. Die Impulse können einfach nicht kontrolliert werden, und es entzieht sich der kindlichen Auffassungsfähigkeit, warum das überhaupt notwendig ist. Impulskontrolle und Selbstbeherrschung erfordern innere Stabilität und Willensstärke. Emotionen müssen differenziert erkannt und definiert werden können, um sie gezielt zum Ausdruck zu bringen.

> **Übersicht**
> Wie kriegt man einen Schüler aus eigenem Antrieb in die Schule? Man lässt ihn (im Gegensatz zu strukturiertem Frontalunterricht) Probleme selbst finden und dann selbst lösen. Statt die Formel für das Hebelgesetz an die Tafel zu schreiben, kann der Lehrer die Schüler auch mit Hebeln unterschiedlicher Länge experimentieren lassen. Bei so einem „selbst organisierten" Lernen ist ein Schüler stärker motiviert und behält die selbst erarbeiteten Inhalte besser im Gedächtnis. Der Zeitaufwand lohnt sich, falls der Stoff einen Gewinn für das ganze Leben bringt. Im Schultag sind angeborene Bedürfnisse, wie das Streben nach Selbstbestimmung, nach Ansehen, von großer Bedeutung. Überlegen Sie sich mal:
> Welche der störenden angeborenen Bedürfnissen sind bei Ihrem Kind stark und welche schwach ausgeprägt? Vielleicht fallen Ihnen dann auch gangbare Wege für eine Abhilfe ein.
> — Selbstwertgefühl
> — Zufriedenheit

3.2 · Selbstwahrnehmung

- Ausdauer und Qualität der Arbeit
- Vermehrung der Effektivität des Lernens
- Mitbestimmung
- Soziale Zugehörigkeit

Der Verhaltensforscher Konrad Lorenz (Lorenz 1996: Die acht Todsünden der zivilisierten Menschheit) warnte vor einer besorgniserregenden Tendenz: Je schneller das Kind seine wachsenden Wünsche erfüllt bekommt, umso schneller wird es unzufrieden. *„Die heutzutage in ständigem Wachsen begriffene Unlust-Intoleranz verwandelt die naturgewollten Höhen und Tiefen des menschlichen Lebens in eine künstlich planierte Ebene, die tödliche Langweile und den emotionellen Wärmetod erzeugt. Damit schwindet die Fähigkeit der Menschen, jene Freude zu erleben, die nur durch herbe Anstrengung beim Überwinden von Hindernissen gewonnen werden kann."* Die Wünsche des Kindes wachsen im Einklang mit der Leichtigkeit ihrer Erfüllung. Und wenn es unmöglich ist, sie alle zu erfüllen, wird das Kind die bittere Pille der Ablehnung schlucken müssen. Diese ungewohnte Ablehnung wird das Kind noch mehr verwirren als der vernünftige Verzicht auf das, was es haben wollte. Erfüllen Sie deshalb Ihrem Kind nicht jeden Wunsch sofort, auch Ihre eigenen Wünsche erfüllt das Leben ja nicht nach Belieben.

Für Eltern ist es nicht immer einfach, wenn ihr Kind impulsiv reagiert. Es kann auch vor anderen Menschen peinlich sein, wenn die Zerstörungswut an einem Spielzeug ausgelassen wird oder es sich einfach von der Hand losreißt und wegrennt. Was können Eltern tun, um die Fähigkeit zur Selbstkontrolle bei ihren Kindern zu fördern? Mit Ihrer Unterstützung erlernt ein Kind die unten genannten Fähigkeiten, welche die Voraussetzungen für eine hohe emotionale Selbstkontrolle sind (◘ Abb. 3.3).

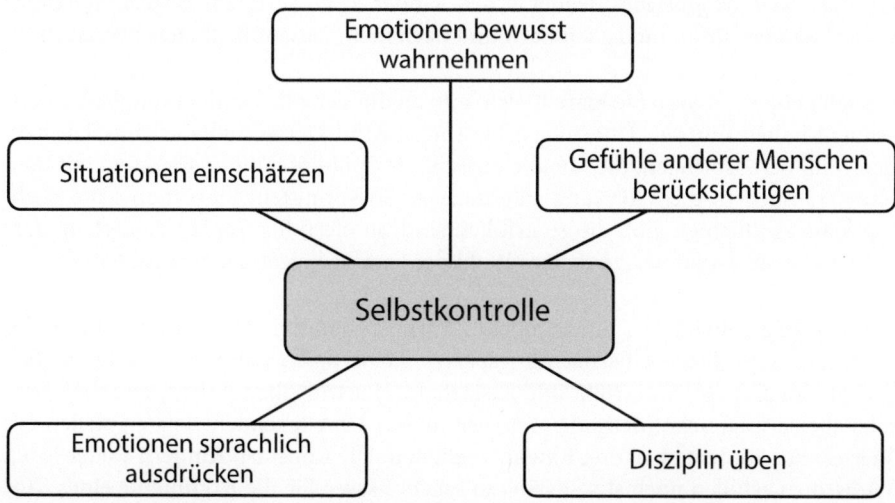

◘ **Abb. 3.3** Komponenten von Selbstkontrolle

Emotionen bewusst wahrnehmen Egal, ob Ihr Kind seine Gefühle kontrolliert, glücksförderlich herauslässt, klug genießen oder deren Hintergründe und Ursachen erfahren will – am Anfang steht immer die bewusste Wahrnehmung der eigenen Gefühlswelt und der dazugehörigen Gedanken. Helfen Sie Ihrem Kind herauszufinden, warum es in der gegebenen Situation so empfindet. Welche Gedanken, Meinungen, Standpunkte oder Wünsche stecken hinter diesem Gefühl?

Situationen einschätzen Es zeugt von einem hohen Verständnis für Emotionen und den Emotionsausdruck, wenn Ihr Kind nicht nur Hinweise auf Emotionen bei anderen erkennen, sondern auch Situationen richtig deuten kann. Es geht auch darum zu verstehen, dass die gezeigten Emotionen nicht mit den erlebten übereinstimmen müssen, sie können verändert oder vorgetäuscht sein.

Gefühle anderer Menschen berücksichtigen Etwa ab dem Kindergartenalter denken Kinder zunehmend über die emotionalen Reaktionen der anderen Kinder nach. Warum weint Peter? Hat er sich gestoßen? Warum freut sich Tim nicht, wenn ich ihm erzähle, dass ich jetzt ein neues Fahrrad habe? Neben der Erklärung, warum eine Reaktion unangemessen ist, können Sie Ihre eigenen Gefühle vermitteln. Erzählen Sie Ihrem Kind, was Sie erschreckt oder verärgert hat, dass Sie etwas traurig gemacht hat, dass sich ein anderer Mensch verletzt fühlt. So leben Sie Ihrem Kind vor, dass Sie auch Emotionen haben, darauf aber nicht mit Schreien reagieren oder Tassen an die Wand schmeißen, sondern sie mit klaren Worten ausdrücken.

Emotionen sprachlich ausdrücken Mit der Entwicklung der Sprechfähigkeit und des Sprachverständnisses verbessert sich auch das kindliche Vermögen, seine Emotionen – und später die seiner Mitmenschen – verbal mitzuteilen. Ein Kleinkind wird dies noch mit Ein- oder Zweiwortsätzen (*„Traurig!"*, *„Tim Angst!"*) tun, wohingegen ein 4- bis 5-jähriges Kind schon differenzierter ausdrücken kann, wie es fühlt: *„Ich bin stolz, weil ich groß bin!"* Dabei lernen Kinder nicht nur mehr Begriffe für Emotionen kennen, sie können auch nach und nach mehr Zusammenhänge herstellen.

Disziplin üben Führen Sie klare Regeln ein, an die sich alle Familienmitglieder konsequent halten müssen. Übertragen Sie Ihrem Kind kleine Aufgaben im Haushalt: den Müll herausbringen, die Schuhe putzen, die Spülmaschine ausräumen, mit dem Hund rausgehen, die Wohnung staubsaugen. So vermitteln Sie Ihrem Kind nicht nur, dass es Pflichten gibt, die zu erfüllen sind, sondern Sie werden bemerken, dass das Kind stolz darauf ist, etwas zum Wohl der Familie beigetragen zu haben.

Willensstärke entwickeln Ein mögliches Vorbild kann hier die asiatische Form der Erziehung sein: keine Übernachtungspartys, keine Spielnachmittage, dafür täglich drei Stunden Geigenunterricht und zusätzliche Hausaufgaben. Eine ganz schön brutale, aber erfolgreiche Methode: 4 % der in den USA lebenden Asiaten stellen ein Viertel aller Studenten an den Eliteuniversitäten. Die Kunst ist, Kindern weder jeden Wunsch zu erfüllen noch stur „Nein" zu sagen. Lassen Sie die Argumente eines Kindes auch einmal gelten, wenn Ihr Kind es schafft, Sie zu überzeugen, und erlauben

3.2 · Selbstwahrnehmung

Sie dann etwas, was Sie ursprünglich abgelehnt haben. So lernt Ihr Kind, dass es sich besser mit guten Argumenten durchsetzen kann als sich trotzig auf den Boden schmeißen und mit den Füßen treten, nur weil Sie es im Supermarkt verneint haben, ein Überraschungsei zu kaufen.

3.2.2 Optimismus als die Grundlage der Motivation

Ist das berühmte Glas für Sie halbvoll oder halbleer? In der Regel wird dem Optimisten das halbvolle und dem Pessimisten das halbleere Glas zugewiesen. Aber ist das immer zutreffend? Und wenn das Glas mit einer bitteren Medizin gefüllt ist? Wäre es da nicht optimistischer, das Glas als schon halbleer zu betrachten? Es kommt also auf die Situation an, und Sie haben jederzeit die freie Wahl, wie Sie diese Situation einschätzen.

Laura stellt sich auch wieder auf den Balancier-Balken, wenn sie gerade das vierte Mal beim Balancieren gestolpert und hingefallen ist. In der gleichen Situation beginnt ihre Freundin Jana zu weinen und geht frustriert weg. Dabei ist Laura beim Balancieren keineswegs geschickter. Doch sie ist Optimistin und glaubt daran, dieses Turngerät zu beherrschen. Sie weiß, dass eine Anstrengung sich lohnt.

Kein Erfolg ist so befriedigend wie der, für den sich Ihr Kind richtig anstrengen musste. Ein Computerspiel als Preis beim schulischen Wettbewerb ist sehr viel wertvoller als das das gleiche Computerspiel, das Ihr Kind einfach so vom Einkaufen mitgebracht bekommt. Das Glücksgefühl des Sieges wird Ihr Kind in Zukunft motivieren. Ohne dieses Gefühl fehlt auch der Anreiz, neue Ziele in Angriff zu nehmen. „Flow" wird der seelische Zustand von höchster innerer Zufriedenheit genannt. Optimistischen Menschen gelingt es leichter und häufiger „Flows" zu erreichen. Sie können Ihrem Kind dabei helfen, indem Sie es vor echte Herausforderungen stellen, wie etwa eine Mitgliedschaft in einem Verein, Lernen eines Musikinstruments oder einer fremden Sprache. Die Aufgaben dürfen allerdings nicht zu leicht und nicht zu schwer sein.

Auf dem Weg zum Ziel gibt es Hindernisse oder Umwege, die Einiges an Anstrengung abverlangen. Das gehört dazu. Erst durch eigene Erfahrungen lernen Kinder, Krisen emotional und kompetent zu meistern und dabei nicht die Fähigkeit zu verlieren, das Schöne und Gute in der jeweiligen Situation zu erkennen. Optimismus bei Kindern kann also gefördert werden. Die wichtigsten Komponenten einer Erziehung zu einer positiven Lebenseinstellung sind Liebe und das elterliche Vorbild. Optimistische Kinder sind glücklicher und beliebter, haben eine positive Ausstrahlung, zeigen bessere Leistungen in der Schule und später im Beruf.

Die Selbstmotivation ist eine der wichtigsten Antriebsfedern für Kinder. Schon in der Kleinkindphase kann man sehen, dass Sachen, die Kindern Spaß machen, über einen langen Zeitraum ihr Interesse und ihre Aufmerksamkeit fesseln. Kinder und Heranwachsende, die in der Lage sind, sich selbst zu motivieren, lernen deutlich leichter.

Bis zum Alter von 7 Jahren ist die Eigenmotivation zum Lernen besonders stark ausgeprägt. Erwachsene müssen nicht viel tun, damit kleine Kinder lernen und danach streben, sich selbst und die Welt zu entdecken. Etwa ab dem Zeitpunkt der Einschulung wird dann aber deutlich, dass die Motivation sinkt. Sie muss aber gestärkt werden, da es sich um eine wichtige Eigenschaft handelt, wenn man im weiteren Leben erfolgreich sein will. Mangelnde eigene Motivation kann man hier ersetzen, indem man das Kind besonders stark lobt oder auch Geschenke als Anreiz gibt, sich anzustrengen.

Es gibt verschiedene Gründe, zu einer Handlung motiviert zu sein. Positive Motivation entsteht dann, wenn man etwas Interessantes tut, was mit guten Gefühlen verbunden ist und wofür man vielleicht sogar eine Belohnung bekommt, zum Beispiel wenn man Paris besuchen möchte und dafür freiwillig französische Vokabeln paukt. Negative Motivation entsteht, wenn man etwas tut, weil sonst negative Konsequenzen drohen oder weil das schlechte Gewissen einen dazu treibt, d. h., wenn man Französisch als Pflichtfach in der Schule hat und die Versetzung gefährdet ist, wenn man in der nächsten Klassenarbeit nicht mindestens eine „3" schafft. Motivation kann entweder stark oder schwach ausgeprägt sein, oder man kann sich vollkommen demotiviert fühlen, etwas Bestimmtes zu tun.

Ihr Kind will einfach nicht für die Schule lernen? Um fehlender Motivation auf den Grund zu gehen, sollten Erwachsene zunächst deren Ursachen suchen. Oft fehlt die Motivation, weil die Schüler gar kein konkretes Ziel vor Augen haben, niemand hat ihnen deutlich gemacht, wofür dieses Wissen eigentlich wichtig ist. Oder sie sind entmutigt, weil sie den Stoff einfach nicht beherrschen, in diesem Fach schon schlechte Zensuren geschrieben haben und letztlich dadurch eine negative Selbsteinschätzung bekommen haben. Auch Spannungen mit dem Lehrer oder Probleme mit Freunden oder Mitschülern können verantwortlich für das Desinteresse sein. Wenn der Schulbesuch angstbesetzt ist, wird das Kind auch keine guten Leistungen bringen. Der größte Motivationskiller überhaupt ist allerdings die Überforderung. Das ist der Fall, wenn das Kind sein Arbeitspensum nicht mehr aus eigener Kraft und mit den eigenen Fähigkeiten bewältigen kann (◘ Abb. 3.4).

Ihr Kind ist total unmotiviert; es gibt jedesmal Streit, wenn es Hausaufgaben für die Schule machen soll? Wie können Sie den Grundstein zu gesundem Ehrgeiz legen und Ihr Kind motivieren? Dazu einige Tipps und Tricks:

— **Selbstvertrauen stärken:** Der österreichische Wissenschaftler Erwin Böhm ist der Meinung, dass man alte Leute in die Betten pflegt, und schuf das Schlagwort „Pflege mit den Händen in der Hosentasche". Er meint damit, dass man alte Menschen aktivieren und nicht alles für sie erledigen muss. Viel zu schnell greifen auch viele Eltern ein und helfen ihrem Kind. Es dauert nur eine Minute, die Schnürsenkel an den Schuhen eines Kindes zu binden, aber Stunden, um dem

◘ Abb. 3.4 Komponenten, die Motivation beeinflussen. Selbstdarstellung in Anlehnung an: Jerusalem Matthias und Diether Hopf (2002) Selbstwirksamkeit und Motivationsprozesse in Bildungsinstitutionen. Zeitschrift für Pädagogik 44 Beiheft. Beltz-Verlag, Weinheim und Basel

3.2 · Selbstwahrnehmung

Kind beizubringen, eine Schleife an dem Schuh zu binden. In der Hektik des Tages macht das also flink die Mutter. Dabei wäre es viel besser, das Interesse und die Begeisterung beim Kind selbst zu wecken, sodass es die Aufgabe weitgehend allein erledigen kann, auch wenn sie dann nicht perfekt gelöst wird. Was wirklich wichtig ist, ist, dass Ihr Kind sich dazu in der Lage fühlt, Hürden zu nehmen. Unterstützen Sie Ihr Kind darin, eigene Lösungen zu finden.

— **Anstrengungen belohnen:** Belohnen Sie auch schon die Anstrengungen Ihres Kindes, anstatt immer nur erst den Erfolg anzuerkennen. So helfen Sie Ihrem Kind, die nötige Anpassungsfähigkeit zu entwickeln, um mit Niederlagen umzugehen und die Dinge so lange weiter zu versuchen, bis sie erreicht werden können.
— **Loben:** Echtes Lob und echte Anerkennung für Leistungen zeigen Ihrem Kind, dass sich sein Ehrgeiz gelohnt hat. Seien Sie authentisch, wenn Sie das Kind loben, zeigen Sie, dass Sie sich **wirklich** freuen, und nicht einfach nur das *Thumb-up* und ein dahingesagtes „Prima!". Sie spornen das Kind an, sich neuen Herausforderungen zu stellen, und machen es mächtig stolz. Betonen Sie, dass das Lernen und die Vorbereitung den Grundstein für das Erfolgserlebnis gelegt haben. So verknüpft Ihr Kind sein aktives Lernen mit dem Erfolg.
— **Erfolg genießen:** Der Genuss des Erfolgs motiviert und treibt uns an. Erfolg macht süchtig. Er zeigt uns, dass wir unsere Grenzen überwinden können und dass wir mehr und besser sein können als zuvor. Je mehr Erfolge man im Leben verzeichnen konnte, umso motivierter wird man und umso leichter kommt man auch über Misserfolge hinweg.

■ **Intrinsische und extrinsische Motivation**

Sind zusätzliche Zwänge und Belohnungen wirklich die beste Art zu motivieren? Sollte eine Tätigkeit nicht besser so gestaltet sein, dass man aus Freude an der Sache oder aus Interesse für ein bestimmtes Thema handelt? Und was hat mehr Einfluss auf die Motivation – eine Aufgabe, die mit Interesse und Freude verbunden ist, oder attraktive Anreize?

❓ **Fragen**
Wie ist Ihre Meinung dazu?

___

Jule soll in der Schule einen Aufsatz über ihre Sommerferien schreiben und hat dazu keine Lust. Da sie nicht eher in die Pause gehen darf, stellt sie lieblos einige Sätze zusammen. Ihr Aufsatz ist fertig, aber nicht besonders schön. Sie hat ihn geschrieben, weil ein Zwang von außen bestand.

Motivation aufgrund von zusätzlichen Anreizen von außen, wie etwa durch Belohnung, Lob, Zuwendung, Geschenke, oder auch durch Druck, Zwang und Strafandrohung bezeichnet man als extrinsische Motivation. Hier kann es sich um fremdgesetzte Ziele handeln, zu deren Erreichung ein Mensch nur unter ständiger Kontrolle motiviert werden kann. Positive Anreize, angefangen mit einer herzlichen Umarmung bis hin zu 5,– Euro für das Sparschwein, können hier durchaus förderlich sein, aber Zwang und negative Konsequenzen führen zu Angst und Stress, und die Selbstmotivation wird dadurch zerstört. Die Ergebnisse aus so motivierten Handlungen sind in der Regel wenig überzeugend, denn sie werden meist lieblos, oberflächlich und schnell durchgeführt, nach dem Motto „Wie erledige ich die Aufgabe am schnellsten?". Erst bei einer weitreichenden Identifikation mit fremden Zielen können diese mit positiven Gefühlen und guten Ergebnissen verfolgt werden. Kinder haben prinzipiell keine Lust, englische Vokabeln auswendig zu lernen, aber wenn man sein Kind zum Beispiel mit gut gemachten Vokabeltrainern am Smartphone oder PC fördert, viel lobt, Englisch mit ihnen spricht, mit dem Kind nach London fliegt und der Nachwuchs spürt, dass er immer besser wird und gute Zensuren in der Schule bekommt, verändert die extrinsische sich in eine intrinsische Motivation. Das Kind lernt, weil es Spaß daran hat.

David spielt gern mit Bauklötzen. Immer wenn er daraus Türme baut, sieht man seine Begeisterung und Konzentration. Er merkt, dass er kompetent ist (Kompetenzerleben), er genießt den Freiraum, alles selbst zu entscheiden (Autonomie), er hat das Gefühl, etwas sehr Wichtiges zu tun (Bedeutsamkeit).

Das ist ein Beispiel für in einer Aufgabe selbst liegende Aspekte, die motivierend wirken, in diesem Fall auf die intrinsische Motivation. Intrinsische Motivation bedeutet, dass man von innen heraus, ohne zusätzliche Anreize, motiviert ist. Typisches Beispiel für diese Art der Motivation ist das Verhalten von Kleinkindern, die ihre Umwelt aus sich heraus entdecken und mit allen Sinnen alles erforschen, was sie erreichen können. Motivation von innen ist häufig mit Zufriedenheit und Freude verbunden. Es handelt sich um eine positive Motivation, die zu hoher Leistungsbereitschaft führt (❏ Abb. 3.5).

Im Alltag geht es in den meisten Fällen um Kombinationen von intrinsischer und extrinsischer Motivation. In der Schule müssen Kinder in der Lage sein, von außen kommende Aufträge auszuführen. Das ist eine Grundlage des Lernens. Wenn Kinder die „fremden Aufträge" zu ihren machen können, also darin für sich Sinn und Interesse finden, werden dementsprechend auch Lernfreude und Motivation erhöht.

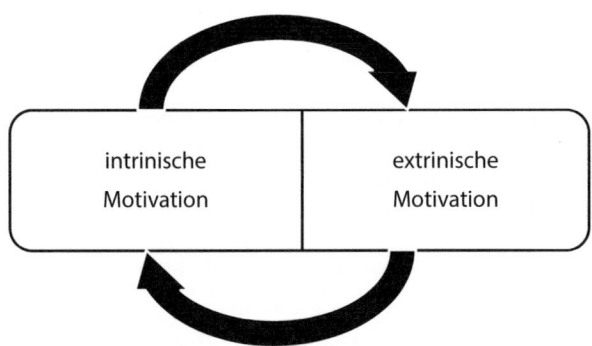

❏ Abb. 3.5   Intrinsische und extrinsische Motivation

3.2.3 Tipps für Erwachsene

— Bieten Sie dem Kind Hilfe und Schutz an, wenn Sie spüren, dass es Angst empfindet. In einem liebevollen Gespräch können Sie ihm Fragen stellen wie *„Wovor hast du Angst?", „Was sollen wir gegen deine Angst tun?"*. So fühlt Ihr Kind, dass es mit seinen Gefühle angenommen wird, und kann zunehmend selbst lernen, erste Anzeichen einer emotionalen Reaktion zu erkennen.
— Spielen Sie unterschiedliche Ängste mit dem Kind durch: *„Was würdest du tun, wenn dir auf der Straße ein großer Hund entgegenkäme?", „Was würdest du tun, wenn du eine Spinne siehst?"* usw. Auch bei unbegründeten Ängsten, etwa dem berüchtigten Monster, das unter dem Bett vieler Kinder lebt, sollten Sie das Kind nicht auslachen, sondern seine Befürchtungen ernst nehmen. Man kann dem Kind solche Ängste nicht ausreden, aber man darf sie auch keinesfalls bewahrheiten, indem man das Monster sucht oder vertreibt. Die Suche nach dem Monster beweist dem Kind ja, dass es ein Ungeheuer geben könnte, das unter Betten lebt – auch wenn es jetzt gerade nicht da ist. Fast immer stecken hinter der Angst vor dem Gespenst andere Ängste im täglichen Leben, etwa Probleme des 4-Jährigen in der KiTa; vielleicht möchte das Kind auch einfach nur im Bett der Eltern schlafen, und das Bettmonster gibt ihm einen guten Grund dafür.
— Ermutigen Sie Ihr Kind, wenn mal etwas schiefgeht: *„Nicht schlimm, das ist mir auch schon mal passiert"*. Die Bemerkung *„Das passiert dir immer wieder"* wird nichts zu seinem Selbstvertrauen beitragen.
— Wenn Ihr Kind sich wehgetan hat und vor Schmerzen weint, trösten Sie es: *„Das ist nicht schlimm. Es geht gleich vorbei."* Durch Ihr Mitleid gewinnt das Kind die Zuversicht: Wer weint, kann wieder lachen! Die Mitleidsphase sollte nicht ewig dauern, Kinder lassen sich, das ist wohl jedem Elternteil bekannt, von kleinen Verletzungen meist hervorragend ablenken. Insbesondere Kinder, die sonst nur wenig Zuwendung von ihren (arbeitstätigen, gestressten) Eltern bekommen, neigen dazu, sich oft wehzutun, weil sie nur dann Fürsorge und Zärtlichkeit von den Eltern bekommen. Unbewusst belohnt man das Kranksein dann durch Zuwendung, und Kids, die zu wenig davon bekommen, lernen das Prinzip rasch: Wenn ich krank bin oder mir wehgetan habe, kümmert sich Mama, die sonst kaum Zeit hat, um mich!
— Kinder haben einen großen Bewegungsdrang; wenn Ihr Kind in der Schule mehrere Stunden stillsitzen musste, macht es keinen Sinn, es gleich an die Hausaufgaben zu setzen oder Klavierspielen zu üben. Schaffen Sie im Alltag ein gesundes Verhältnis zwischen Pflichterfüllung und Aktivitäten, bei denen Kinder sich auspowern oder kreativ werden. Das ist eine gute Voraussetzung für die Ausgeglichenheit und Aneignung der Willensstärke, die zur Selbstkontrolle benötigt wird. Das gilt insbesondere für Kinder, die sehr impulsiv und unbeherrscht sind.
— Ob ein Mensch eher optimistisch oder pessimistisch durchs Leben geht, zeigt sich bereits vor Beginn der Pubertät. Gerade ängstlichen Kindern sollte man nicht alles abnehmen. Stärken Sie deshalb Ihr Kind, indem Sie es ermutigen, vieles selber zu machen und Neues auszuprobieren. Trauen Sie ihm etwas zu, und Sie werden sehen, wie schon bei kleinen Erfolgserlebnissen sein Selbstvertrauen wächst, wie es lernt, mit Misserfolgen klarzukommen. Helfen und alles für das Kind tun ist gut gemeint, stärkt aber nur Abhängigkeit und Unselbstständigkeit des Kindes.

- Optimismus basiert auf einem gesunden Selbstvertrauen, also der Überzeugung, alles im Griff zu haben und für Neues gewappnet zu sein. Versuchen Sie zu verhindern, dass jemand sagt, dass es dumm ist oder dass andere Kinder besser sind. Vergleichen Sie Ihre Kinder nicht mit den Geschwistern (*„Dein kleiner Bruder kann das besser als Du!"*).
- Lesen Sie Ihrem Kind nicht alle Wünsche von den Lippen ab. Es soll die Kunst der Zurückhaltung lernen. Je mehr man sich für etwas anstrengen muss, umso wertvoller ist es. Ihnen schenkt auch niemand etwas im Leben, ohne dass Sie einen Gegenwert geben.
- Übertragen Sie Ihrem Kind kleine Aufgaben im Haushalt. So vermitteln Sie Ihrem Kind, dass es unabhängig von den eigenen Bedürfnissen und Emotionen Pflichten gibt, die zu erfüllen sind. Vermitteln Sie dem Kind nicht, dass es öde Pflichten sind. Sagen Sie dem Nachwuchs, dass sie eine „Wohngemeinschaft" sind, in der jeder etwas zum Gemeinwohl beitragen kann. Viele Kinder reagieren sogar mit Stolz, wenn sie ihrer Mutter oder ihrem Vater Arbeit abnehmen können.
- Ihr Kind soll sich körperlich und geistig ausleben. Wenn es unbeschwert draußen tobt, baut es Energie ab, es stauen sich dann weniger Emotionen an. Kinder, die sich ausagieren können und Sport treiben, reagieren dabei auch Aggressionen ab und werden weniger wütend. Kreative Beschäftigungen sind eine ideale Möglichkeit, Empfindungen auszudrücken. Analysieren Sie die Bilder, die das Kind gezeichnet hat. Das muss nicht notwendigerweise auf dem Papier sein. Bereits 5-Jährige können heute auf dem Smartphone oder am PC mit einem einfach Grafik- oder Foto-Bearbeitungsprogramm Bilder zeichnen.
- Sprechen Sie mit Ihrem Kind über Gefühle. Zum einen sollten Sie möglichst oft über Ihre eigenen Gefühle sprechen und sie erklären, zum Beispiel: *„Ich freue mich, dass ihr so gut Fußball gespielt habt. Das wird ein tolles Fest werden!"* oder *„Ich bin traurig, dass du Katja so wehgetan hast."*
- Es ist wichtig, dass Sie akzeptieren, dass nicht immer alles glatt läuft. Eilen Sie nicht gleich zu Hilfe, wenn Ihr Kind einen Fehler macht. Denn sonst bringen Sie es um die wichtige Erfahrung, weiterzumachen und neue Wege auszuprobieren, wenn etwas nicht auf Anhieb klappt.

3.3 Selbstmanagement

Eine wichtige Aufgabe ist das Selbstmanagement; dies meint, zu lernen, mit eigenen Gefühlen so umzugehen, dass es leichter wird, die zu erledigende Aufgabe zu lösen. Es werden lang- und kurzfristige Ziele gesetzt und Hindernisse überwunden (◘ Abb. 3.6).

Malen ist Ritas Leidenschaft. Wenn sie ein Bild malt, hat sie das Gefühl, glücklich zu sein. Sie geht ganz und gar in dieser Tätigkeit auf, vergisst sich und die Zeit. Alles, was sie ablenken könnte, nimmt sie gar nicht wahr. Etwa wenn die Mutter zum Essen ruft, ihre Katze schnurrt oder es an der Tür klingelt. Erst wenn das Bild fertig ist, ist Rita wieder aufnahmebereit.

3.3 · Selbstmanagement

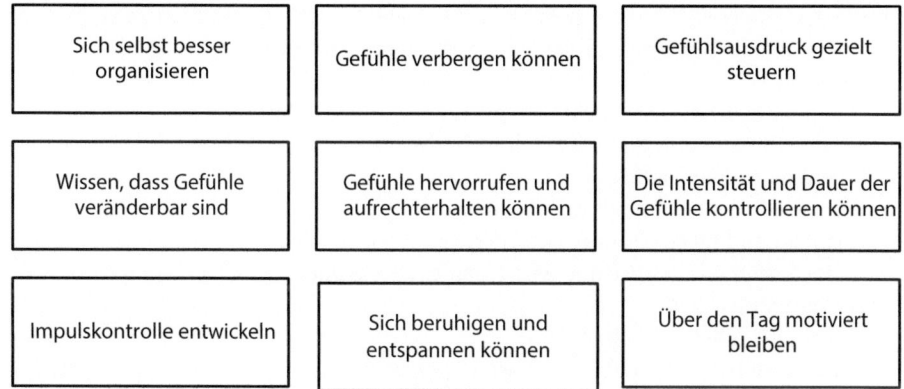

◘ Abb. 3.6 Bausteine des Selbstmanagements

? Fragen
Wann waren Sie das letzte Mal in eine Aufgabe versunken?

Selbstmanagement bedeutet, Schritt für Schritt zu lernen, die eigenen Gedanken, Gefühle und Bedürfnisse zu erkennen und nach Möglichkeit seine Handlungen selbst zu steuern. Ein erfolgreiches Selbstmanagement hat positive Rückwirkungen auf das Selbstvertrauen und auf das Selbstwertgefühl. Denn ein Mensch, der seine Stimmungen und seine Gedanken wahrnimmt und für sich sorgt, kann sein Leben viel erfüllter gestalten als jemand, der seine Gefühle nicht einzuordnen weiß und diesen oft genug hilflos gegenübersteht. So gelingt es uns zum Beispiel, einen guten Job zu machen, etwas Neues auszuprobieren, Abenteuer zu bestehen, Niederlagen zu verkraften, Probleme zu lösen und sowohl privat als auch beruflich Verbindungen mit anderen Menschen einzugehen.

Sicher kennen Sie die Situationen, in denen Sie sich mehr zugetraut hätten: ein abgebrochenes Studium, ein gekündigter Job, ein unerfüllter Kindheitstraum, eine unglückliche Partnerschaft ... Sich selbst zu vertrauen bedeutet, dass ein Mensch die Überzeugung oder die Erwartung hat, Anforderungen, die er an sich stellt oder die andere an ihn stellen, gerecht werden zu können. Wir alle haben auch Phasen, in denen wir uns nicht allzu viel zutrauen. Die Gründe dafür können verschiedene Ursachen haben, immer liegen sie auch in der Lebensgeschichte, die unser Denken geformt hat. Nicht wegzudenken sind die aktuelle körperliche und geistige Verfassung eines Menschen und momentanen äußeren Faktoren. Selbstvertrauen hängt auch davon ab, wie das Bild der Prägung in der Kindheit eines Menschen aussieht: Wie oft haben Ihre Eltern Sie gelobt? Oder sind Sie eher ständig kritisiert, ausgeschimpft oder vielleicht sogar geschlagen worden? Damit unsere Kinder gut gerüstet ihren Lebensweg beschreiten, ist es wichtig, ihr Selbstvertrauen von klein auf zu stärken. Wenn Ihr Kind über einen längeren Zeitraum mehrere der folgenden Verhaltensweisen zeigt, braucht es Unterstützung, um ein gesundes Selbstvertrauen zu entwickeln:

Ihr Kind …
- ☐ sagt oft „Ich kann das nicht", äußert immer wieder Selbstzweifel.
- ☐ ist nicht neugierig und traut sich nicht, Neues zu wagen.
- ☐ geht nie spontan auf andere zu.
- ☐ zieht sich bei Schwierigkeiten schnell zurück.
- ☐ gibt an und tut so, als wäre es stärker, als es wirklich ist.
- ☐ macht sich und seine Fähigkeiten kleiner als sie sind.
- ☐ reagiert unsicher.
- ☐ sucht oft Schutz bei jemandem.
- ☐ schaut seinem Gegenüber nicht in die Augen.
- ☐ erzählt wenig und sagt nicht, was es will oder braucht.
- ☐ lässt oft andere entscheiden.
- ☐ ergreift keine Initiative.
- ☐ hat einen unsicheren Stand und ist leicht umzuwerfen.
- ☐ macht andere klein, um selbst größer zu erscheinen.
- ☐ vergleicht sich mit anderen und findet, es schneide schlecht ab.
- ☐ nimmt oft eine geduckte Körperhaltung ein.
- ☐ hat statt Respekt Angst vor Autoritäten.
- ☐ vertraut sich niemandem an.
- ☐ lässt sich schnell entmutigen.
- ☐ steht nicht zu Fehlern. Es leidet sehr, wenn es etwas falsch gemacht hat.
- ☐ möchte nie im Mittelpunkt der Aufmerksamkeit stehen.
- ☐ ist leicht zu manipulieren, ist oft Mitläufer.
- ☐ lässt sich alles gefallen, wehrt sich nicht.
- ☐ wird bei Frustrationen schnell trotzig, aggressiv, schlägt andere.
- ☐ macht den Gruppenkasper, um Aufmerksamkeit zu erzwingen.
- ☐ fühlt sich nur bei sehr viel Aufmerksamkeit wahrgenommen.

Dass man sein Kind vor Enttäuschungen schützen will, ist mehr als nur verständlich. Obwohl alle Eltern den ehrenhaften Versuch starten, ihren Schützling vor jeglichen Hindernissen und Rückschlägen im Leben zu bewahren, ist das schlichtweg unmöglich. Und es ist auch nicht sinnvoll: Frustrationen wird es in diesem Leben immer geben, und es ist eine der wichtigsten Ziele der Erziehung, ein Kind zu befähigen, damit auch umgehen zu können. Verhilft man seinem Kind zu einer richtigen Einstellung zum Leben und zu sich selbst, kann man bereits in jungen Jahren ein solides Fundament für ein glückliches Leben bilden. Die Grundsteine für das eigene Selbstmanagement werden bereits in den ersten sechs Lebensjahren gelegt. Allerdings sieht das Selbstmanagement in jedem Alter unterschiedlich aus. Um ihre Ängste zu steuern und Misserfolge zu überwinden, brauchen Kleinkinder noch eine intensive Unterstützung ihrer Eltern, die ihrem Kind auf diesem Gebiet über Hilfen die benötigten Fertigkeiten vermitteln und als Vorbild dienen. Während ein angespanntes 5-jähriges Kind mit einem Spielzeug leicht zu beruhigen ist, braucht ein gestresster Jugendlicher beispielsweise ein ausgeglichenes Freizeitprogramm.

3.3 · Selbstmanagement

Strategien für ein starkes Selbstmanagement
Nachfolgend sind einige Strategien aufgelistet, um die eigenen Gefühle unter Kontrolle zu bringen. Sie eignen sich sowohl für Erwachsene als auch für Kinder.

Strategie 1: Gefühle und Emotionen aufschreiben.
Führen Sie ein Gefühls-Tagebuch. Schreiben Sie nicht nur auf, was passiert ist, sondern auch, wie Sie sich dabei gefühlt haben. Auch negative Emotionen werden nicht ignoriert, verdrängt oder unterdrückt, sondern aufgeschrieben. Schreiben Sie in kurzen oder langen Sätzen, was Sie emotional bewegt.

Strategie 2: Situation neu bewerten.
Marina wartet auf Frank, ihren Freund, der sie abends ins Kino entführen will. Kurz vor dem vereinbarten Termin schickt Frank ihr eine Nachricht aufs Smartphone, dass er es heute leider nicht mehr schafft und sie den Kinobesuch verschieben müssen. Marina, bereits voll gestylt, heult spontan, und Gedanken an Trennung gehen ihr durch den Kopf. Sie meldet sich an diesem Abend nicht mehr, ihre Gefühle schwanken zwischen hilfloser Wut und totaler Melancholie. Erst am nächsten Morgen kommt sie auf den Gedanken, dass Frank zur Zeit in seinem Job ja wirklich viel zu tun hat. Wahrscheinlich war es gar keine böse Absicht von ihm, sondern er konnte wirklich nicht kommen.
Unsere Gedanken steuern unsere Gefühle. Sollte die gedankliche Perspektive auf die Situation geändert werden, wandeln sich auch die eigenen Gefühle. Also:
- Beschreiben Sie kurz die Situation.
- Notieren Sie Ihre Gedanken, die Sie hatten bzw. noch dazu haben.
- Schildern Sie Ihre Gefühle, die dabei entstanden sind bzw. noch existieren.
- Bewerten Sie die Situation neu.
- Fokussieren Sie erneut Ihre Gefühle, die durch die Neubewertung entstehen.

Strategie 3: Körperlich gegensteuern.
Ihre Körpersprache kann und darf genutzt werden, um Ihre negativen Gefühle und Emotionen bewusster zu kontrollieren. Ballen Sie zum Beispiel bei Ärger eine Faust. Nach wenigen Sekunden öffnen Sie Ihre Faust, lassen die Wut los – und entspannen. Atmen Sie tief und ruhig ein und aus, wenn Sie nervös sind oder Angst haben.

Ein Mann will ein Bild aufhängen. Den Nagel hat er, nicht aber den Hammer. Der Nachbar hat einen. Also beschließt unser Mann, hinüberzugehen und ihn auszuborgen. Doch da kommt ihm ein Zweifel: Was, wenn der Nachbar mir den Hammer nicht leihen will? Gestern schon grüßte er mich nur so flüchtig. Vielleicht war er in Eile. Aber vielleicht war die Eile nur vorgeschützt, und er hat etwas gegen mich. Und was? Ich habe ihm nichts angetan; der bildet sich da etwas ein. Wenn jemand von mir ein Werkzeug borgen wollte, ich gäbe es ihm sofort. Und warum er nicht? Wie kann man einem Mitmenschen einen so einfachen Gefallen abschlagen? Leute wie dieser Kerl vergiften einem das Leben. Und dann bildet er sich noch ein, ich sei auf ihn angewiesen. Bloß weil er einen Hammer hat. Jetzt reicht's mir wirklich. Und so stürmt er hinüber, läutet, der

Nachbar öffnet, doch noch bevor er „Guten Tag" sagen kann, schreit ihn unser Mann an: „Behalten Sie Ihren Hammer, Sie Rüpel!" (aus: Paul Watzlawick [2005]: Anleitung zum Unglücklichsein. Piper Verlag München)

Menschen haben unterschiedliche Wahrnehmungen. Die Welt, in der wir bewusst leben, ist nicht die Wiedergabe unserer realen Umwelt, sondern vor allem ein Produkt von unseren Gedanken und damit unserer Erfahrung. Ein Mensch, der mit einem destruktiven Gedankenfluss (*„Ich kann nichts!"*) herumläuft, wird sich auch höchstwahrscheinlich negativ verhalten, und sein gesamtes Leben wird unnötig kompliziert. Durch die Abwendung von der Umwelt erhält so ein Mensch eine Bestätigung seiner Vorurteile und steigert sich noch mehr in negative Vorstellungen hinein. Wenn man aber positive Gedanken hat, dann wird man sich dementsprechend positiv verhalten und dementsprechend eine positive Rückmeldung der Umwelt erhalten.

> **Übersicht**
> „Du bist, was du denkst. Alles, was du bist, entsteht aus deinen Gedanken. Mit deinen Gedanken formst du deine Welt." (Buddha)

Es liegt in der Natur des Menschen, sich negative Ereignisse und Emotionen mehr einzuprägen als positive. Jedoch versteckt sich das Geheimnis eines glücklichen und entspannten Lebens in der Fähigkeit, diesem Instinkt nicht zu folgen. Wer mehr Kontrolle über die eigenen Gedanken und Erwartungen gewinnt, kann selbst entscheiden, ob das Glas halbleer oder halbvoll ist. Man sollte sich im Geiste einfach mit anderen positiven Dingen beschäftigen, und sie werden die negativen verdrängen. Diese Fähigkeit kann man trainieren. Die Therapieform Kognitive Umstrukturierung mit ihren zentralen Fragen zur Realitätseinschätzung (*„Ist es wirklich so?", „Wie wahrscheinlich ist es, dass die Situation tatsächlich so eintritt?"*) zielt darauf, solche destruktiven Vorstellungen aufzudecken und durch konstruktive zu ersetzen (◘ Abb. 3.7).

Eine „Herzphobie" ist eine psychische Erkrankung, bei der jemand Unregelmäßigkeiten des Herzschlages spürt und sich so hineinsteigert, dass mit dem Herzen etwas nicht stimmt, dass es zu einer massiven Panikreaktion mit Herzrasen kommt. Der Patient ist überzeugt, dass sein kardiovaskuläres System diese Überlastung nicht lange aushalten wird und der Tod eintreten könnte, woraufhin die Angst größer wird, die dann die Pulsfrequenz noch weiter in die Höhe treibt. Schon in dem Augenblick, wenn der Notarzt eintrifft, beruhigen sich Herzfrequenz und Angst sofort. Mehrere wissenschaftliche Studien belegen, dass sich negative Gedanken erst auf die Psyche und dann auf den Körper krankhaft auswirken. So wurde in einer Studie von Professor Ted Kaptchuk von der Harvard Medical School im 2005 zur Linderung von Armschmerzen festgestellt, dass schon alleine die Erwartung einer Behandlung echte physiologische Verbesserungen anregen kann, wie positive Änderungen des Blutdrucks, eine Verringerung von Depressionen und Müdigkeit. Es hat sich sogar als erfolgreich bei der Verbesserung der chemischen Aktivität im Gehirn und bei einigen Parkinson-Symptomen erwiesen. Diese Studie zeigt, dass das, was wir denken und was unsere Gedanken beeinflusst, die Macht haben kann, uns krank zu machen. (► http://harvardmagazine.com/2013/01/the-placebo-phenomenon).

3.3 · Selbstmanagement

Szenario 1: Das kognitive Modell

Szenario 2: Alternative Gedanken mit alternativem Gefühl

◘ **Abb. 3.7** Alternative Gedanken mit alternativen Gefühlen in einer unbewältigbaren, unlösbaren oder hoffnungslosen Situation. (Eigene Darstellung, in Anlehnung an Wilken Beate 2018)

Solche Abläufe des Hineinsteigerns, aber auch der Beruhigung kommen auch bei Kindern vor. Alleine die Anwesenheit von Eltern kann hier großen Einfluss haben, mitunter steigern sich beispielsweise Geschwister in Streitigkeiten hinein, weil ein Elternteil anwesend ist. Ohne Vater oder Mutter in direkter Nähe spielen sie kooperativ, weil sie genau wissen, wer bei einem Streit der Stärkere ist. Kommt aber ein Elternteil hinzu, weiß das schwächere Kind um einen potenziellen Bündnispartner und pocht nun plötzlich auf seine Rechte.

Auch Wutanfälle gehören durchaus zur gesunden Entwicklung eines Kindes dazu. Die Kleinen entdecken immer mehr ihr eigenes Ich und grenzen sich somit von den Eltern ab. Jedoch soll Ihr Kind in der Lage sein, sein Gefühl und die daraus folgenden möglichen Konsequenzen abzuschätzen. Gefühle werden sehr schnell von außen bewertet, und Wut und Eifersucht als negative Gefühle werden manchmal sogar bestraft. So machen Kinder die Erfahrung, dass es sehr problematisch und unangenehm sein kann, wenn man vor allem in der Öffentlichkeit negative Gefühle zeigt. Wenn jemand öffentlich weint oder eine Panikattacke erleidet oder in einem Wutanfall ausrastet, irritiert und verunsichert das die anwesenden Menschen. Das Gefühl darf nicht seine Handlungen beeinflussen, sondern das Kind soll lernen, selbst bestimmen zu können, inwieweit es sein Gefühl zulässt und auslebt.

Mit seinen eigenen Gefühlen umgehen zu lernen und dadurch Selbstvertrauen entwickeln, Empathie empfinden und dementsprechend sein Verhalten anpassen zu können, all dies sind sehr wichtige Entwicklungsschritte bei jedem Kind. In der Schule steht zwar das vernunftvolle Denken im Vordergrund, doch jeder weiß, welche große Rolle beispielsweise in einer Prüfung die Angst zu versagen spielen kann. Hat man als Kind gelernt, mit solchen Befürchtungen klarzukommen, wird es bessere Schulleistungen bringen als jemand, der zum Sklaven seiner eigenen Panik geworden ist. Je frühzeitiger man anfängt, Selbstvertrauen und Selbstmanagement bei einem Kind aufzubauen, umso mehr stabilisieren sich diese Fähigkeiten im weiteren Leben. Die Schiene ist in die richtige Richtung gelegt.

3.3.1 Tipps für Erwachsene

- Wenn Ihr Kind schnell wütend wird, hinterfragen Sie seine negativen Gefühle: *„Was genau löst diesen Zorn aus?"* *„Was hat Dich so enttäuscht?"*, *„Gibt es für Deine Aufregung einen konkreten Anlass, oder steckt vielleicht was anderes dahinter?"*, *„Verbirgt sich dahinter etwas, was Du nicht zu sagen traust?"*
- Anstatt nur das Endergebnis zu loben, ist es förderlicher, bereits seine Bemühungen anzuerkennen. Mit Fragen wie *„Oh, da hast Du Dir ja eine tolle Farbe ausgesucht, um das Bild anzumalen, wie bist Du denn darauf gekommen?"* anstelle von *„Das ist das schönste Bild, das ich je gesehen habe!"* lenken Sie den Fokus auf den Schaffensprozess statt nur auf das Resultat.
- Versprochene Verabredungen mit Kind müssen zwingend eingehalten werden. Sie sind Vorbild für Ihren Sprössling; wenn Sie Versprechen nicht einhalten, können Sie auch nicht ernsthaft erwarten, dass das Kind es tun wird.
- Wut- und Trotzreaktionen des Kindes sind oft vorhersehbar. Das können Sie als Eltern ausnutzen, indem Sie die Situation und mögliche Lösungsstrategien bereits im Vorfeld gedanklich durchgehen. Wie genau möchten Sie reagieren, wenn Ihr Kind einen Wutanfall hat? Was können Sie im Vorfeld vielleicht tun, damit es gar nicht erst so schlimm wird? Und welche Konsequenzen soll das Verhalten des Kindes nach sich ziehen?
- Reden Sie die Gefühle nicht aus: *„Du brauchst doch keine Angst zu haben. Andere machen das schließlich auch!"* So lernen Kinder, ihren Gefühlen zu misstrauen. Wenn ein Kind Angst vor einer neuen Situation hat, dann hat es nun einmal Angst. Versuchen Sie herauszufinden, woher die Befürchtungen kommen, erarbeiten Sie zusammen mit dem Kind Vorschläge, was man gemeinsam tun kann, um die Furcht zu minimieren. Was würde ihm helfen? Was glaubt das Kind?
- Wenn Sie Ihr Kind ständig übermäßig loben (*„Super, ganz toll! Du bist ja ein kleiner Mozart!"*) führt das unter Umständen zur totalen Selbstüberschätzung, die irgendwann zum Zusammenbruch von Selbstvertrauen führen kann. Verbesserungsvorschläge können auch hilfreich sein, wenn das Kind zum Beispiel mit Legosteinen ein Haus baut, aber die Fenster vergessen hat.
- Lassen Sie die Hoffnungen und Wünsche Ihren Kindes nicht im Keim ersticken. *„Lass das bleiben, das ist nichts für Dich"*, *„Dafür bist Du noch zu klein"*. Da wird jedem Kind klar: Da glaubt jemand nicht an mich, und Ausprobieren lohnt sich nicht.
- Schüchtern Sie Ihr Kind nicht ein: *„Nimm Dich mal nicht so wichtig! Was glaubst Du, wer Du bist?"*
- Ein ständiges Vergleichen mit Gleichaltrigen, Freunden oder Geschwistern wirkt sich negativ auf das Selbstbewusstsein Ihres Kindes aus. Da jeder Mensch anders ist, ist ein Ermessen des Könnens Ihres Kindes rein an erbrachten Leistungen der falsche Weg. Jedes Kind hat seine eigenen Fähigkeiten, jedes Kind kann etwas Besonderes; man muss nur herausfinden, wo die Fähigkeiten liegen. Ein Kind, das nicht malen kann, ist vielleicht ein begabter Schauspieler; ein Kind, das Schwierigkeiten beim Kopfrechnen hat, lernt vielleicht ohne Probleme eine Fremdsprache. Ein Kind, das in der Schule versagt, besitzt möglicherweise ungeahnte kreative Fähigkeiten. Ein Kind, das nicht über die geringsten musikalischen Fähigkeiten

verfügt, kann eventuell phantastisch Volleyball spielen. Suchen Sie, was das Kind kann.
- Hat Ihr Kind das Gefühl, etwas auch alleine zu schaffen, macht es das stolz und glücklich. So können Sie ihm mit der Zeit Verantwortung für kleinere Aufgaben überlassen.
- Wenn Ihr Kind Fehler macht, denken Sie gemeinsam mit ihm darüber nach, was es beim nächsten Mal besser machen kann. Auch das Zugeben eigener Fehler ist eine starke Geste und ein wichtiger Schritt in der Entwicklung der Fähigkeit, mit eigenen Niederlagen umzugehen.
- Helfen Sie Ihrem Kind, mit seinen eigenen Gefühlen umzugehen, indem Sie sie benennen, ohne Wertung akzeptieren und ggf. Mitgefühl anbieten.

3.4 Beziehungsmanagement

Beziehungsmanagement Fähigkeit, Phasen von negativem Gruppendruck standzuhalten und auf Konfliktlösungen hinzuarbeiten, um gesunde und lohnende Verbindungen zu Einzelpersonen und Gruppen aufrechtzuerhalten (◘ Abb. 3.8).

Menschen sind nicht wirklich einfach, und es gibt eine Menge davon, die sich alle Mühe geben, anderen das Leben schwer zu machen. Im Alltag begegnen wir immer wieder Leuten, denen wir irgendwie gerecht werden müssen. So unwichtig uns manche üblen Bemerkungen anderer logisch gesehen auch erscheinen mögen – wir merken spätestens dann, dass sie doch belastend waren, wenn wir uns über diese Sätze ärgern. Ein unfreundliches Wort oder ein schräger Blick können uns die Laune für den ganzen Tag verderben. Man sollte immer wieder versuchen, Beziehungen auch zu bösen, herrischen, dominanten, bissigen, stichelnden, hinterhältigen Menschen möglichst harmonisch zu gestalten. Das lässt sich leider nicht mit jedem durchhalten, bei manchen Leuten ist da definitiv Hopfen und Malz verloren. Immerhin: Wenn Sie es schaffen, einem mürrischen Menschen ins Gesicht lächeln, ist zwar nicht zu erwarten, dass er zurücklächelt, aber sie haben sein Konzept, von allen gehasst zu werden, durchbrochen. Wenn Sie es schaffen, solche Menschen immer höflich, freundlich und voller Wärme zu behandeln, werden Sie – mit etwas Glück – vielleicht seine eigene Schutzmauer durchbrechen und hinter der bösartigen Maske ein eigentlich armes, sozial vereinsamtes Wesen vorfinden, das nicht immer so war, sondern durch seine Lebensgeschichte dazu geworden ist. Sie sind, auf lange Zeit gesehen, durchaus in der Lage, die Stimmung eines anderen positiv zu beeinflussen. Wenn Sie aber im Gegenzug ebenfalls ein mürrisches Gesicht aufsetzen, erreichen Sie vermutlich gar nichts.

❓ Fragen
Überlegen Sie mal: Warum mögen wir gewisse Menschen, warum sind sie uns sympathisch? Was müssen wir tun, damit wir unsererseits denen sympathisch sind?

Sympathie beruht auf Synchronisation, also dem Übereinstimmen der Emotion der beteiligten Personen. Um sympathisch zu wirken, sollte man auch eigene Gefühle durchaus einmal offen zeigen.

Erkenntnis, dass Gefühle je nach Interaktionspartner unterschiedlich mitgeteilt werden	Wissen, dass die Mitteilung der eigenen Gefühle interpersonale Konsequenzen hat	Verschiedene Arten von Beziehungen unterscheiden
Soziale und ethische Normen des Verhaltens verstehen	Unterstützung der Familie, der Schule und der Gemeinschaft anerkennen	Vielfalt der Gesellschaft respektieren
Beachtung des Wohlbefindens von sich selbst und den anderen	Das Streben, mit Menschen in produktive Kommunikationsbeziehungen zu treten	Die eigene Anziehungskraft verstärken, die Vertrauenswürdigkeit erhöhen

Abb. 3.8 Bausteine des Beziehungsmanagements

Genauso wichtig ist es, ein Gespür für Gefühle anderer zu haben. Wenn zum Beispiel ein Jugendlicher nach den Gefühlen eines anderen gefragt wird, antwortet er manchmal: *„Keine Ahnung. Woher soll ich das wissen?"* Vielleicht ist es dem Jugendlichen *„egal"*, vielleicht will er einfach nicht darüber reden, es sollte Ihnen aber nicht egal sein. Mit der Fähigkeit, die Gefühle eines anderen zu erkennen, gelingt es Ihnen besser, sich positiv mit ihm auseinanderzusetzen und manchmal Ihr Ziel zu erreichen, wenn Sie Zugang zu der Stimmung des Adoleszenten bekommen. Ein Schüler, der die Stimmung seines Lehrers richtig einschätzen und einen günstigen Zeitpunkt für ein Gespräch mit ihm herausfinden kann, wird von seinem Lehrer vielleicht anders eingeschätzt als ein Schüler, der weniger emotionale Intelligenz besitzt.

Der Mensch ist ein Rudeltier. Unsere biologisch nächsten Verwandten, die Menschenaffen, leben in kleinen Gruppen. Auch der Mensch ist für ein Robinson-Crusoe-Dasein nicht gemacht. Wir brauchen die soziale Gemeinschaft. Wohl fühlen wir uns auch im Dschungel der Großstadt nur unter dem Schutz der Horde. In unserer komplexen Gesellschaft ist es für uns und für unsere Kinder sehr wichtig, Freundschaften als Quelle der Freude und Seelenverwandtschaft anzusehen. Freundschaft ist nicht nur im Kindesalter von großer Bedeutung, sondern das ganze Leben hindurch ein wichtiger Pfeiler der Stabilität und Selbstsicherheit.

? Fragen
Ist Ihr Kind kommunikativ?

_____

> Wenn Sie auf diese Frage keine positive Antwort geben können, überlegen Sie, ob und wie es vielleicht lernen könnte, offener und gesprächsbereiter auf andere Mitmenschen zuzugehen.

Bereits Kindergartenkinder empfinden ihre Freunde als wichtige Quelle sozialer Unterstützung. Anders als im Kontakt zu Erwachsenen bauen Kinder ihre Beziehungen zu Gleichaltrigen auf den Prinzipien von Gleichheit und Freiwilligkeit

3.4 · Beziehungsmanagement

auf. Gerade bei jüngeren Kindern werden Freundschaften durch gemeinsamen Besuch der KiTa, durch Wohnortnähe, Elternkontakte und vielleicht auch gemeinsames Spielzeug gestützt. Das alleine reicht aber nicht aus, um Freundschaften aufzubauen und sie zu pflegen. Kinder brauchen Fertigkeiten, die ihnen ermöglichen, Kontakte mit Gleichaltrigen zu knüpfen, sich über Meinungen zu verständigen, mit Konflikten umzugehen.

Beziehungen zu anderen Menschen sind etwas sehr Wertvolles. Es ist jedoch nicht möglich, jeden zu verstehen, auf jeden einzugehen, von jedem gemocht zu werden, geschweige denn jedem ein guter Freund zu sein. Wir alle sind verschieden, wir unterscheiden uns von anderen in unserer Lebensauffassung, in unserer Einstellung. Immer und überall treffen Sie auf Menschen, die eine andere Meinung als Sie haben. Der andere muss deshalb nicht zu Ihrem Feind werden. Wenn Sie mit seiner Sicht der Dinge nicht einverstanden sind, ist das vielleicht ein Anlass für eine Diskussion, nicht aber für einen Konflikt.

Konflikte und Probleme sind im Leben nicht zu vermeiden. Zwischen Kindern, Jugendlichen und Erwachsenen entstehen Meinungsverschiedenheiten, für die Lösungen gefunden werden müssen. Worum geht es beim Streiten eigentlich? Vielleicht bekommen die Kinder nur so die Aufmerksamkeit ihrer beschäftigten Eltern? Oder wollen sie vom Streit der Eltern untereinander ablenken? Oder die Eifersucht auf das Geschwisterkind treibt sie an. Auch eine Überforderung, zum Beispiel durch Schuleintritt, könnte der Grund sein. Häufig geht es eigentlich um ein allgemeines Kräftemessen zwischen Kindern. Und manchmal ist schlicht Langeweile die Ursache für Konflikte. Dabei sind sich gerade die kleinen männlichen Raufbolde fast nie über den Sinn des Streitens im Klaren. In einer feindlichen Natur mussten Menschen schon vor Hunderttausenden von Jahren schon ab der Kindheit lernen, sich zu wehren. Noch heute gibt es daher Phasen, in denen gerade Jungen ein tiefgreifendes Bedürfnis haben, ihre kämpferische Seite auszuleben. Alle Arten von Waffen haben dann eine magische Anziehungskraft, was die pazifistisch denkenden Eltern an den Rand des Wahnsinns bringen kann.

Erwachsene können ihr Kind nicht gegen jeden Frust völlig abschirmen, aber sie können ihrem Kind helfen, sich bezüglich seiner Probleme und Empfindungen zu äußern. Während ein Kind über seine Gefühle spricht, nimmt es sie wahr. Dann wird es ihm klar, ob es wirklich Wut ist oder ob eher Unzufriedenheit, Enttäuschung oder sogar Angst seinen Gefühlsausbruch verursacht hatten. So fällt es dem Kind leichter, seine Gefühle einzuordnen und sie in anderen Situationen besser in den Griff zu bekommen. Kleine Kinder tragen Meinungsverschiedenheiten oft lautstark und manchmal handgreiflich aus. Es fehlen ihnen oft die Fähigkeiten, Konflikte auf akzeptable Weise beizulegen. Dieses Kräftemessen können Erwachsene kaum verhindern und auch selten die Schuldfrage, wenn dann jemand weint, wirklich gerecht klären. Elterliches Heraushalten kann manchmal einen Versuch wert sein. Als Faustregel gilt das Heraushalten vor allem auch deswegen, weil Kinder nur so eine Chance haben, selbstständig und selbstbewusst Kompromisse und Problemlösungen zu finden. Die Eltern über die Schuldfrage entscheiden zu lassen oder sogar das Ausüben der Rache an sie zu delegieren stärkt nicht die Fähigkeit von Kindern, mit den Enttäuschungen des Lebens klarzukommen. Das lernen Kinder mit zunehmendem Alter, wenn sie in ihrer unmittelbaren Umgebung gesunde Konfliktbewältigung erlebt haben. Manche Kinder brauchen Hilfe von Erwachsenen, um Konflikte mit Gleichaltrigen zu einer für beiden Seiten befriedigenden Lösung zu bringen. Einschreiten müssen wir als Erwachsene aber natürlich sehr konsequent, wenn einzelne Kinder einseitig „fertiggemacht" werden. Das hat dann nichts mehr mit dem gesunden Kinderstreit zu tun, in dem Kinder von alleine ständig die Rollen von Angreifer und Opfer wechseln (was uns Erwachsene dann vollständig irritiert!). Um diesen Unterschied im Streiten zu erkennen, hilft nur genaues Beobachten, aber dazu fehlt oft die Zeit. Grundsätzlich gilt wohl, dass Kinder die meisten ihrer Streitigkeiten am besten selbst regeln.

Nicht alle Probleme lassen sich sofort lösen. Oft braucht das Kind eine Auszeit, um die entstandene Situation in Ruhe zu analysieren. Es erkennt dann vielleicht, dass es mit seinem Verhalten, zum Beispiel einem Trotzanfall, am meisten sich selbst schadet. Wichtig ist dabei auch die Unterstützung von Erwachsenen. Schenken Sie Ihrem Kind Zuwendung, zeigen Sie Verständnis für seine Gefühle, aber geben Sie nicht nach. Man darf Kinder nicht darin bestätigen, dass sie sich mit Wutanfällen durchsetzen können und dann alles bekommen, was sie haben wollen. Das Ziel muss bleiben, dass Kinder lernen, ihre Bedürfnisse verbal auszudrücken und ihre Eltern mit Argumenten zu überzeugen; nicht mit Treten, Beißen und Schlagen. Es ist wichtig, Grenzen aufzuzeigen, damit Ihr Kind sich gesund entwickelt und dabei lernt, mit anderen Menschen auszukommen und ein Bewusstsein für sich als ein Teil der Gesellschaft zu entwickeln. Zeigen Sie Ihrem Sprössling, wie man konstruktiv mit seinen Gefühlen umgehen kann. Gefühle wahrzunehmen ist eine entscheidende Voraussetzung, um sie zu kontrollieren.

Einige Vorschläge für Kinder, um Konflikte beizulegen
- Nicht schlagen, sondern reden.
- Ruhig bleiben, wenn sie in einen Streit verwickelt werden. Gelingt Ihnen das nicht, sollten Sie sich zurückziehen und erst wieder an der Auseinandersetzung teilnehmen, wenn Sie Ihre Wut unter Kontrolle haben.
- Den eigenen Standpunkt und Ihre Gefühle bezüglich der Situation, die zum Streit geführt hat, deutlich machen: *„Ich habe mich schlecht gefühlt, als Du mit den anderen gespielt und mich allein zurückgelassen hast."*
- Den anderen, die in den Konflikt verwickelt sind, ohne Unterbrechung zuhören.
- Persönliche Kränkungen unterbinden.
- Alle Vorschläge zur Konfliktlösung gleichermaßen gelten lassen und überdenken.
- Nach einer kooperativen Lösung suchen, die allen Beteiligten gerecht wird.
- Entschuldigungen sind lobenswert.
- Ein Konflikt soll immer mit Versöhnung enden.

3.4.1 Tipps für Erwachsene

- Übertragen Sie Ihrem Kind auch Pflichten und Verantwortung im sozialen Miteinander. Fördern Sie seine Mithilfe im Haushalt oder die Mitgliedschaft des Kindes in einem Verein, wo Menschen voneinander lernen.
- Sowohl im Elternhaus als auch im Kindergarten und in der Schule sollte es zu den wichtigsten Aufgaben gehören, Kindern Strategien zu Problembewältigung zu vermitteln. Sie sollten das Kind nicht in Watte packen und zu sehr behüten. Mit einem starken Selbstbewusstsein schafft das Kind, sich aus Situationen, die ihm unbehaglich sind, zu befreien.
- Mit etwas älteren Kindern kann man besprechen, welche Verhaltensweisen günstig oder weniger günstig für den Aufbau sozialer Kontakte sind.
- Bringen Sie Ihrem Kind bei, wie man ein Gespräch beginnt und während einer Unterhaltung das Interesse der anderen wach hält.
- Geben Sie Ihrem Kind Gelegenheit, Gleichaltrige nach Hause einzuladen, damit sich Freundschaften entwickeln können. Einladungen zu einem Ausflug oder Urlaub können Freundschaften vertiefen.
- Ermutigen Sie Ihr Kind, an außerschulischen Aktivitäten teilzunehmen, die Gelegenheit bieten, Gleichaltrige außerhalb der schulischen Gruppen kennenzulernen. Freundschaften, die auf gemeinsamen Interessen basieren, sind sehr stark.

3.5 Verantwortungsvolle Entscheidungen

Verantwortungsvolle Entscheidungen: Positive, sachlich fundierte Lösungen für Probleme finden und umsetzen. Die langfristigen Folgen des eigenen Handels für sich und andere abzuschätzen (◘ Abb. 3.9).

Olaf ist richtig sauer: Erst hat ihm seine Mutter nicht erlaubt, in der KiTa seine neue rote Jacke anzuziehen, und dann gibt es in der Spielecke keinen Platz für ihn, obwohl er sich dort so gerne austoben würde, und als er sich endlich durchringt, auf die Schaukel zu gehen und feststellt, dass sie besetzt ist, steht er kurz vor einem Trotz. Mit wütendem Gesicht und verschränkten Armen bleibt Olaf auf seinem Stuhl sitzen, während die anderen Kinder fröhlich spielen und lachen. Offensichtlich hat ihn der „Zornteufel" gepackt, weil an diesem Tag vieles nicht so läuft, wie er es sich vorgestellt hatte. Erst nachdem er sich etwas beruhigt hat, geht die Erzieherin auf ihn zu, um mit ihm zusammen einen Ausweg zu finden. Vorsichtig versucht sie ihm zu erklären, dass nicht immer alles so laufen kann, wie er es sich wünscht. Sie akzeptiert seine Wut und schenkt ihm Zuwendung. Olaf muss lernen, dass die anderen Menschen Bedürfnisse haben und es deshalb zu Konflikten kommen kann, bei denen er zurückstecken muss. Wütend zu sein hilft dann nicht weiter. Olaf scheint inzwischen eine Menge begriffen zu haben: Er spürt, dass er sich mit seinem Verhalten selbst am meisten schadet.

Wenn Kinder an ihre Grenzen stoßen, stehen ihnen angemessene Worte oder ein kontrolliertes Verhalten, wie bei Erwachsenen, in der Regel nicht zur Verfügung. Weil Kinder noch nicht in der Lage sind, zwischen verschiedenen Handlungsmöglichkeiten

Die Verantwortung für ethisches Verhalten erkennen	Aktives Bemühen, eine problematische Situation zu lösen	Ein gutes Selbstwertgefühl
Das Gefühl einer relativen Kontrolle über das eigene emotionale Erleben	Akzeptanz des emotionalen Erlebens	Negative Emotionen, wie Wut oder Angst tolerieren, aber nicht als überwältigend erfahren
Entscheidungen aus sozialen und ethischen Gründen treffen	Realistische Konsequenzen verschiedener Handlungen bewerten können	Konstruktive Entscheidungen für sich und die Umgebung treffen

Abb. 3.9 Bausteine für verantwortungsvolle Entscheidungen

zu unterscheiden und die passende zu wählen, zeigt sich ihre Frustration oft in einem Wutanfall. Doch in solchen Fällen soll die negative Bewertung nicht dominieren, denn Wut ist ein ganz normales Gefühl, das ebenso wie Freude zum Leben gehört. Ohne gelegentliche Wutattacken ist eine gesunde kindliche Entwicklung nicht denkbar. Damit die Wut nicht in Gewalt umschlägt oder unterdrückt wird, ist es wichtig, die Wut wahrzunehmen, ihre Ursachen zu erkennen und damit angemessen umzugehen. Zeigt das Kind keinerlei Wut oder Aggressionen, kann das aber auch auf eine Störung hindeuten, deren Ursache mit Fachleuten geklärt werden muss. Aggression ist ein natürlicher biologischer Ablauf, der in der Evolution zum Überleben wichtig war. Auch Menschen haben ein Aggressionszentrum im Gehirn, das sich gelegentlich abreagieren muss. Psychosomatiker behaupten, dass es zu körperlichen Erkrankungen führt, wenn man seine Wut ständig herunterschluckt. Daher ist es wichtig, Kindern auch die Möglichkeit zu bieten, ihre Aggressionen spielerisch auszuagieren und damit loszuwerden.

? Fragen
Da Emotionen Grundlage für Entscheidungen und Handlungen sind, können Sie schon darüber nachdenken, wie emotional Ihr Kind Situationen bewertet. Erinnern Sie sich doch hier einmal an einige Situationen und achten Sie auf die Gefühle, die Ihr Kind dabei hatte.

_____

_____

Empfinden Sie die Reaktionen Ihres Kindes als situationsgerecht?

Das Lösen von Problemen ist eine allgemeine und grundlegende Fähigkeit des Menschen, die er meist intuitiv praktiziert. Sie ist fast in allen Bereichen des Lebens gefordert, angefangen beim Bauen eines Lego-Spielzeugs bis hin zur Reparatur der kaputten Waschmaschine oder dem Schreiben eines komplizierten Computerprogramms. Noch komplexer ist das Lösen von zwischenmenschlichen Konflikten, da es in der Regel nicht die eine, einzig richtige Lösung gibt. Erfolg hängt hier davon

3.5 · Verantwortungsvolle Entscheidungen

ab, für welche Lösungsalternative man sich entscheidet. Ein Kind, dem von den großen Jungs seine Schultasche weggenommen wurde, wird wahrscheinlich wenig Erfolg haben, wenn es als einzige Lösungsmöglichkeit sieht, zu weinen und darauf zu warten, seine Schultasche zurückzubekommen. Es könnte auf die großen Schüler zugehen und versuchen, mit ihnen um den Schulranzen zu kämpfen. Ein Kind, das als eine weitere Alternative sieht, sich an einen Lehrer zu wenden und um Unterstützung zu bitten, wird seinen Ranzen höchstwahrscheinlich zurückbekommen. Das Problemlösen ist also nicht unbedingt eine Frage der kognitiven Intelligenz, sondern eine Frage der Flexibilität des Denkens. Wenn man nicht gleich beim ersten Hindernis aufgibt und mehrere Lösungsmöglichkeiten sieht, rückt die Lösung des Problems näher.

❓ Fragen
Wer andere überreden möchte, sollte die Kunst der Beeinflussung beherrschen. Beeinflussen bedeutet, gewisse Wertvorstellungen und Überzeugungen beim anderen zu ändern. Manipulationstechniken haben zwar einen negativen Ruf, aber beherrscht man einige, dann kann man sein Umfeld durchaus auch hin zum Positiven manipulieren.
Überlegen Sie sich mal: Neigt Ihr Kind dazu, viel von seinen Altersgenossen zu erwarten? Oder macht es Einiges lieber selbst, ehe es andere bitten muss? Finden Sie das optimal?

Ein Problem besteht dann, wenn eine Person ein Ziel hat und nicht weiß, wie sie dieses Ziel erreichen soll. Formal definiert, beinhaltet ein Problem drei Elemente (◘ Abb. 3.10):
- ein Ausgangszustand (ein unbefriedigender Zustand, in dem man sich befindet)
- ein Zielzustand (der Zustand, den man erreichen will)
- Handlungen (Schritte, die vom Ausgangszustand zum Zielzustand führen)

Wenn man diese Definition auf das Beispiel des Kindes anwendet, das seinen Ranzen zurückhaben möchte, so ist der Ausgangszustand seine Unzufriedenheit darüber, seine Schultasche nicht mehr zu haben. Der Zielzustand ist, den Ranzen wieder zu haben. Seine verschiedenen Verhaltensweisen, um diesen Zustand zu erreichen, sind Handlungen. Die Schwierigkeit bei der Problemlösung besteht darin, dass man nicht weiß, welche der Verhaltensweisen zum Ziel führen können.

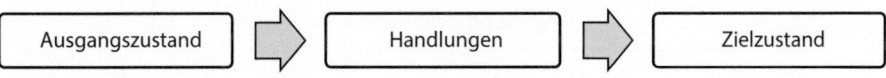

◘ Abb. 3.10 Zusammenhang von drei Elementen eines Problems

3.5.1 Problemlöseverfahren

Kinder können selbst Lösungen für Probleme entwickeln. Auf diesem Weg lernen sie, wie sie die Situation am besten beeinflussen können. Erwachsene können dem Kind auch helfen, positive, sachlich fundierte Lösungen für Probleme zu finden und sie umzusetzen. Bei sozialen Konflikten untergliedert sich das Problemlöseverfahren in fünf Phasen, die mehrmals hintereinander ablaufen können (◘ Abb. 3.11):

- **I-Can-Problem-Solve (ICPS)**
In den frühen 70er-Jahren des letzten Jahrhunderts haben die amerikanischen Psychologen David Spivak und Myrna Schure mit dem Programm zur Ermittlung von Problemlösungsfähigkeiten I-*Can-Problem-Solve* (ICPS) begonnen. Nach 25 Jahren klinischer Forschung wurde festgestellt, dass sogar 3- und 4-jährige Kinder lernen können, ihre Probleme zu durchdenken statt sie auszuagieren. Sie haben zum Beispiel gelernt, ein Spielzeug mit anderen zu teilen statt es sich alleine zu nehmen, ihre Meinung selbst zu sagen statt sich beleidigt zurückzuziehen. Nach einem ICPS-Training werden Kinder sensibler und weniger aggressiv, sie erreichen mehr in der Schule und auch im Beruf.

Zu Beginn werden in dem ICPS-Programm als Grundbausteine zu den problemlösenden Fähigkeiten sechs Wortpaare verwendet. Diese Wortpaare werden spielerisch eingesetzt, und die Kinder werden angeregt, sie regelmäßig zu anzuwenden. Um die Unterschiede bei den Wortpaaren zu vermitteln, werden Wortspiele empfohlen.

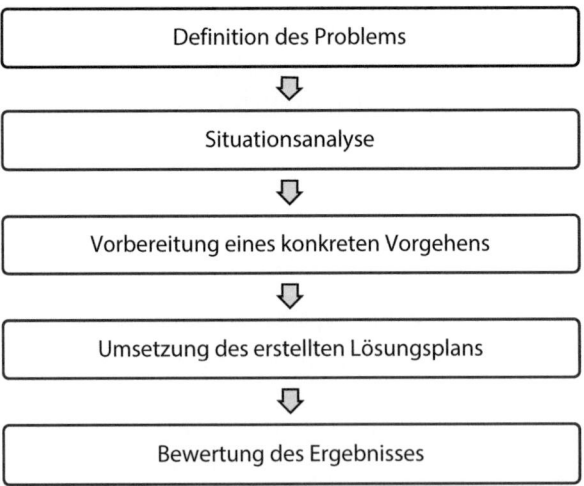

◘ Abb. 3.11 Fünf Phasen des Problemlöseverfahrens

3.5 · Verantwortungsvolle Entscheidungen

Diese Antwortpaare sind:

Wortkonzepte	Beispiel
Ist/ist nicht (oder: kein)	Ist ein Ball ein Spielzeug? Ja, das ist ein Spielzeug. Ist das Essen ein Spielzeug? Das Essen ist kein Spielzeug. Mit dem Essen spielt man nicht
Und/oder	Bringst du in die Schule deine Hausaufgaben oder dein Pausenbrot mit? Beides. Du bringst in die Schule deine Hausaufgaben und dein Pausenbrot mit
Einige/alle	Haben alle Kinder Geschwister? Nein, nur einige
Davor/danach (bevor/nachdem)	Kriegt man Hunger, nachdem man sein Frühstück aufgegessen hat, oder davor? Man hat Hunger, bevor man sein Frühstück isst
Jetzt/später	Ein Kind hat beim Sport geschwitzt. Sollte es jetzt duschen gehen oder später? In der Regel geht man nach dem Sport duschen
Gleich/anders	Ist ein Brötchen das Gleiche wie ein Brot, oder ist es was anderes? Es ist nicht das Gleiche. Ein Brötchen ist wie ein kleines Brot

Die Unterscheidung zwischen den Wortkonzepten „gleich" und „anders" ist zum Beispiel auch wichtig, um die Konsequenzen einer Lösungsmöglichkeit zu unterscheiden.

Nach dem Erlernen und der Einübung von anfänglichen Wortpaaren kann für Kinder ab 6 Jahre eine neue Gruppe an Wortpaaren eingeübt werden, die einen Zusammenhang zwischen Ursachen und Wirkungen ihres Verhaltens herstellen. Sie werden als Konzepte der Kausalität bezeichnet:

Konzepte der Kausalität	Beispiel
Wenn/dann	Wenn Du heute Dein Zimmer aufräumst, dann gehen wir am Wochenende ins Kino
Vielleicht/vielleicht nicht	Vielleicht fahren wir demnächst zum Freizeitpark. Wenn ich aber zu beschäftigt bin, können wir das vielleicht nicht schaffen
Warum/weil	Warum weint ein kleines Kind? Weil ihm sein Spielzeug weggenommen wurde
Fair/unfair	Es ist fair, dass Dein großer Bruder später ins Bett gehen darf. Es ist aber unfair, dass er seinen Freund beleidigt hat

Durch diese Konzepte sollen Kinder lernen, dass ein Verhalten zu bestimmten Konsequenzen führt. Außerdem begünstigen sie ein strukturiertes Denken und ermöglichen es ihnen, Situationen genauer einzuordnen, einzuschätzen und zu unterscheiden.

3.5.2 Drei Situationstypen

Es gibt Situationen, die durch das Vorherrschen bestimmter Ziele und unterschiedliches Verhalten charakterisiert werden können. Drei besonders wichtige Situationen sind dabei: Durchsetzungs-, Beziehungs- und Sympathiesituationen.

- **Typ 1. Rechte durchsetzen**

Auf dem Schulhof drängelt sich Marlen beim Schaukeln vor. Eigentlich wäre Max an der Reihe gewesen.

Das Ziel des Verhaltens von Max liegt in der Erfüllung seiner Forderung, selbst schaukeln zu dürfen. Er fühlt sich im Recht, weil er an der Reihe ist. Dieser Situationstyp wird als gerechtfertigter Anspruch gekennzeichnet, weil das Handeln von keinem weiteren Ziel, wie etwa Beziehungspflege, beeinflusst wird: *„Wird mich der andere danach nicht mögen?"*, *„Wird der andere mit mir danach spielen?"*. In so einer Situation sind selbstsicheres Auftreten und Durchsetzungsvermögen gefordert. So hilft es zum Beispiel, wenn man laut und deutlich redet, eine entspannte Körperhaltung hat, den Blickkontakt direkt hält oder die „Ich-Form" verwendet, um Forderungen, Wünsche und Gefühle zu äußern.

- **Typ 2. Beziehungen**

Jana vergisst oft ihr Pausenbrot zu Hause. Deshalb fragt sie ihre Freundin Julia, ob sie ihr ein Brot abgeben kann. Julia will aber alles selbst essen.

In solchen Situationen liegt der Schwerpunkt darauf, Beziehungen aufrechtzuerhalten oder zu verbessern. In diesem Fall wird es Jana nicht in erster Linie darum gehen, das Brot von Julia zu bekommen. Ihr Ziel ist es, die Freundschaft zu erhalten. In diesem Fall sieht ein kompetentes Verhalten anders aus als beim ersten Situationstyp, weil ein anderes Ziel erreicht werden soll. Hier kommt man auf der Gefühlsebene am weitesten. Im obigen Beispiel könnte Julia ihre Enttäuschung mitteilen: *„Wenn ich Dir mein Pausenbrot gebe, habe ich selbst nicht genug zum Essen"*. Zu dieser Situation gibt es zwei Verhaltenstypen:
— Die eigenen Gefühle in den Mittelpunkt der Argumentation stellen.
— Ich-Botschaften, wie zum Beispiel *„Du warst gemein zu mir"*, *„Ich bin traurig"*, *„Ich wünsche mir, dass wir zueinander nett sind"*.

- **Typ 3. Sympathie und Kontaktaufnahme**

Mona kommt mit ihrer Hausaufgabe nicht klar und möchte Klaus um Hilfe bitten, der in der Spielecke mit großem Interesse einen riesigen Turm aus Duplosteinen baut.

Dieser Typ betrifft Situationen, die mit keiner rechtlichen Legitimation von eigenen Forderungen verbunden sind. Zu diesem Typ gehören zwei Arten von Situationen:

3.5 · Verantwortungsvolle Entscheidungen

Die erste Art: Eigene Forderungen können nur dadurch erfüllt werden, dass der andere auf sein Recht verzichtet. Man agiert in diesen Situationen also nicht nur ohne, sondern auch sozusagen gegen eine rechtliche Legitimation. Dies ist im Beispiel von Mona der Fall. Damit sie mit ihrer Aufgabe klarkommt, muss Klaus aufs Spielen verzichten. Die zweite Art umfasst Situationen, in denen das Ziel darin besteht, in kurzer Zeit eine gute Beziehung zu einer Person herzustellen. In solchen Situationen ist es wichtig, dem anderen positive Rückmeldung zu geben. Solche Verhaltensweisen, wie Nicken, Lächeln, Komplimente oder interessiertes Zuhören, transportieren diese Botschaft an den Empfänger. Mona könnte zum Beispiel Klaus für seine Ausdauer beim Turmbauen loben, sie könnte ihre Bewunderung ausdrücken, wie hoch der Turm geworden ist und ihn dann um Hilfe bitten. Sie hat im Vorfeld eine positive Beziehung aufgebaut, aus der heraus Klaus ihr nun eher helfen wird.

3.5.3 Tipps für Erwachsene

- Kinder sollten keine Angst davor haben, Ihnen von schlechten Noten zu erzählen. Wenn Sie davon nicht rechtzeitig erfahren, können Sie keine sinnvollen Gegenmaßnahmen einleiten.
- Beschimpfen oder bestrafen Sie Ihr Kind nicht gleich, weil es zurzeit schlechte Noten schreibt. Mit Bestrafen wird der Missstand nicht behoben. Im Gegenteil: Ihr Kind fühlt sich nur noch mehr in die Ecke gedrängt, das Schulfach wird noch negativer bewertet, und Ihr Kind hat noch weniger Lust, sich mit etwas auseinanderzusetzen, das eh nur frustriert.
- Werfen Sie bitte Ihrem Kind niemals vor, ein Versager zu sein. Denn wer als Versager bezeichnet wird, glaubt irgendwann selbst daran. Das hat immer negative Auswirkungen auf die Entwicklung Ihres Kindes.
- Bieten Sie dem Kind regelmäßig Sport- und Bewegungsspiele, in denen die Kinder Dampf ablassen und ihre Kräfte messen können. Zum Beispiel: Tauziehen, Kissenschlacht, Trampolin springen, Knete durchkneten. Und wenn es schon PC-Spiele sein sollen, dann gibt es Virtual-Reality-Games, bei denen man sich auch bewegen muss.
- Jeder Mensch kann, obwohl man schon in vielen Situationen gelernt hat, dass es klüger wäre, sich zu beherrschen, bis ins hohe Lebensalter hinein mal impulsiv und unüberlegt handeln. Bedenken Sie wiederum, Verstand und Emotion zugleich anzusprechen statt nur eine logische Erklärung dafür zu liefern, warum ein Verhalten unerwünscht ist. Auch Sie als Erwachsener können impulsives Verhalten nicht hundertprozentig immer steuern und unterdrücken; manchmal flippt man halt aus. So gesehen sollten Sie auch Verständnis für Ihr Kind zeigen, wenn es nicht immer alle Emotionen im Zaum halten kann.
- Bei Wutanfällen des Kindes reagieren Sie eindeutig und gerecht. Zeigen Sie dem Kind, dass es mit solchem Verhalten nichts erreichen kann. Vor allem nach massiven Gefühlsausbrüchen braucht das Kind Ihre Meinung, um herauszufinden, was falsch gelaufen ist und welche Alternativen vorhanden gewesen wären.

- In traurigen Situationen braucht Ihr Kind Ihr Mitgefühl: *„Auch ich bin traurig, dass Dein Fußballteam verloren hat."*
- Schaffen Sie so oft wie möglich Momente der Ausgelassenheit. Lachen Sie herzlich mit den Kindern – auch über sich. Denn die Kinder finden es besonders komisch, wenn Ihnen etwas misslingt. Das zeigt ihnen zudem, dass nicht jedes Missgeschick schlimm ist.

3.6 Soziales Bewusstsein

Die Gedanken und Gefühle anderer zu verstehen, Mitgefühl zu entwickeln und in der Lage zu sein, die Dinge auch aus der Sicht eines anderen zu sehen (Abb. 3.12).

Vermutlich konnten Sie folgende Situation schon einmal beobachten: Ein Kind kommt zu einer bereits spielenden Gruppe und versucht, in der Gruppe sofort seine eigene Spielidee einzuführen, ohne daran zu denken, dass die anderen das vielleicht nicht mitmachen wollen. Es hat kein Gefühl dafür, störend zu sein. Die richtige Reaktion in dieser Situation wäre, sich zunächst zurückzuhalten, ins Gespräch zu kommen und die Reaktion der anderen zu prüfen. Erst danach sollte sich das Kind schrittweise, ohne zu stören, in das Spiel der Gruppe einfügen.

Soziales Bewusstsein entscheidet darüber, inwieweit Kinder Beziehungen zu anderen Menschen gestalten können. Es geht also darum, wie feinfühlig und aufmerksam ein Kind sich gegenüber emotionalen Regungen des anderen verhält, ob es sich in andere einfühlen kann – also Empathie zeigen kann. Ausgehend von seinen eigenen Erfahrungen fühlt es sich in die Persönlichkeit eines anderen hinein. Ein Kind, das gelernt hat, seine eigenen Gefühle ernst zu nehmen, wird über fremde Gefühle nicht stolpern. Empathie setzt das Erkennen und Verstehen von Gefühlen voraus. Empathie bedeutet auch die Fähigkeit, Gefühle bei anderen wahrzunehmen und sie zugleich vom eigenen Selbst und von der eigenen Gefühlslage zu unterscheiden. Einerseits empfindet man mit, andererseits merkt man, dass man nicht selbst betroffen ist.

◘ Abb. 3.12 Bausteine des sozialen Bewusstseins

3.6 · Soziales Bewusstsein

Empathische Menschen zeichnen sich durch folgende Merkmale aus:
- Sie sind in der Lage, sich in einen anderen Menschen hineinzuversetzen, seine Gefühle wahrzunehmen.
- Sie vergleichen die Gefühle anderer Menschen mit ihren eigenen und erinnern sich an ähnliche Erfahrungen, die sie selbst gemacht haben, und ihre Gefühle damals.
- Sie suchen nach dem gefühlsmäßigen Einklang zum anderen.
- Sie treten bewusst in den Hintergrund, weil ihnen klar ist, dass Menschen verschieden sind und jeder anders empfinden kann.
- Sie sind fähig, die Lage der anderen aus seiner und nicht aus der eigenen Perspektive zu betrachten.

Die ersten Lektionen der Empathie entwickeln sich ganz früh, zum Beispiel im Austausch von Blicken und Lauten zwischen Mutter und Kind. Die Mutter und ihr einige Monate altes Baby sind perfekt aufeinander abgestimmt: Sie spricht zu ihrem Baby sanft und leise, sie beobachtet ihr Kind aufmerksam. Spielerisch und singend verfestigt sich die Kommunikation zwischen Mutter und Kind. Die Botschaften dieser Interaktion geben dem Kind das beruhigende Gefühl, emotional verstanden zu werden und mit der geliebten Person verbunden zu sein.

Nun funkt es zwar zwischen Mutter und Kind, aber noch nicht zwischen Kindern untereinander. Mit etwa 15 Monaten beginnen Kinder, sich bewusst wahrzunehmen und sich miteinander zu beschäftigen. Sie ahmen die Erwachsenen nach, zeigen sich Gegenstände und beobachten, wie ihr Gegenüber darauf reagiert. Allmählich beginnt das Kind, den anderen als Person mit eigenen Wünschen, Interessen und Gefühlen kennenzulernen. Zu diesem Zeitpunkt kann ein Kind aber noch keine Empathie empfinden. Noch lebt es im Hier und Jetzt und vermag noch nicht über Vergangenes oder gar Zukünftiges nachzudenken. Kleinkinder in diesem Alter sind in ihren sozialen Reaktionen sehr unstet. In einem Moment geben sie ihr Spielzeug ab, im nächsten wollen sie mit genau diesem Kind gar nicht mehr spielen. Was für uns Erwachsene grausam scheint, ist für ein Kind ein wichtiger Lernprozess. Es testet das feinfühlige Pendeln zwischen Zu- und Abneigung, zwischen Freund und Feind und sammelt Erfahrungen.

Mit zwei Jahren lernt das Kind, dass sich seine eigenen Gefühle von denen der anderen unterscheiden. Es merkt, dass einige Dinge, die ihm großen Spaß machen (lautstark auf einem leeren Eimer trommeln), den Erwachsenen nur Ärger bereiten. Bis zu einem Alter von etwa drei Jahren handeln Kinder nur nach ihrem persönlichen Interesse bzw. Vorteil. Erst mit zunehmender Erfahrung steigt die Fähigkeit des Kindes, bei persönlichen Entscheidungen die Interessen anderer mit einzubeziehen. Dabei orientieren sie sich an dem Verhalten, das sie zu Hause, im Kindergarten oder in der Schule, im Freundeskreis sowie in den Medien erleben. Etwa mit zehn Jahren können Kinder unterscheiden zwischen dem, was ein Mensch pflichtgemäß tun sollte oder tun muss, und dem, was sie persönlich gerne machen möchten.

Bereits im Vorschulalter sollen Kinder lernen, ihre negativen Gefühle zumindest teilweise zu kontrollieren und sich in die Lage derer hineinzuversetzen, die in einer anderen oder weniger glücklichen Situation sind. Das beginnt damit, dass sie lernen, wie man zum Beispiel Spielzeuge teilt und auf dem Spielplatz harmonisch miteinander spielt oder ein Game veranstaltet, an dem alle Freude haben. Eine Umgebung, die die Zusammenarbeit, Sensibilität und Verantwortung für andere und das gesunde Selbstwertgefühl des Kindes fördert, ist dabei ein wichtiger Faktor. Schüler, die wenig Verständnis für das Gefühlsleben anderer aufbringen können, haben immer Schwierigkeiten in sozialen Beziehungen zu Gleichaltrigen und beteiligen sich weniger im Unterricht. Kinder mit einer angespannten Beziehung zu Mitschülern haben oft auch keine gute Lehrer-Kind-Beziehung. Die betroffenen Kinder fühlen sich häufig einsam und gehen ungern zur Schule. Darunter leiden entsprechend die schulischen Leistungen.

Gähnen steckt ja bekanntlich an. Wussten Sie, dass auch Emotionen ansteckend sind? In der Interaktion zweier Menschen wird die Stimmung des Menschen, der seine Gefühle stärker äußert, auf den passiven Menschen übertragen. Es handelt sich um eine „emotionale Synchronisation": Wenn Menschen sich auf die Stimmungen anderer einstellen oder andere leicht in den Bann ihrer eigenen Stimmungen ziehen können, dann laufen die Interaktionen auf der emotionalen Ebene reibungsloser. Empathie ist allerdings mit Gefühlsansteckung nicht zu vergleichen. Bei der Gefühlsdeckung gerät ein Mensch in den gleichen emotionalen Zustand, während bei Empathie die erlebte Emotion des anderen nachempfunden und immer zum Teil identifiziert wird. Empathie unterscheidet sich auch von Mitleid, weil Mitleid sich ausschließlich auf negative emotionale Zustände eines Menschen bezieht. Empathie hingegen bezieht sich auf alle emotionalen Zustände.

Wenn ein Kind weiß, wie sich ein anderer fühlt, gelingt es ihm leichter, sich mit ihm auseinanderzusetzen und vielleicht sogar sein Ziel besser zu erreichen. Wenn die Geschwister lauthals miteinander streiten, können sie in diesem Moment vielleicht den Standpunkt des anderen verstehen, für die gegenseitigen Gefühle haben sie aber sicher kein Verständnis. Wird ihnen klargemacht, dass das andere Kind sich ebenfalls traurig und verletzt fühlt, so kann ihr Zorn dadurch vielleicht beseitigt werden. Wenn Kinder sich in die Empfindungen ihrer Geschwister einfühlen können, werden sie wahrscheinlich nicht mehr versuchen, sie zu verletzen.

3.6.1 Tipps für Erwachsene

- Kleinkinder brauchen viel Körperkontakt, Zärtlichkeit und Zuneigung. Genießen Sie das emotionale Miteinander mit Ihrem Kind so oft es geht.
- Lassen Sie Ihr Kind spüren, dass es Gutes tut, wenn es zu anderen Menschen lieb ist und anderen hilft.
- Ein Kind lernt allmählich, sich in die andere hineinzudenken und zu fühlen, wenn es in der Lage ist, die Gefühle anderer Menschen zu verstehen: *„Was glaubst Du, wie sich das Kind fühlt, wenn es beim Radfahren gestürzt ist? Kannst Du ihm helfen?"*
- Die Beziehungen zu Geschwistern sind ein wichtiges Übungsfeld. Im Alltag werden viele Erfahrungen geteilt, und für Anteilnahme bietet sich eine Fülle an Gelegenheiten. Mit Geschwistern kann man sich „bis aufs Blut" streiten und sich kurz danach wieder versöhnen.

- Bringen Sie Ihrem Kind das Teilen bei. Ihr Kind wird die Erfahrung machen, dass es positive Resonanz erhält, wenn es etwas abgibt, und dass es auch etwas zurückbekommt, wenn ein anderes Kind etwas aufzuteilen hat: *„Wenn Du Deinem Spielkameraden den Schaufel gibst, gibt er Dir vielleicht den Ball ab. Frag ihn doch mal!"*
- Lehren Sie Ihr Kind, bei jedem Menschen genauer hinzuhören und hinzusehen: *„Weißt Du, in welcher Straße Dein Spielkamerad wohnt, ob er Geschwister hat?"*
- Fördern Sie die gegenseitige Hilfe unter Kindern. Das können zum Beispiel das gemeinsame Lernen für die Schule, Patenschaften oder Brieffreundschaften sein.
- Erzählen Sie Ihrem Kind von berühmten Wohltätern wie Mutter Teresa und Mahatma Gandhi und zum Beispiel von bekannten Persönlichkeiten, die viel Gutes tun.
- Versuchen Sie die Empathie Ihres Kindes zu wecken, indem Sie ihm zum Beispiel erzählen, dass sein Bruder jetzt traurig ist, weil es ihm einen Stoß gegeben hat, wodurch er hart hingefallen ist. So wird Ihr Kind seine Aufmerksamkeit auf andere richten statt auf sich selbst.
- Beim Lesen von Büchern bietet es sich an, jeweils die Perspektiven der verschiedenen Protagonisten zu thematisieren: *„Was glaubst Du: Wie fühlt sich der Junge?", „Warum fühlt er sich so?", „Wie geht es der Mutter?".*

Literatur

Berking, M. (2017). *Training emotionaler Kompetenzen*. Heidelberg: Springer.
Jerusalem, M., & Diether, H. (2002). Selbstwirksamkeit und Motivationsprozesse in Bildungsinstitutionen. *Zeitschrift für Pädagogik Beiheft, 44,* 28–53.
Liebertz, C. (2004). *Das Schatzbuch der Herzensbildung*. München: Don Bosco Verlag.
Lorenz, K. (1996). *Die acht Todsünden der zivilisierten Menschheit*. München: Piper Taschenbuch.
Paschke-Müller, M., Biscardi, M., Rauh, R., Fleischhacker, C., & Schulz, E. (2017). *TOMASS – Theory-of-Mind-Training bei Autismusspektrumstörungen*. Berlin: Springer.
Seidel, W. (2008). *Emotionale Kompetenz: Gehirnforschung und Lebenskunst*. München: Spektrum Akademischer Verlag.
Theißen, B. (2012). *Selbstvertrauen entwickeln. Starke Spiele für starke Kita-Kinder*. Verlag an der Ruhr.
Watzlawick, P. (2005). *Anleitung zum Unglücklichsein*. München: Piper Verlag.
Wilken, B. (2018). *Methoden der Kognitiven Umstrukturierung: Ein Leitfaden für die psychotherapeutische Praxis*. Stuttgart: Kohlhammer.

Links

▶ www.casel.org.
▶ http://harvardmagazine.com/2013/01/the-placebo-phenomenon.

Übungsaufgaben

4.1	**Emotionales Kennenlernen – 76**	
4.1.1	Fragenkatalog „Ich-du-Wir" (5–12 Jahre) – 76	
4.1.2	Meine Eigenschaften (5–12 Jahre) – 77	
4.1.3	Meine Stärken und Schwächen (5–12 Jahre) – 78	
4.1.4	Warum bin ich auf der Welt? (5–12 Jahre) – 79	
4.2	**Geschichten – 80**	
4.2.1	Regenwolke (ab 5 Jahren) – 80	
4.2.2	Otto und seine Angst (ab 5 Jahren) – 85	
4.2.3	Leon + Tina = Liebe (ab 5 Jahren) – 89	
4.2.4	Ein besonderes Gefühl (ab 8 Jahren) – 92	
4.2.5	Von Jongleur und Clown (ab 9 Jahren) – 97	
4.2.6	Was für ein Glück, dass es dich gibt (ab 5 Jahren) (Lösungen auf ▶ Abschn. 4.5) – 99	
4.2.7	Streit im Auto (ab 8 Jahren) (Lösungen auf ▶ Abschn. 4.5) – 102	
4.2.8	Die Spieleckengrenze (ab 5 Jahren) (Lösungen auf ▶ Abschn. 4.5) – 103	
4.2.9	Zusammen sind wir stark (ab 7 Jahren) (Lösungen auf ▶ Abschn. 4.5) – 104	
4.2.10	Vicky und die bösen Jungs (ab 8 Jahren) (Lösungen auf ▶ Abschn. 4.5) – 107	
4.2.11	Sag laut und deutlich „Nein" (ab 8 Jahren) (Lösungen auf ▶ Abschn. 4.5) – 110	
4.2.12	Vom Teilen und Abgeben-Können (ab 5 Jahren) – 115	
4.2.13	Avy und Rita im Streit (ab 5 Jahren) – 117	
4.2.14	Max hat keine Angst im Dunkeln (ab 5 Jahren) (Lösungen auf ▶ Abschn. 4.5) – 119	
4.2.15	Ella ist wütend (ab 5 Jahren) (Lösungen auf ▶ Abschn. 4.5) – 122	

© Springer Fachmedien Wiesbaden GmbH, ein Teil von Springer Nature 2020
I. Bosley und E. Kasten, *Emotionale Intelligenz bei Kindern fördern*,
https://doi.org/10.1007/978-3-658-28561-6_4

4.2.16	Ich will mitspielen! (ab 5 Jahren) – 123	
4.2.17	Lisas Kuscheltier (ab 5 Jahren) – 124	
4.2.18	Arzt spielen (ab 5 Jahren) – 125	
4.3	**Übungen – 127**	
4.3.1	Gute Vorsätze (ab 8 Jahre) – 127	
4.3.2	Umgang mit eigenen Emotionen (5–12 Jahre) (Lösungen auf ▶ Abschn. 4.5) – 129	
4.3.3	Situationen und Verhalten (ab 5 Jahren) – 136	
4.3.4	Emotionen einordnen (5–12 Jahre) (Lösungen auf ▶ Abschn. 4.5 – 136	
4.3.5	Motivationskarten (ab 8 Jahren) – 141	
4.3.6	Positive und negative Gedanken (ab 8 Jahren) (Lösungen auf ▶ Abschn. 4.5) – 143	
4.3.7	Gefühle und körperliche Empfindungen (ab 5 Jahren) – 145	
4.3.8	Gefühle und Situationen (ab 10 Jahren) – 147	
4.3.9	Stressreaktion (ab 8 Jahren) – 147	
4.3.10	Eine Fantasiereise (ab 5 Jahren) – 148	
4.3.11	Von kleinen und großen Gefühlen (ab 5 Jahren) (Lösungen auf ▶ Abschn. 4.5) – 149	
4.3.12	Veränderungen (5–12 Jahre) (Lösungen auf ▶ Abschn. 4.5) – 150	
4.3.13	Umgang mit Emotionen (5–12 Jahre) (Lösungen auf ▶ Abschn. 4.5) – 156	
4.3.14	Gesichtsausdrücke (5–12 Jahre) (Lösungen auf ▶ Abschn. 4.5) – 165	
4.3.15	Argumentationen (ab 10 Jahren) – 171	
4.3.16	Sich in die Lage des anderen versetzen (ab 10 Jahren) – 171	
4.3.17	Geheimnisse (ab 5 Jahren) – 172	
4.3.18	Fragebogen Freundschaft (ab 5 Jahren) (Lösungen auf ▶ Abschn. 4.5) – 172	
4.3.19	Eine Nachdenkaufgabe für Kinder (ab 8 Jahren) – 173	

4.3.20	Konfliktsituationen (ab 10 Jahren) (Lösungen auf ▸ Abschn. 4.5) – 174	
4.3.21	Schaufensterbummel (ab 5 Jahren) – 176	
4.3.22	Bewusst mit Bewertungen umgehen (ab 5 Jahre) – 176	

4.4 Spiele – 179

4.4.1 Selbstwahrnehmung – 179
4.4.2 Selbstmanagement: Spiele – 187
4.4.3 Beziehungsmanagement – 195
4.4.4 Verantwortungsvolle Entscheidungen – 200
4.4.5 Soziales Bewusstsein – 207

4.5 Lösungen – 214

Weiterführende Literatur – 217

Kurze Zusammenfassung
Die Fähigkeit, konstruktiv mit verschiedenen belastenden Gefühlen umzugehen, ist die Voraussetzung für eine effektive Auseinandersetzung mit der Umwelt. Vor allem jüngere Kinder haben Schwierigkeiten, die eigenen Emotionen wahrzunehmen, sie richtig einzuordnen, sie zu akzeptieren und auszuhalten oder positiv zu beeinflussen. Im deutschsprachigen Raum gibt es aus unserer Sicht kein ausreichend fundiertes Training für Kinder im Grundschulalter um diese Defizite übergreifend zu beheben. In diesem Übungsteil befinden sich Geschichten, Übungen und Spiele, mit denen alle Bereiche des sozial-emotionales Lernens (SEL) bei Kindern von 5 bis 12 Jahren trainiert werden können. Da das Training zum Teil relativ hohe Ansprüche an Aufmerksamkeit und Konzentrationsvermögen stellt, ist es wichtig, bei der Art der Darbietung darauf zu achten, dass die Kinder sich nicht überfordert fühlen.

In diesem Abschnitt stellen wir Ihnen eine Sammlung von interaktiven Geschichten, Übungen und Spielen, mit denen Sie auf unterhaltsame Art zur Förderung der emotionalen Intelligenz bei Kindern beitragen können. Diese Übungsaufgaben stellen jedoch keine EQ-Diagnostik dar und können diese nicht ersetzen.

4.1 Emotionales Kennenlernen

4.1.1 Fragenkatalog „Ich-du-Wir" (5–12 Jahre)

> **Übersicht**
> Indem Sie Ihrem Kind helfen, mit seiner Innenwelt umzugehen, erweitern Sie auch Ihr eigenes Wissen. Ihre Aufgabe besteht darin, an der Seite Ihres Kindes zu lernen und somit einen fruchtbaren Boden für seine Entwicklung zu schaffen. Stellen Sie Ihrem Kind mehr Fragen.
> Wenn Ihr Kind Ihnen erzählt, was seine Lieblingsfarbe ist, welches Gemüse es nicht mag und welches Geschenk es zu Weihnachten bekommen möchte, lernen Sie es nur sachlich besser kennen. Wenn Sie stattdessen erfahren, was seine größten Ängste sind, wovon es träumt, was seine Probleme sind, Interessen oder Wünsche, wer der wichtigste Mensch in seinem Leben ist, dann lernen Sie Ihr Kind wirklich kennen.

Nachfolgend befinden sich Aufgaben, bei denen – je nach Alter – Ihr Kind eventuell Ihre Hilfe brauchen wird.
Beantworte bitte folgende Fragen in diesem Katalog.

Wie ist dein Name?	
Wie alt bist du?	
Wer ist dein bester Freund oder deine beste Freundin?	
Was machst du, wenn du Langeweile hast?	

4.1 · Emotionales Kennenlernen

Woran erkennst du, dass du größer wirst?	
Was ist dein Lieblingstier?	
Welche Ziele hast du?	
Wofür interessierst du dich?	
Was machst du, obwohl du es nicht sollst?	
Was ist dein Lieblingsessen?	
Was ist dein Lieblingsfilm?	
Wen kannst du überhaupt nicht leiden?	
Wie bringst du andere zum Lachen?	
Mit wem kannst du über alles reden?	
Worüber hast du dich zuletzt gestritten?	
Was macht dich traurig?	
Wen hast du einmal getröstet?	
Was macht dich wütend?	
Welche Träume hast du?	
Wen vermisst du?	
Wovor fürchtest du dich?	
Worüber kannst du am heftigsten lachen?	
Was magst du zum Frühstück essen?	
Was würdest du dir wünschen?	
Was ist dein Lieblingsspiel?	
Was war dein schönstes Ereignis am letzten Wochenende?	
Was ist deine Lieblingsjahreszeit?	
Was ist das Schönste, was dir im Leben passiert ist?	
Was war das Schlimmste, was dir bisher passiert ist?	

4.1.2 Meine Eigenschaften (5–12 Jahre)

Jeder Mensch ist einzigartig, mit seinen Macken und Besonderheiten. Jeder hat seine speziellen Wünsche und Bedürfnisse. Menschen haben auch vieles gemeinsam. Man sollte das Gemeinsame, das Verbindende wertschätzen und sich selbst und andere für die Besonderheiten respektieren.

Stellen Sie ihrem Kind folgende Aufgabe:
In einer Auflistung sind 20 verschiedene Charaktereigenschaften erfasst. Du solltest aus dieser Liste 3–6 Begriffe heraussuchen, die dich am besten beschreiben. Dazu kannst du im leeren Kästchen links ein Bild von dir zeichnen.

Das sind meine Eigenschaften:

1. _____   4. _____

2. _____   5. _____

3. _____   6. _____

Liste mit 20 Eigenschaften:

Tapfer	Unordentlich	Ängstlich	Wissbegierig	Schüchtern
Selbstsicher	Frech	Lustig	Fröhlich	Neugierig
Verträumt	Redselig	Motiviert	Nachdenklich	Traurig
Optimistisch	Fleißig	Freundlich	Ungeduldig	Albern

4.1.3 Meine Stärken und Schwächen (5–12 Jahre)

Die eigenen Stärken und Schwächen zu kennen kann sehr hilfreich sein, wenn man herausfinden will, worauf das Kind sich konzentrieren sollte und was es gegebenenfalls ändern möchte. Indem man sich selbst besser kennenlernt, mit all seinen Stärken und Schwächen, entdeckt man neue Perspektiven und erweitert seine persönlichen Möglichkeiten. Dadurch gewinnt man mehr Selbstvertrauen, Zufriedenheit und Freude.

Stellen Sie ihrem Kind folgende Aufgabe:
Überlege dir, welche Dinge du im Vergleich zu anderen Menschen besonders gut kannst. Einer kann gut Rad fahren, ein anderer kann ein musikalisches Instrument spielen, wieder ein anderer kann gut zuhören. Schreibe bitte diese Dinge auf.

Meine Stärken:

_____

_____

4.1 · Emotionales Kennenlernen

Nun überlege Dir, welche Dinge im Vergleich zu anderen Menschen du nicht so gut kannst. Manche Menschen sind z. B. schüchtern, andere verspäten sich oft, und wieder andere lassen sich leicht ablenken.

Meine Schwächen:

_____

_____

4.1.4 Warum bin ich auf der Welt? (5–12 Jahre)

Wozu leben wir? In unserem Leben haben wir sowohl mit guten als auch mit schlechten Dingen zu tun. Unter „Ding" ist hier alles zu verstehen, was überhaupt vorkommt. Das sind nicht nur konkrete Gegenstände, sondern auch Eigenschaften, Verhältnisse oder Beziehungen. Dazu zählen auch Gedanken, Vorstellungen und Erinnerungen. Die schlechten Dinge nimmt man meist eher wahr, aber man sollte sich eigentlich den guten Dingen zuwenden. Gibt es denn also einen allgemein verbindlichen Sinn des Lebens, der für alle Menschen gleichermaßen gilt und das Leben lohnenswert macht? Nein. Jedem Menschen steht frei, seinem Leben selbst jenen Sinn zu geben, der ihm selbst als passend erscheint. Familie und Freunde zu haben, tolle Sachen machen, das Leben genießen – das ist, was sich viele unter dem Sinn des Lebens vorstellen.

Überlegen Sie gemeinsam mit Ihrem Kind, welche besondere Aufgabe jeder von ihnen beiden im Leben haben könnte. Was fällt Ihnen beiden noch ein? In die leeren Zeilen können ihre Antworten eingetragen werden.

Für Sie ist das eine Gelegenheit zu sagen, was Sie an Ihrem Kind mögen.

Erwachsene:	Kinder:
Um eine Familie zu haben...Um glücklich zu sein Um Geld zu verdienen... Um Karriere zu machen Um mich zu entspannen... Um mein Kind zu lieben Um Menschen zu helfen... Um mich für die Umwelt einzusetzen... Um meinen Hobbys nachzugehen	Um zu tanzen... Um zu spielen... Um zu lernen Um Eis zu essen... Um mit Freunden zu spielen Um Spaß zu haben... Um anderen zu helfen.. Um mich um mein Haustier zu kümmern... Um meine Mama und Papa zu lieben... Um Fahrrad zu fahren
_____	_____

4.2 Geschichten

- **Kurze Zusammenfassung**

Die Geschichten in diesem Anschnitt sollen Sie dazu befähigen, Ihr Kind angemessen in seinen emotionalen und sozialen Kompetenzen zu fördern. In der Einleitung zu jeder Geschichte wird zunächst der entwicklungspsychologische Hintergrund erläutert. Lesen Sie dem Kind diese Geschichten vor. Legen Sie von Zeit zu Zeit eine Lesepause ein, um gemeinsam über den Text nachzudenken und sich darüber zu unterhalten. Lassen Sie das Kind Fragen zum Text beantworten.

4.2.1 Regenwolke (ab 5 Jahren)

> **Übersicht**
> Diese Geschichte soll Ihrem Kind dabei helfen, seine unterschiedlichen Gefühle zu spüren und sie den anderen Menschen gegenüber äußern zu können. Gefühlen einen Namen zu geben ist der erste Schritt, um anderen Menschen mitzuteilen, was in unserem Inneren vor sich geht. Wenn man die emotionale Sprache beherrscht, lernt man nicht nur sich selbst, sondern auch die anderen besser kennen. Die Gefühle, die in uns aufkommen, können unterschiedlich sein. Wir sollen sie nicht unterdrücken oder ablehnen, sondern sie erkennen und in unser Leben integrieren. Diese Geschichte wird Ihrem Kind die Möglichkeit geben, die unterschiedlichen Arten der Gefühle zu benennen und seine Reaktionen auf Gefühle zu überprüfen. Sie wird aber auch Mut machen, zu allen Gefühlen zu stehen.

Auf einem Tagesausflug ins Grüne erleben Grundschüler viele kleine Abenteuer. Auf der großen Wiese pflücken die Kinder Blumen, beobachten Schmetterlinge und die kleinen Käfer, spielen Völkerball und Verstecken. Zwischendurch ruhen sie sich auf den Decken aus. Es ist ein wunderschöner Vormittag. Plötzlich zieht eine dicke Regenwolke auf, und es fängt an zu regnen. Es ist aber kein gewöhnlicher Regen: Aus der Wolke fallen Wörter! Manche Wörter zerspringen in der Luft, die anderen fallen den Kindern direkt in die Hände (Abb. 4.1). Wie fühlen sich eigentlich diese Wörter an?

4.2 · Geschichten

Abb. 4.1

Photo von Kareni at Pixabay.com

Anna fing das Wort **Freude**.
Das war ein schönes Gefühl. Das fühlte sich lustig und kribbelig an.
Sie wurde fröhlich und ausgelassen, und sie hat gelacht. Sie wollte lustige Sachen machen, wie tanzen, springen oder herumtoben. Sie schneiderte Grimassen und kicherte. Sie fühlte sich richtig gut.

Frage: Was machst du gern, wenn du Freude fühlst?
Wenn ich froh bin, dann…

1. _____
2. _____
3. _____

Photo von Murra at Pixabay.com

Lena fing das Wort **Liebe.**
Das fühlte sich nach Geborgenheit und Sicherheit an. An diesem Tag wollte sie die ganze Welt umarmen, und alle Worte, die sie sagte, hatten die Form eines Herzens. Ihr wurde bewusst, wie lieb sie ihre Eltern hat. Sie sagte ihrer Mama leise ins Ohr: „Ich hab dich lieb." Das sagte sie auch zu ihrem Papa. Wahrscheinlich sind Mama und Papa ineinander verliebt. Leute, die verliebt sind, möchten am liebsten immer zusammen sein. Sie streicheln und küssen einander und sagen sich nette Worte. Verliebt zu sein ist das Schönste, Beste und Allerschönste.
Sie malte ein schönes Bild und überrasche damit ihre Eltern. Sie pflückte für ihre Oma Blumen. Sie sagte zu ihrer Freundin, dass sie sie lieb hat.

Frage: Was machst du gern, wenn du Liebe fühlst?
Wenn ich Liebe fühle, dann…

1. _____
2. _____
3. _____

Photo von Amandacatherine at Pixabay.com

Kai fing das Wort **Traurigkeit.**
Das fühlte sich trist und betrübt an. Er konnte nicht lachen. Er musste die ganze Zeit weinen. Aus seinen Augen kullerten Tränen.
Er weinte, weil er sein Kuscheltier verlor. Er weinte, weil er sich beim Radfahren wehgetan hat. Er weinte, weil er nicht mit seiner Mama nach Hause gehen will und lieber bei Oma bleiben möchte.

Frage: Was machst du, wenn du traurig bist?
Wenn ich traurig bin, dann…

1. _____
2. _____
3. _____

4.2 · Geschichten

Photo von Isakarakus at Pixabay.com

Ben fing das Wort **Wut**.
Er war die ganze Zeit verärgert, hatte schlechte Laune und große Lust, die Leute herumzuschubsen. Es fühlte sich so an, als ob es im Bauch brodelt. Dann hat man das Bedürfnis, etwas zu tun, damit die Wut aus dem Bauch rauskommt.
Er boxte fest in ein Kissen. Er schrie ganz laut. Er zog sich zurück und schmollte. Er malte ein Wutmännchen und zerfetzte den Zettel in tausend kleine Stücke. Er stampfte seine Wut ganz tief in den Boden. Er knüllte Wutbälle aus Papier und schmiss sie weit weg.

Frage: Was machst du, wenn du wütend bist?
Wenn ich wütend bin, dann…

1. _____
2. _____
3. _____

Photo von Pezibear at Pixabay.com

Tim fing das Wort **Angst**.
Das fühlte sich sehr furchtbar an. An diesem Tag fürchtete er, vom Fahrrad herunterzufallen, und in der Nacht sah er sogar Monster unter seinem Bett.
Er fürchtete sich vor komischen Geräuschen und vor Ungeheuern im Schrank. Er hatte Angst vor fremden Leuten. Er traute sich nicht, in den dunklen Keller zu gehen.

Frage: Wovor hast du dich schon mal gefürchtet?

1. _____
2. _____
3. _____

Jana fing das Wort **Stolz**.
Das fühlte sich toll an. Ihr wurde bewusst, was alles sie bereits gelernt hat und was sie schon alles kann. Und sie wollte das den anderen zeigen. Das kann sie bereits gut: Lieder singen, Geschichten erzählen, Rad fahren, Geige spielen.

Photo von Madre_kiran at Pixabay.com

Frage: Worauf bist du stolz?

1. _____
2. _____
3. _____

All diese Wörter und all diese Gefühle gehören zu uns. Weil wir sie kennen, verstehen wir auch, was wir gerade fühlen und wie es uns geht. Es gibt viele verschiedene Gefühle, und manchmal wechseln sie sehr schnell und wie von alleine ab. Man kann verschiedene Gefühle spüren, wenn man sich an Situationen erinnert, in denen man sie erlebt hat.

Zum Beispiel bekommst du Angst, wenn du etwas nicht kennst. Wenn du vor etwas Angst hast, musst du manchmal mutig sein, damit die Angst wieder verschwindet. Danach merkst du oft, dass das, wovor du Angst hattest, gar nicht so schlimm war.

Beispiel: Iris ist schüchtern, als der Chef von Papa, Herr Papke, sie begrüßen will. Sie versteckt sich erst mal hinter Papa. Kurz darauf merkt sie, dass sie keine Angst haben muss, denn Papas Chef ist nett und hat ihr sogar ein Geschenk mitgebracht.

Auch Wut ist kein negatives, sondern ein ganz normales Gefühl. Seine aggressive Energie bewirkt, dass du dich durchsetzt, weiterentwickelst und etwas Neues wagst.

Beispiel: Oliver baut am Strand eine Sandburg. Eine große Welle macht die Sandburg kaputt. Jetzt ist Oliver aber wütend! Aber dann versucht er, etwas weiter weg vom Wasser eine neue Sandburg zu bauen, die sogar noch viel schöner wird als die erste. Nach einigen Minuten ist die Wut nicht mehr da.

Wenn ein anderes Kind weint, verstehst du, dass er traurig ist. Vielleicht hat er sich wehgetan oder vermisst seine Eltern. Wenn du dich fragst, wie du dich an seiner Stelle fühlen würdest, fällt es dir ein, dass du es trösten kannst.

Beispiel: Ella hat heute ihre Brotdose vergessen. Max teilt mit ihr sein Essen, und beide haben viel Freude dabei.

4.2.2 Otto und seine Angst (ab 5 Jahren)

> **Übersicht**
> Mit Hilfe von Otto lernt man in dieser Geschichte eine wichtige Lektion: Alle Kinder erleben im Laufe ihrer Kindheit Ängste, doch manchmal sind die Gründe dafür geradezu winzig. Wie begegnen wir als Eltern den Ängsten unserer Kinder? Ein typischer Fehler wäre, die Kinder in ihrem Gefühl nicht ernst zu nehmen: „Es gibt keine Gespenster", „Davor braucht so ein großer Junge/ein großes Mädchen keine Angst haben". Wenn wir unsere Kinder übertrieben umsorgen, lernen sie nicht, mit ihrer Angst umzugehen. Lassen wir sie mit diesem überwältigenden Gefühl allein, riskieren wir, dass die Ängste sie vielleicht ein Leben lang beherrschen. Denn mit zunehmendem Bewusstsein des Kindes werden auch seine Ängste immer komplexer. Sie sind ein Zeichen einer gesunden Entwicklung.

Otto hatte zwei große Probleme. Das eine Problem war, dass er manchmal Angst bekam.

Das andere Problem war, dass er seinen Eltern vortäuschte, dass er nie Angst hatte. Weil Otto sich ganz sicher war, dass nur Babys Angst haben dürfen. Wer mit 6 Jahren immer noch Angst hat, wird für dumm gehalten und ausgelacht. Und das wollte Otto auf gar keinen Fall! Seine Angst geheim zu halten war für Otto allerdings gar nicht leicht.

Einmal hat Papa Otto gebeten, aus dem Keller einen Hammer zu bringen. Sehr gern hätte Otto das gemacht, aber vor dem Keller hatte er eine besonders große Angst. Im Keller war es stockfinster, und wenn man das Kellerlicht anmachte, gab es dort trotzdem Ecken, wo es düster blieb. Wenn Otto nur die Hand auf die Klinke der Kellertür legte, bekam er Herzrasen, seine Hände zitterten, seine Knie schlotterten, im Hals würgte es ihn, und im Bauch wurde so kalt, als ob er hundert Eiswürfel geschluckt hätte. Weil Otto seinem Papa nichts von der Kellerangst sagen wollte, ging er mit dem Schlüssel runter zur Kellertür und lief dann nach eine Weile in die Wohnung zurück und sagte zu Papa: „Das Schloss klemmt, es geht nicht auf" (Abb. 4.2).

Abb. 4.2   Abb. 4.3

Fragen
1. Was glaubst du, welches Gefühl hat Otto?
2. Glaubst du auch wie Otto daran, dass nur Babys Angst haben dürfen?
3. Wärest du mutig genug, um in den dunklen Keller zu gehen?

Eines Abends hatte die Mama einen leckeren Kuchen gebacken. Sie bat Otto, ein Stück Frau Lintermann zu bringen, die auf der anderen Straßenseite wohnte. Draußen war es nicht ganz dunkel, weil die Laternen den Weg beleuchteten. Im matten Laternenlicht kamen Otto Bäume und Büsche wie riesige Monster vor. Dann hat er ein merkwürdiges Geräusch gehört. „Natürlich war das nur der Wind, der in den Bäumen rauschelt", versuchte Otto sich einzureden. Das hat aber nicht geholfen. Vor lauter Angst war er nur ein paar Meter weit gekommen (Abb. 4.3). So schnell wie er nur konnte ist er mit dem Kuchen zurück nach Hause gerannt. Otto wollte aber vor seiner Mama die Angst im Dunkeln geheim halten, deshalb sagte er zu ihr empört: „Warum sollte ich den Kuchen rüberbringen? Bin ich etwa ein Kuchenlieferant?".

Fragen
4. Vor welchen Situationen fürchtest du dich?
5. Was spürst du in deinem Körper, wenn du eine richtig große Angst hast?

Da Mama und Papa nichts von Ottos Angst wussten, hielten sie ihren Sohn für ungeschickt und unausstehlich. Sie schimpften ständig mit Otto, dass er sein Spielzeug unter sein Bett schubste anstatt es aufzuräumen. Dabei war Otto nicht unordentlich. Er hatte bloß Angst, dass sich unter seinem Bett ein Gespenst versteckt, das in der Nacht rauskriecht und ihm etwas antut. Mit dem Spielzeug, das unter seinem Bett den freien Platz ausstopfte, fühlte er sich sicher. Und ein großer Energie-Verschwender war Otto auch nicht. Wann abends vor dem Schlafengehen die Mama in sein Zimmer kam, um Otto einen Gute-Nacht-Kuss zu geben, waren dort immer alle Lampen an. Darüber regte sich seine Mama sehr auf. Nur weil Otto Mama nicht sagen wollte, dass er ein bisschen weniger Angst hatte, wenn es im Zimmer knallhell ist, verhielt sie sich so, als ob ihm das egal ist. Und auch die Vorstellung, mitten in der Nacht aufzuwachen und durch den dunklen Flur aufs Klo gehen zu müssen, war für Otto ganz schrecklich. Wenn er nur daran dachte, bekam er Gänsehaut vom Hals bis zu den Knöcheln (Abb. 4.4).

4.2 · Geschichten

Abb. 4.4   Abb. 4.5

Fragen
6. Erzählst du deinen Eltern von deiner Angst?
7. Glaubst du daran, dass es vielleicht auch harmlose, friedliche Gespenster gibt? Oder sind alle Gespenster böse?
8. Fürchtest du dich manchmal in deinem Kinderzimmer? Wenn ja, wovor?

Eines Tages überlegte Otto, was er gegen seine Angst tun könnte. So beschloss er, sein Zimmer sicher zu machen. Während Mama und Papa beschäftigt waren, ging er in sein Zimmer und begann, es umzugestalten. Auf seinem Bett legte er einen alten Schlafsack von Mama, damit nichts Grausiges unter die Decke kriechen kann. Um das Bett herum befestigte er Drahtgitter. So kann in der Nacht nichts, was unter dem Bett lauert, herauskriechen. Drei Taschenlampen auf dem Nachttisch sollten bei Stromausfall oder Kurzschluss helfen. Der Suppentopf mit Deckel darauf war für die Fälle, wenn man nachts aufs Klo gehen muss, vorgesehen (Abb. 4.5).

Fragen
9. Was glaubst du, warum macht Otto das, welches Gefühl hat er nun?
10. Findest du, dass Otto sein Zimmer hübsch eingerichtet hat?
11. Was hättest du noch gemacht, um sein Zimmer noch sicherer zu gestalten?
12. Was kannst du gegen deine Ängste tun?

Als die Mama später in Ottos Zimmer ging um nach dem Rechten zu schauen, staunte sie über das riesige Chaos. „Das ist ein echter Schwachsinn, Otto", sagte der Papa, der in Ottos Zimmer auf Mamas Ruf lief. „Ich finde mein Zimmer hübsch, so gefällt es mir. Außerdem kann ich doch mein Zimmer so einrichten, wie ich es will", sagte Otto. Nachdem er seinen Eltern erklärt hatte, dass er ein Sicherheitszimmer haben wollte, um seine Ängste zu überwinden, staunten Mama und Papa: „Otto, uns hättest du doch sagen können, dass du große Angst hast". Es stellte sich heraus, dass Mama und

Papa auch Angst hatten, als sie Kinder waren. Zum Beispiel vor großen Hunden, vor Gespenstern, vor Spinnen oder vor tiefem Wasser. Danach gingen sie zusammen ins Wohnzimmer, setzten sich auf die Couch und überlegten, was man gegen die Angst von Otto tun könnte. So haben sie beschlossen, über Nacht die Nachttischlampe in Ottos Zimmer brennen lassen. Dazu wird das Licht im Vorzimmer nicht ausgeknipst. Otto bekam ein neues Bett ohne Beine, mit einem Bettkasten bis zum Boden. Jetzt ging Otto immer mit Papa zusammen in den Keller, und Mama schickte Otto abends nicht mehr alleine zu Frau Lintermann. Sie gingen gemeinsam herüber (Abb. 4.6). An der Hand der Mama fühlte sich der Otto sicher, und es gefiel ihm draußen sogar recht gut. So konnte Otto mit seiner Angst sehr gut leben. Und er merkte, dass sie langsam ein bisschen kleiner wurde.

Abb. 4.6

Fragen
13. Was glaubst du, wie geht es Otto nun?
14. Hat Otto es richtig gemacht, dass er seinen Eltern seine Angst gestanden hat?
15. Du kannst deine Angst überwinden, wenn du dich ihr stellst. Gibt es in deiner Umgebung jemanden, mit wem du über deine Ängste sprechen könntest (deine Eltern und Großeltern, Geschwister, Erzieherin, Lehrerin)?
16. Frag einen Erwachsenen, wovon er als Kind Angst hatte.

4.2 · Geschichten

Sie können mit dem Kind verschiedene Angstsituationen vorspielen und mit ihm zusammen verschiedene Lösungsmöglichkeiten erarbeiten. Wie wäre es mit einem **Schattenspiel?**
Schattentheater und Schattenspiele haben die Menschen schon immer fasziniert, es gibt also genügend Spielideen. Für dieses Spiel brauchen Sie eine Lampe und eine Decke. Das Kind schlüpft unter die Decke, streckt einen Arm heraus – und schon erscheint ein Monster an der Wand. Das Kind kann immer neue Schatten erfinden, unheimliche Geräusche machen, Schattentänze und Schattenlieder erfinden. Und wenn es unheimlich wird, dann wird das große Licht an der Decke angemacht.

4.2.3 Leon + Tina = Liebe (ab 5 Jahren)

Übersicht
Liebe ist ein mächtiges Gefühl, eine Kraftquelle, die uns in schlechten Zeiten Zuversicht gibt und in guten Zeiten unser Glück vergrößert. Fast alle Menschen kennen sie und sehnen sich nach diesem berauschenden Gefühl und nach der Nähe eines Menschen, der uns annimmt, so wie wir sind. Die Verliebten haben starke Gefühle, schweben auf „Wolke sieben", haben „Schmetterlinge im Bauch". Die erste Liebe in unserem Leben ist in der Regel die zu den Eltern. Später kommen weitere Personen dazu, wie etwa Geschwister oder Freunde. Im Grundschulalter können Kinder eine große Zuneigung zu einem Freund oder zu einer Freundin entwickeln. Man sucht vor allem die Nähe des anderen, man fühlt sich wohl miteinander und teilt die gleichen Interessen. In diesem Fall kann man schon von erster Verliebtheit sprechen.

Leon wusste nicht, was mit ihm los ist. Ständig verspürte er Kribbeln im Bauch und Trommeln in den Ohren. Er fand das sehr merkwürdig, aber es war auf eine gewisse Weise angenehm. Nach einigen Tagen wurde ihm klar, wo das herkommt, nämlich jedesmal, wenn Tina ihn ansieht.

Tina ist seine Sitznachbarin in der Klasse, und noch nie war Leon lieber zur Schule gegangen.

Eines Tages waren sie in der Hofpause. Da nahm Tina sich Leons Hand und fragte: „Willst du mein Freund sein? Mit dir spiele ich am liebsten!" Leon stimmte zu und ließ Tinas Hand erst los, als sie gemeinsam rutschen wollten (Abb. 4.7). Seitdem sah Leon alles durch die rosarote Brille. Er war überglücklich und hatte die ganze Zeit nur noch Tina im Kopf.

Abb. 4.7   Abb. 4.8

Fragen
1. Was glaubst du, welches Gefühl hat Leon?
2. Hast du viele Freunde?
3. Wo hast du deine Freunde kennengelernt?

In der Pause unterhalten die beiden sich immer. Nur dass Leon sehr wenig redet. Umso mehr redet Tina. Sie fragt ihn alles Mögliche, wenn sie sich ärgert, redet sie mit einer Piepsstimme. Aber am besten findet Leon jedesmal, wenn Tina ihm sagt: „Du bist mein Freund"; diesen Satz bekommt er oft zu hören. „Du bist auch meine Freundin, Tina", antwortet er dann mit einem Lächeln.

Wie gut, dass ihre Eltern sich nur zu gut verstehen. Ihre Mütter gehen am Wochenende immer Shoppen, und ihre Väter gucken gerne Fußball. Aber alles, was Leon wichtig ist, ist, dass er am Wochenende gemeinsam mit Tina spielen kann (Abb. 4.8).

Fragen
4. Was glaubst du, wie fühlt sich Leon, wenn er mit Tina zusammen ist?
5. Welche guten und schlechten Eigenschaften haben deine Freunde?
6. Weshalb braucht man Freunde? Vervollständige die Liste:

Man fühlt sich wohl, man vertraut einander, man spielt miteinander

_____

_____

_____

Eines Morgens ist Leon mit einem schlechten Gefühl aufgewacht. Dieses Gefühl bestätigte sich in der Schule, denn heute war Wandertag, und sie sollten Zweiergruppen

4.2 · Geschichten

bilden. Nur dass Tina nicht Leon als Partner genommen hat, sondern Bastian. Dass beide sich dann auch noch umarmt haben, fand Leon wahnsinnig verletzend.

Als er vom Ausflug wieder abgeholt wurde, war er sehr geknickt. Mit seiner Mutter wollte er sich den ganzen Nachhauseweg über nicht unterhalten, denn er war nur bei seinen Gedanken. „Liebt Tina mich nicht mehr?", „Was sollte das mit Basti?", „Ist Basti jetzt der neue Freund von Tina?" schwirrte in seinem Kopf herum. Am liebsten hätte er eine Hexe getroffen und sie gebeten, Tina in eine Kröte oder ein anderes hässliches Tier zu verwandeln. Nur dass er keine Hexe kannte und auch keine Zaubersprüche. Er schaute auf die Straße, um sein Glück zu versuchen. „Das nächste Auto, was vorbeikommt, wird rot sein", sagte er zu sich. Es war aber schwarz. Und auch das zweite, dritte, vierte und fünfte Auto war nicht rot. Da wusste Leon, dass sich ab sofort alles ändern würde (Abb. 4.9).

Abb. 4.9

Fragen
7. Was glaubst du, welches Gefühl hat Leon jetzt?
8. Was machst du, wenn ein Freund oder eine Freundin dich enttäuscht?
9. Welche Erfahrungen hast du mit Freunden (gemeinsame Unternehmungen, Streit usw.)?
10. Was ist wichtig in einer Freundschaft?

Am nächsten Tag kam Leon in die Schulklasse. Nach der Morgenrunde hatte jeder die Aufgabe, etwas Positives über einen anderen Menschen zu erzählen. Tina wählte Leon und meinte, er sei der beste Freund, den man haben kann. Sofort kamen das Kribbeln im Bauch und das Trommeln in den Ohren wieder.

Frage
11. Was glaubst du, welches Gefühl hat Leon nun?
12. Was denkst du, was Liebe ist? Schreibe deine Gedanken dazu auf.

Liebe ist, wenn…
- mich Mama in den Schlaf am Abend küsst,
- man mit jemanden sein Essen teilt,
- man jemandem sagt, dass seine Hose toll ist und er sie jeden Tag anhat,
- man oft am Küssen ist,
- man sich ständig beschnuppert,
- man Schmetterlinge im Bauch hat und mit Wimpern klimpert,
- _____
- _____
- _____

4.2.4 Ein besonderes Gefühl (ab 8 Jahren)

> **Übersicht**
> Durch Petra werden in dieser Geschichte solche Basisemotionen, wie Freude, Trauer oder Angst thematisiert. Ihre Begegnungen fördern das Mädchen darin, seine Gefühle und die anderer Menschen wahrzunehmen (Selbstreflexion, Perspektivenübernahme, Empathie) und sie zu verbalisieren (Gefühlsausdruck, Gefühlsvokabular). Ferner wird Ihr Kind angeregt, sich damit auseinanderzusetzen, was Fairness und Hilfsbereitschaft bedeuten und warum dies im Umgang mit anderen Menschen wichtig ist. Das Kind entwickelt Verständnis dafür, dass andere Menschen anders sind. Für ein friedliches Miteinander ist es sehr wichtig, Toleranz zu zeigen, insbesondere gegenüber Menschen mit Handicap und Hilfebedürftigen.

Petra, ihre Eltern und ihre Oma wohnen in einem kleinen Haus am Rande der Stadt. Das Haus ist sehr gemütlich, und die Familie wird oft besucht.

Am **Montag** schaut Petra aus dem Fenster den neuen Nachbarn beim Einzug zu. Nebenan schleppen die Männer Möbel ins Haus, bis der Möbelwagen am Nachmittag leer ist. Gleich darauf bremst neben dem Haus ein Auto. Aus dem Auto steigt eine Frau aus. Danach klettert aus dem Auto ein Kind in einer blauen Jacke, rundem Gesicht, mit kurzen blonden Haaren und mit Schlitzaugen. „Was gibt's Neues?", fragt Petras Mutter. Nun spähen sie gemeinsam aus dem Fenster. Der Junge dreht sich im Kreis mit ausgestreckten Händen und lacht. „Das ist ein Down-Syndrom-Kind", stellt Petras Mutter fest. „Das ist ein Kind mit einer Behinderung. Komm mit", sagt sie zu Petra. „Lass und die neuen Nachbarn begrüßen". Petra ist unsicher. Wie spricht man mit einem behinderten Jungen? (Abb. 4.10) Sie steht verzweifelt an der Haustür und beobachtet ihre Mutter, wie sie auf die Frau zugeht. „Herzlich Willkommen. Wir heißen Erdmann", sagt sie lächelnd. Die neue Nachbarin streckt ihr freudig die Hand. „Und wer bist du?", fragt Petras Mutter den Jungen und beugt sich zu ihm hinunter.

4.2 · Geschichten

„Lukas", nuschelt das Kind mit rauer Stimme. Die neue Nachbarin lächelt und führt hinzu: „Wir heißen Turm."

Abb. 4.10   Abb. 4.11

Frage
1. Was glaubst du, wie fühlt sich Petra dem fremden Jungen gegenüber?
2. Stell dir vor: Deine Familie zieht um. Wovor hast du Angst?
3. Bestimmt gibt es auch etwas, worauf du dich in dieser Situation freuen kannst.

Male ein Bild und zeige, was dir Angst macht, und ein Bild mit allem, worauf du dich freust oder was du dir wünschst.

Am **Mittwoch**abend kommt Sebastian, der Onkel von Petra zum Essen. Heute hat er einen großen schwarzen Hund mit kuscheligem Fell mitgebracht. „Das ist Lotte", erklärt Sebastian. „Du kannst mit ihr spielen". Petra ist hin und weg. Sie findet Lotte so schön! Lotte sieht Petra mit ihren braunen Augen an, stellt sich auf ihre Hinterpfoten, legt ihre Vorderpfoten auf die Schultern von Petra und wedelt mit dem Schwanz. Petra wird gleichzeitig warm und kalt. In ihrem Bauch fliegen Schmetterlinge. Sie hat sich in Lotte verliebt. Die beiden balgen den ganzen Abend auf dem Teppich (Abb. 4.11).

Frage
4. Was glaubst du, wie fühlt sich Petra, als sie mit dem Hund spielen durfte?
5. Magst du ein Bild malen, das dich und dein Lieblingstier zeigt?

Petras Großmutter, Oma Frederike, wohnt oben im Dachgeschoss. Sie ist nicht ganz so wie die anderen Großmütter, die Petra kennt. Es liegt daran, dass die Oma Frederike eine Krankheit hat, die man Alzheimer nennt. Das merkt man vor allem daran, dass sie alles vergisst. Sie vergisst z. B., wie man eine Waschmaschine bedient und dass Petra ihre Enkelin ist. Oft fallen ihr bestimmte Wörter nicht mehr ein, und sie weiß sogar nicht mehr, ob sie schon Mittag gegessen hat. Aber an ihre eigene Jugend, die schon sehr lange her ist, erinnert sie sich sehr gut. Davon erzählt sie Petra sehr viel. Das findet Petra manchmal etwas komisch. Als am **Donnerstag** Mia, die Freundin von Petra, an der Tür klingelt, rennt Oma Frederike erschrocken in den Flur und fragt: „Wer ist denn da? Ist das vielleicht Thorsten?" Thorsten hieß der Opa von Petra. Aber er ist schon sehr lange tot. Er kann es also nicht sein. „Nein Omi", antwortet sie. „Das ist meine Freundin Mia. Wir wollen zusammen Mathe üben." „Schön", sagt die Oma Frederike, lächelt und nickt mit dem Kopf. Hinterher gehen die beiden Mädchen zu Oma Frederike hoch. „Oh, sieh an, wer besucht uns denn heute?", fragt die Oma. Sie hat vergessen, dass sie Mia schon vor zwei Stunden begrüßt hatte. „Das ist meine Freundin Mia", antwortet Petra. Oma Frederike gibt Mia noch einmal die Hand. Mia schaut verdutzt. In solchen Momenten tut Oma Frederike Petra sehr leid. Es muss schrecklich sein, sich an nichts zu erinnern. Es fühlt sich wahrscheinlich so an, als ob man plötzlich mitten in der Wüste ausgesetzt worden wäre und nicht weiß, in welche Richtung man gehen muss. Dann fühlt man sich bestimmt sehr einsam. Petras bekommt ein Gefühl im Hals, so als hätte sie einen von Mamas Knödel verschluckt. Petra geht sofort zu ihrer Großmutter, setzt sich zu ihr auf die Couch, gibt ihr einen Kuss und sagt, dass sie die Oma sehr lieb hat und sie die beste Oma der Welt ist (Abb. 4.12).

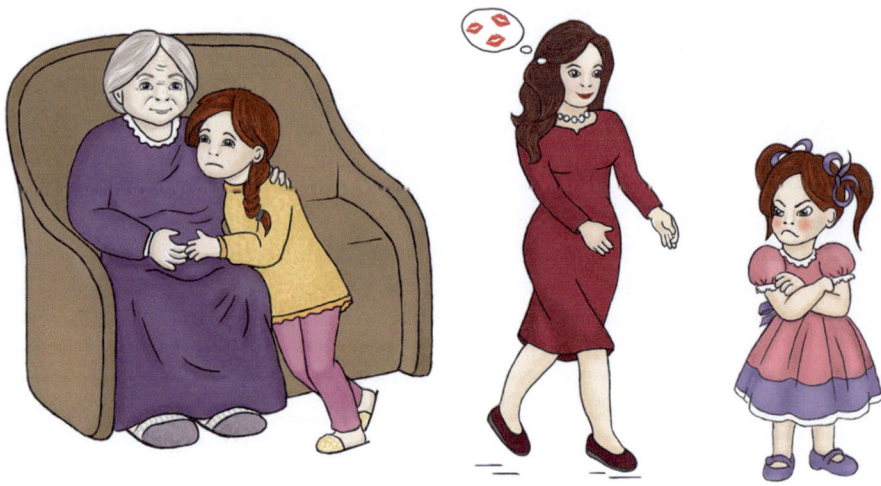

Abb. 4.12   Abb. 4.13

Fragen
6. Was glaubst du, wie fühlt sich Petra wenn sie merkt, dass ihre Oma alles vergisst?
7. Male ein großes Haus. Darin könnten deine Familie und die Familien deiner Freunde wohnen.
8. Du kannst auch für dich etwas machen, wenn du mal einsam oder traurig bist. Nimm ein schönes Heft und beklebe oder bemale den Umschlag. Dann dürfen deine Freunde etwas hineinschreiben oder hineinmalen, ein Bild dazu kleben und unterschreiben. Dieses Heft schlägst du auf, wenn du Mut brauchst.

4.2 · Geschichten

An diesem **Samstag** feiert Papa seinen Geburtstag. Es sind viele Gäste eingeladen.

Petra bleibt in ihrem Zimmer, weil sie es nicht mag, von den Gästen umarmt, angefasst, in den Haaren gewuschelt und von manchen sogar geknutscht zu werden. Es fühlt sich irgendwie nicht so gut an. Wenn ihr Onkel Werner ihr ein Küsschen geben will, fühlt sich das an wie Schmirgelpapier. Sein Gesicht ist kratzig, weil der Onkel sich manchmal nicht rasiert. Ihr Nachbar Uwe raucht Zigaretten. Ein bisschen gruselt sich Petra vor seinen gelben Zähnen. Die Küsse von ihrer Tante Ewa findet Petra am schlimmsten. Tante Ewa riecht stark aus dem Mund, weil sie für ihr Leben gern Knoblauch isst. Petra findet es ungerecht, wenn man sie küsst, ohne sie zu fragen. Und immer wenn Petra etwas ungerecht findet, grummelt es in ihrem Bauch (Abb. 4.13). Mama ruft: „Petra, sag mal Guten Tag zu unseren Gästen!" Da kommt Petra plötzlich eine rettende Idee. Sie geht aus ihrem Zimmer und sagt zu den Gästen: „Guten Tag. Ich weiß, dass ihr mich gern küssen würdet, aber ich kann das überhaupt nicht leiden. Jetzt ist wirklich Schluss mit der Knutscherei." Tante Ewa sagt: „Aber Petra, wir wussten doch nicht, dass du unsere Küsse nicht magst. Wenn du das willst, werden wir dich nie wieder küssen, ohne dich zu fragen." Alle Gäste stimmen zu. Nun fühlt sich Petra stark, denn wenn sie etwas nicht will, kann sie einfach manchmal Nein sagen.

Frage
9. Wie fühlt sich Petra, wenn Gäste sie berühren und ihr einen Kuss auf die Wange geben wollen?
10. Wie fühlt sie sich als sie die Gäste darauf hinweist, dass sie nicht abgeknutscht werden will?
11. Traust du dich auch, den Erwachsenen zu sagen, wenn dir etwas nicht passt, so etwa: „Das mach ich nicht!" oder „Das will ich nicht!" Erklärst du ihnen, warum es dir nicht passt?

Eines Nachts hat Petra einen Traum. Sie sieht vier kleine komische Monster auf ihrer Bettdecke tummeln. Eines hat ein zerknittertes Gesicht. Seine Mundwinkel hängen nach unten, und aus seinen Augen fließen Tränen. Petra traut ihren Augen nicht. „Wer bist du denn?", fragt sie erschrocken. „Ich bin **Trauer**", sagt das Männchen und schnieft. „Was hat dich denn traurig gemacht?", fragt Petra. „Ich bin nicht traurig. Mein Name ist Trauer", sagt das Monster und zieht seine Lippen zusammen. „Und warum bist du zu mir gekommen?", fragt Petra. „Ich helfe dir beim Weinen wenn du traurig bist. Das ist meine Aufgabe." Ein anderes Monster versteckt sein Gesicht in einer Bettfalte. Als es es zeigt, fällt es Petra auf, dass es blass wie ein weißes Handtuch ist. Seine Knie zittern, und seine Stimme ist ganz leise. „Mein Name ist **Angst**", flüstert das Monster. „Du kennst mich bestimmt." Dann meldet sich noch eins, mit einer wütenden Stimme: „Was macht ihr alle da? Haut ab!" Er hat ein rotes Gesicht und zwei Hörner auf dem Kopf. Es läuft hin und her, rauft sich die Haare und brüllt so laut, dass Petra sich die Ohren zuhalten muss. „Sein Name ist **Wut**", erklärt Angst. Plötzlich sieht Petra noch ein Monster, das auf der Decke hüpft. Er ist wie ein Clown gekleidet. „Mein Name ist **Fröhlich**, und ich bin immer da, wenn es dir richtig gutgeht." Seine Zaubertricks sind so lustig, dass Petra vor lauter Lachen Schluckauf bekommt.

Dann meldet sich Angst mit seiner leisen Stimme: „Es ist gruselig hier. Petra kennt uns nicht. Lasst uns verschwinden." „Wartet mal", sagt Petra. „Ich kenne euch. Ihr seid meine Gefühle." (Abb. 4.14)

Abb. 4.14

> Hast du dir schon mal ein Angstfresserchen gebastelt? So einem Angstfresserchen kann man alle Ängste anvertrauen. Es hat einen großen Mund und einen dicken Bauch und frisst deine Ängste einfach auf. Zum Basteln brauchst du farbiges Filz oder Karton und Buntstifte, außerdem eine Schere, Klebstoff und Faden. Wenn man Sorgen hat, dann schreibt man sie auf einen Zettel und schiebt sie dem Angstfresserchen in den Mund, dort werden die Probleme dann verdaut.

Jetzt weiß Petra, wer in ihrem Bauch grummelt. Sie ist wütend, wenn man sie küsst, ohne sie zu fragen, wie am **Samstag.** Mit Fröhlichkeit kann sie lachen wie am **Mittwoch,** als sie den Hund Lotte zum ersten Mal gesehen hat. Es hat sich richtig gut angefühlt, mit Lotte zu spielen. Wenn Petra daran denkt, dass Oma Frederike sich an nichts erinnern kann, sitzt der Trauer wie Mamas Knödel in ihrem Hals. Am **Montag,** als sie sich nicht getraut hatte, den unbekannten behinderten Jungen anzusprechen, spürte sie Angst.

Plötzlich vergisst Wut, sich zu ärgern, Trauer sieht so aus, als ob es lächeln würde, Angst entspannt sich, und Glück grinst alle von einem Ohr zum anderen an. „Wie schön, dass ich euch erkannt habe", sagt Petra. Doch sie spürt, dass es noch ein besonderes Gefühl geben muss, das man im ganzen Körper spüren kann. „Hallo! Hier bin ich!" Von einer rosa Wolke springt ein fröhliches Monster auf die Decke. „Das ist Glück", rufen alle Gefühle. „Du hast das Glück hervorgerufen!" Petra spürt ein Licht in ihrem Herzen. Die Wärme aus ihrem Bauch breitet sich in ihrem ganzen Körper aus.

Seitdem sind alle Gefühle bei Petra, ganz gleich, wohin ihr Weg sie führt. Denn an einem Tag kann sie glücklich und fröhlich sein. An einem anderen vielleicht nicht so froh und dann plötzlich ängstlich, traurig oder wütend. Und alle ihre Gefühle tragen ein bisschen Glück in sich. Man muss es nur entdecken.

4.2 · Geschichten

4.2.5 Von Jongleur und Clown (ab 9 Jahren)

Übersicht
Lachen ist etwas, was auch Erwachsene ab und zu bei den Kindern fördern sollten. Das Lachen baut Spannungen ab und gibt das Gefühl von Unbeschwertheit, das uns ganz im Hier und Jetzt leben lässt. So kann man besser mit unangenehmen und traurigen Situationen, wie die Angst vor dem eigenem Versagen, fertig werden und Abstand sowohl zu sich selbst als auch zu einer Situation zu gewinnen. Lachen begünstigt einen schnellen Perspektivenwechsel in der Sicht der Dinge. Dies kann dazu führen, dass eine Situation eher an Gefahr verliert und Anspannungen minimiert werden.

Im Dorf gab es einen Jahrmarkt. Es roch nach gebrannten Mandeln und Zuckerwatte. Zwischen Kinderkarussells und Geisterbahnen scharrten sich Menschen um einen Jongleur, der Teller auf spitzen, dünnen Stangen rotieren ließ. Sobald er einen in Schwung versetzt hatte, setzte er die Stange in die Erde und lief im Kreis umher, um alle anderen Teller aufrecht zu halten. Obwohl ihm alle Leute interessiert zusahen und Beifall klatschten, hatte der Jongleur aber hatte keinen Spaß und befürchtete, einer der Porzellanteller würde herunterfallen und zu Bruch gehen. Ihn quälte der Gedanke, dass ihn alle auslachen würden, wenn er einen Fehler macht (Abb. 4.15).

Abb. 4.15   Abb. 4.16

Dann kam der Clown, der versuchte, den Jongleur nachzuahmen. Auch er drehte Teller, aber sie fielen gleich wieder herunter, und jedesmal guckte er dann ganz verdutzt. Trotzdem hatten er selbst und alle um ihn herum Spaß. Er lächelte das Publikum an, und wenn einer seiner Plastikteller zu Boden fiel, hob er ihn auf und machte lächelnd weiter. Er hatte keine Angst, diese Aufgabe nicht bewältigen zu können, weil er wusste, dass irgendwann alle Teller auf dem Boden liegen würden. Er hat gelernt, dass manchmal alles gut läuft und manchmal eben nicht: Deshalb nahm er sich nicht allzu ernst (Abb. 4.16).

Fragen
1. Was glaubst du, wie der Jongleur sich fühlt?
2. Was glaubst du, wie der Clown sich fühlt?
3. Bist du grundsätzlich ein ängstlicher Mensch, wenn es darum geht, eine anstrengende Aufgabe zu lösen?
4. Hast du eine Erfahrung gemacht, dass andere dich ausgelacht haben?
5. Willst du dich manchmal selbst vor peinlichen Situationen schützen?

Wie waren deine Antworten? Wenn du Angst hast, eine Aufgabe nicht zu bewältigen, überlege es dir noch einmal genau. Was gibt es Schlimmeres, als einen Fehler zu machen? Schlimmer ist es oft, nichts zu machen. Wer nichts tut, macht zwar auch nichts falsch, aber wer nichts tut, kann auch nichts Neues dazu lernen und macht keine neuen Erfahrungen.

Nur wenn du weißt, was deine Angst auslöst, kannst du sinnvoll dagegen vorgehen. Konzentriere dich auf folgende Fragen:
- Wovor genau habe ich Angst?
- Woraus entsteht diese Angst?
- Was kann mir passieren, falls ich diese Aufgabe nicht erledige?
- Welche Konsequenzen hat mein mögliches Versagen?

Wer sich einredet, er könne dies oder jenes nicht, wird es vielleicht auch nicht können. Lass bei dir das Gefühl des Versagens gar nicht erst aufkommen. Marathonläufer oder Wissenschaftler würden nie im Leben Höchstleistungen vollbringen, wenn sie ständig an sich selbst zweifeln und sich fragen würden, ob sie dazu in der Lage sind. Bereits der Gedanke, dass alle anderen etwas besser können, wirkt demotivierend. Nur wer sich selbst eine Chance gibt, hat sie auch. Wenn du eine neue Aufgabe bekommst, dann versuche es einfach. Vielleicht klappt es nicht beim ersten Mal, aber Übung macht den Meister. Irgendwann schaffst du das.

4.2 · Geschichten

Aufgabe
Was denkst du, worin unterscheiden sich ein ängstlicher und ein mutiger Mensch? Vervollständige die Liste.

Ängstlich
Ständig andere um Hilfe bitten, statt es selbst zu versuchen
Die ständige Angst, etwas könne einem zustoßen
Die Angst, ausgelacht zu werden
Fehlende Selbstsicherheit
Die Überzeugung, es alleine sowieso nicht zu schaffen
_____

Mutig
Neue Sachen einfach mal auszuprobieren
Sich seiner eigenen Fähigkeiten deutlich bewusst sein
Sich auch mal mit wenig zufrieden geben
Mit allem fertig werden, was einem widerfährt
Andere freundlich um Hilfe bitten können
_____

Du solltest daraus lernen, dich mit wenigen Dingen zufrieden zu geben und dein Herz weniger an Dinge hängen, die dir begehrenswert erscheinen. Du solltest dir mehr Toleranz gegenüber unangenehmen Situationen aneignen und immer das Beste aus jeder Lage machen.

4.2.6 Was für ein Glück, dass es dich gibt (ab 5 Jahren) (Lösungen auf ▸ Abschn. 4.5)

> **Übersicht**
> Diese Geschichte soll Ihrem Kind die große Bedeutung von Freundschaft und den Beziehungen zu anderen Kindern näher bringen. Es geht um das Gefühl, einen anderen Menschen zu mögen. Menschen, die einander mögen, empfinden bei vielen Dingen die gleichen Gefühle, sie „synchronisieren" ihre Emotionen unbewusst und erzeugen dadurch eine Art „Wir-Gefühl".

Anna und Oliver mögen genau dieselben Dinge. Sie teilen ihre kleinen und großen Geheimnisse miteinander. Sie reden viel, aber sie können zusammen auch ganz still sein. Sie sind die allerbesten Freunde. „Ich habe dich so lieb!", sagt Oliver und schließt die Augen. Er atmet tief ein und fühlt ein Kribbeln im Bauch (Abb. 4.17).

Abb. 4.17　　　　　　　　Abb. 4.18

1. Was glaubst du, wie sich Anna fühlt?
a) sie ist glücklich
b) sie findet es ungerecht
c) sie ist wütend

Anna hat viel Spielzeug zu Hause: Kuscheltiere, Puppen, Stifte, Bastelzeug. Oliver kommt gern zu Anna, um mit ihr zu spielen. Ein wunderbarer Sommertag ist zu Ende gegangen. Zeit für Oliver, nach Hause zu gehen. Am nächsten Morgen läuft Anna zum Oliver durch einen Park und findet im Gebüsch unter einem großen Baum einen Zauberstab (Abb. 4.18).

2. Was glaubst du, wie sich Anna fühlt?
a) sie ist eifersüchtig
b) sie ist traurig
c) sie ist überrascht

Anna freut sich. Jetzt kann sie sich alles wünschen, was sie will. Aber was will sie überhaupt? In diesem Moment sieht sie Oliver, rennt zu ihm und zeigt stolz ihren Fund. „Was würdest du an meiner Stelle zaubern?", fragt sie ihn. Oliver hat viele Wünsche. Er will unbedingt selbst mal zaubern, aber Anna will ihren Stab nicht hergeben. Im Streit geht der Stab kaputt. „Du bist nicht mehr mein Freund!", sagt sie zu Oliver. Sie denkt, dass Oliver blöd ist, und sie kann ihn nicht mehr leiden (Abb. 4.19).

4.2 · Geschichten

Abb. 4.19

3. Was glaubst du wie sich Anna fühlt?
a) sie ist stolz
b) sie ist wütend
c) sei ekelt sich

Am nächsten Morgen ist Anna sehr unglücklich. Sie war so stolz auf ihre Freundschaft mit Oliver.

Ihr Zimmer ist voll vom Spielzeug. Aber was soll sie alleine damit? Sie wünscht sich so sehr, dass Oliver wieder ihr Freund wird. Sie rennt zu Oliver. „Lieber Oliver, ich habe dich so gern!", sagt Anna. „Wollen wir uns wieder vertragen?", fragt sie ihn und schenkt ihm ein mitgebrachtes Auto. Oliver muss blinzeln. Vor lauter Freude weiß er nicht, ob ihm mehr nach Lachen oder nach Weinen zumute ist. „Natürlich! Sehr gern sogar!" Oliver wird ein bisschen rot. „Anna, das mit dem Zauberstaub …", stottert Oliver. Anna lächelt ihn einfach nur an „Das war bestimmt gar kein echter Zauberstab; wahrscheinlich hätte er sowieso nicht funktioniert", sagt sie und genießt die Sonne und ihre Freundschaft.

Fragen
1. Wie schaut dein Freund/deine Freundin aus?
2. Was kann er/sie besonders gut?
3. Ist er/sie mutig oder schüchtern?
4. Redet er/sie viel oder ist er/sie eher still?
5. Was machst du am liebsten mit deinem Freund/Deiner Freundin?

4.2.7 Streit im Auto (ab 8 Jahren) (Lösungen auf ▸ Abschn. 4.5)

> **Übersicht**
>
> In allen Situationen ist es erforderlich, eigene Erwartungen und Wünsche mit denen der anderen Menschen in Einklang zu bringen. Anderenfalls entstehen Konflikte, die solche Gefühle wie Unzufriedenheit, Enttäuschung, Wut oder Traurigkeit hervorrufen. Diese Gefühle mitzuteilen ist oft gar nicht einfach – Spannungen sind die Folge, und eine Klärung des Konflikts auf der Grundlage eines gegenseitigen Verstehens rückt in weite Ferne. Diese Geschichte zeigt: Es ist oft nicht Aufgabe der Erwachsenen, den Konflikt zwischen den Kindern zu lösen, das sollen die Kinder selbst lernen. Die Erwachsenen sollen nur die Rolle der Vermittler zwischen den Kindern übernehmen.

Familie Rosenat ist mit dem Auto auf dem Weg nach Frankreich, um die Ferien in ihrer Heimat bei Verwandten zu verbringen. Gerade haben sie Mittag gegessen, und jetzt geht es weiter. Mama schwärmt: „In Frankreich können wir das schöne Wetter genießen." „Wann sind wir da?", fragen Laure und Maryse schon nach einigen Minuten. Papa antwortet: „Das wird jetzt noch eine Weile dauern. Lenkt euch doch mit einem Spiel ab." Da hat Laure eine Idee: Sie möchte auf dem Tablet Sponge Bob schauen. Der Vater gibt Laure das Tablet. Prompt versucht Marseille, Laure das Tablet aus der Hand zu reißen. „Ich will einen Barbie-Film schauen", ruft sie. „Lass los!", brüllt Laure. „Ich war zuerst, du Baby." „Selber Baby", ruft Maryse und versucht, Laure an den Haaren ziehen. Laure kneift ihrer Schwester in das Bein. „Du hast zuerst angefangen, du dumme Ziege!", schreit sie. Maryse mault: „Du bist doof und böse, weil du nur doofe böse Wörter sagst." (Abb. 4.20)

Abb. 4.20

Fragen
1. Welches Gefühl haben die beiden Schwestern jetzt?
2. Warum streiten sich Laure und Maryse?
3. Darf man beim Streiten Schimpfwörter sagen?
4. Kannst du dich an eine Situation erinnern, wann du dich nach einem Streit versöhnt hast?

Plötzlich merken die Mädchen, dass das Auto nicht weiterfährt. Die Eltern warten jetzt so lange, bis der Streit geschlichtet wird. „Warum fahren wir nicht?", fragt Laure. „Bei so einem Lärm können wir nicht fahren", sagt Mama ruhig. „Könnt ihr aufhören zu streiten?", fragt Papa und bekommt von seinen Töchtern keine Antwort. Nach einer Weile dreht sich Laure zu Maryse: „Wollen wir uns wieder vertragen?" Maryse lächelt ihre Schwester an. Schnell finden die Mädchen eine Lösung. Sie entscheiden sich, beide Filme nacheinander zu schauen. Der Streit ist beseitigt. Die Eltern freuen sich, dass die Mädchen sich so schnell und wie von selbst vertragen haben. So können sie ruhig der Sonne entgegenfahren.

Frage
5. Wie fühlen die beiden Schwestern sich nun?

4.2.8 Die Spieleckengrenze (ab 5 Jahren) (Lösungen auf ▶ Abschn. 4.5)

> **Übersicht**
> Streit im Kindergarten und in der Schule ist unvermeidbar. Und er kann ziemlich wehtun. Dabei sind Konflikte zwischen Kindern eigentlich wichtig und gut, um sich als Gemeinschaft weiterzuentwickeln. Wie aber schafft man es, sich nicht unnötig zu kränken oder zu verletzen? Dazu liefert diese Geschichte Gesprächsstoff.

Ingrid und Peter streiten sich mal wieder. Peter will in einer Spielecke eine Bude bauen und Ingrid in der anderen Spielecke eine Stadt aus Bauklötzen. Peter hat Ingrids Turm umgeschmissen, als er sich gerade eine Decke holen wollte. „Du Blödmann", ruft Ingrid. „Ich gehe gleich zu Frau Brandes." „Du dämliche Petze", ruft Peter und wirft ihre Decke über den Tisch. „Du Vollidiot!" Ingrid ist jetzt richtig wütend. So wütend, dass sie Peter am liebsten eine runterhauen würde.

„Ich habe eine tolle Idee", ruft plötzlich Peter und zeigt auf das Klebeband auf dem Tisch. „Ich glaube nicht, dass deine Idee so super ist", erwidert Ingrid, „das sind sie nämlich nie." Peter hört aber schon gar nicht mehr zu und klebt mit dem Band seine Spielecke ab. Da bemerkt Marcus Peters Treiben und ruft Frau Brandes. „Was machst du denn, Peter?", fragt Frau Brandes ziemlich erstaunt. Peter erklärt: „Jetzt habe ich die Budengrenze gezogen. Und dahinten ist die Bauklötzchengrenze. So haben ich und Ingrid genug Platz und kommen uns beim Spielen nicht in die Quere." Frau Brandes findet die Idee von Peter klasse. Sie ist froh, dass ein dummer Streit so einfach geschlichtet wurde (Abb. 4.21).

Abb. 4.21

Fragen
1. Was glaubst du, wie sich Peter fühlte, nachdem die Kindergärtnerin ihn für seine Idee gelobt hat?
2. Warum streiten sich Ingrid und Peter?
3. Findest du die Idee von Peter, eine Grenze zu ziehen, gut?
4. Spielst du lieber alleine oder mit deinen Freunden?

Sofort wollen auch Marcus, Claudia und Isabel auch ihre eigenen Spielecken abgrenzen. Das Schöne daran ist, dass jetzt jeder seine eigene Spielecke hat. Sie übertreten die Grenzen nur dann, wenn sie den anderen vorher gefragt haben.

Ingrid und Peter können nun jeder in seiner Ecke friedlich spielen. „Du Indianerin", ruft Peter. „Du Neandertaler", erwidert Ingrid mit verzerrtem Gesicht. Vor Lachen können sie sich nicht mehr halten und fallen nebeneinander auf die Bank. Peter zieht einen Bleistift aus der Tasche, steckt ihn in den Mund und sagt: „Friedenspfeife". „Das ist wieder eine tolle Idee von dir", antwortet Ingrid.

4.2.9 Zusammen sind wir stark (ab 7 Jahren) (Lösungen auf ▶ Abschn. 4.5)

Übersicht
Uns wird soziale Kompetenz nicht in die Wiege gelegt. Von Geburt an stehen wir im Spannungsfeld zwischen egoistischen Bedürfnissen und der starken Sehnsucht, einer Gemeinschaft von Menschen anzugehören. Genauso wie man das Reden

4.2 · Geschichten

> durch Sprechen lernt, erlernt man Sozialverhalten in einer Gemeinschaft, in und mit der man handelt. Dadurch erwirbt ein Kind Sozialkompetenz, also die Fähigkeit, Kontakte zu knüpfen, tragfähige Beziehungen zu gestalten und ein gutes Beziehungsnetzwerk zu betreiben.
> Die folgende Geschichte hilft dem Kind zu lernen, freundschaftliche Beziehungen zu gestalten, andere zu mobilisieren, zu inspirieren und eine entspannte zwischenmenschliche Atmosphäre zu schaffen.

An einem Morgen wird Brenda in den Kindergarten gebracht. Dort freut sie sich schon auf ihre Freundinnen, denn heute wollen sie Arzt spielen. Da fragt Toni die zwei anderen Mädchen, ob sie zu ihrem Geburtstag kommen wollen. Da ist Brenda verletzt, weil sie nicht zum Geburtstag eingeladen wurde. Sie hatte sich so auf Tonis Geburtstag gefreut, und jetzt ist sie nicht dabei.

Nun hat Brenda keine Lust mehr zum Arzt spielen. Lieber spielt sie gegen zwei Jungs Memory. Da kommt Leonie dazu und möchte mit Brenda im Team gegen die Jungs spielen. Das wollen die Jungs aber nicht, weil sie Leonie komisch finden, denn sie hat ganz kurze Haare (Abb. 4.22).

Abb. 4.22 Abb. 4.23

Fragen
1. Was denkst du, wie sich Leonie jetzt fühlt?
2. Warum hat Brenda jetzt keine Lust, Arzt zu spielen, obwohl sie sich darüber sehr freute, als sie in den Kindergarten kam?
3. Wie soll sich Brenda entscheiden? Soll sie mit Leonie spielen, auch wenn die beiden Jungs das eigentlich nicht wollen?

Brenda schaut Leonie an. Bestimmt ist Leonie jetzt auch gekränkt, so wie Brenda es war, als sie zum Geburtstag nicht eingeladen wurde. „Natürlich können wir im Team spielen, die Jungs sind ja auch zu zweit!", sagt Brenda zu Leonie, und so setzt sie sich mit dazu. Zu zweit finden sie die meisten Kartenpaare und besiegen die beiden Jungen.

In einer Woche gibt es im Kindergarten eine Weihnachtsfeier. Die Kinder möchten ein Theaterstück aufführen. Alle sind aufgeregt und helfen fleißig beim Aufbauen des Bühnenbilds. Doch im Publikum sitzt Alia, die vor kurzem aus Syrien gekommen ist. Sie kann ja noch nicht richtig Deutsch, und deshalb hat sie so gut wie keine Freunde. „Schau mal", sagt Brenda zu ihrer Freundin Talissa, „sie sitzt hier ganz alleine." Talissa und Brenda gehen zu Frau Sanlas. Sie schlagen vor, das Alia im Theaterstück mittanzt. Alia findet das gut. Nach ihrem Auftritt sagt sie auf Syrisch, dass sie es schön findet, hier zu sein (Abb. 4.23).

Fragen
4. Was glaubst du, wie fühlt sich Alia, das syrische Mädchen?
5. Kann der Vorschlag beider Mädchen, dass Alia im Theaterstück mittanzt, helfen, neue Freunde zu finden?
6. Gibt es unter deinen Freunden ausländische Jungen oder Mädchen?

Nachmittags spielt Brenda mit den Kindern in ihrer Straße. Sie sind zu viert und nennen sich die Rheinbande, weil sie in der Rheinstraße wohnen. Heute spielt sie mit Samantha, Fabrizio und Jerome Völkerball. „Kann ich mitspielen?", fragt Camillo. Er besucht seine Tante, die auch in der Rheinstraße wohnt. „Das kannst du nicht", sagt Fabrizio. „Wir sind eine Bande und machen alles zu viert." Aber die anderen drei Kinder finden ihn nett und erlauben, dass er mitspielen darf. Camillo ist mit den Mädchen im Team, weil sie kleiner sind als die beiden Jungs. Doch Fabrizio wirft ihn absichtlich mit dem Ball ab, sodass er sofort draußen ist. Camillo rennt gleich los und knallt die Haustür von seiner Oma hinter sich zu. „Das nächste Mal spielen wir fairer", sagt Brenda zu Fabrizio, auch wenn Camillo nicht zur Rheinbande gehört.

Abb. 4.24   Abb. 4.25

4.2 · Geschichten

Frage
7. Was glaubst du, wie Fabrizio sich fühlt?
8. Wie fühlt sich Camillo nach so einem unfairen Spiel?

An einem Tag sagte Paula, dass sie froh ist, dass sie mitspielen darf, obwohl sie unsportlich ist und nicht gut rennen kann. Am nächsten Tag spielt Brenda mit zwei Freunden Basketball. Da kommt Joel dazu, er ist etwas dicklich und fragt, ob er mitmachen darf: „Ich könnte deine Mannschaft ergänzen", sagt Joel zu Brenda. „Du doch nicht", meint Marcel, „du bist viel zu fett und unbeweglich." Joel ist darüber gar nicht glücklich. „Ich wähle Joel", sagt Brenda, „und Paula spielt in dem anderen Team. Dann haben wir in jeder Mannschaft einen guten und einen schlechten Spieler." Dafür erhält sie Zustimmung und ihre Mannschaft gewinnt sogar (Abb. 4.24).

Fragen
9. Wie fühlt Joel sich?
10. Hat Brenda das Richtige gemacht, indem sie Joel geholfen hat, beim Spiel mitzumachen?

Die Zeit geht allzu rasch vorüber, und bald hat Brenda Geburtstag. Sie lädt all ihre Freunde ein. Nur bei Antonia hat Brenda ihre Zweifel, ob sie sie einladen soll oder nicht. Antonia hatte nämlich Brenda nicht zu ihrem Geburtstag eingeladen, obwohl beide befreundet sind. Das fand Brenda sehr schade. Sie bastelt selbst Einladungskarten zu ihrer Geburtstagsfeier. Alle bekommen eine, auch Antonia, denn sie ist Brendas Freundin. Die Geburtstagsfeier ist dann doch richtig schön geworden (Abb. 4.25).

Fragen
11. Hat Brenda es richtig gemacht, dass sie Antonia zu ihrem Geburtstag eingeladen hat, obwohl sie keine Einladung von Antonia zu ihrem Geburtstag bekommen hatte?
12. Was hättest du in so einer Situation getan?

4.2.10 Vicky und die bösen Jungs (ab 8 Jahren) (Lösungen auf ▶ Abschn. 4.5)

Übersicht

In dieser Geschichte geht es um Mobbing, das für viele Schüler zu ihrem Alltag gehört. Der Begriff Mobbing stammt aus dem Englischen und bedeutet Anpöbeln, Fertigmachen (mob = Pöbel, mobbish = pöbelhaft). Immer dann, wenn wiederholt, über längere Zeit und systematisch jemand gehänselt, beschimpft, schikaniert oder ausgeschlossen wird, spricht man heutzutage von Mobbing. Die Folgen des Mobbings sind gravierend. Nicht nur die schulischen Leistungen lassen nach – betroffene Kinder und Jugendliche leiden auch unter Ängsten, Depressionen, Essstörungen sowie Kopf- oder Bauchschmerzen. Eltern fühlen sich oft mit der Situation überfordert, und in den meisten Fällen können sie das Mobbing ihres Kindes nicht alleine beenden. Eine Zusammenarbeit mit der Schule und professionelle Unterstützung sind sehr hilfreich.

Eines Morgens muss Vicky aufstehen und sich für die Schule fertig machen. Darauf hat sie gar keine Lust, weil sie auf dem Schulweg immer Jungs begegnet, die sie ärgern und bedrängen. Heute ist es wieder der Fall. Vor ihrer Schule versperren drei Jungs aus der 8. Klasse ihren Weg. Es sind dieselben drei Jungs wie an jedem Tag. „Gib uns sofort dein Essensgeld, vorher lassen wir dich nicht gehen!", sagt der große Junge in der Mitte und hält sie fest. Vicky zuckt zusammen, und ihr Herz schlägt immer schneller. Ohne nachzudenken gibt sie aus ihrer Hosentasche einen Fünf-Euro-Schein. Der Junge lässt sie los, fuchtelt mit einem scharfen Taschenmesser vor ihrem Gesicht herum und sagt: „Wehe, wenn du das Deinen Eltern verrätst, dann schneide ich Dir das Gesicht kaputt!" Vicky sucht schnell das Weite (Abb. 4.26). Einen Tag später konnte Vicky ohne Zwischenfälle ihren Schulweg bewältigen. In der Klasse angekommen, wunderte sie sich darüber, dass Freund Paul nicht da war. Sie musste heute eine Schularbeit schreiben und dachte sich sofort, dass Paul entweder schwänzte oder krank war. Als Vicky und ihre Freundin Sarah das Schulgebäude verlassen wollten, hörten sie jemanden hinter den Mülltonnen weinen. Sie gingen hin und stellten fest, dass es Paul war. Seine Jacke war zerrissen, er berichtete, es hätten sich drei Jungs an ihm zu schaffen gemacht, und er fragte ängstlich, ob sie jetzt weg sind. Sie wollten seine Jacke haben, und weil er sie nicht hergeben wollte, wurde er verprügelt. Nun traute er sich nicht nach Hause, weil seine neue Jacke ganz zerrissen ist und es Ärger mit seiner Mutter geben wird.

Abb. 4.26 Abb. 4.27

4.2 · Geschichten

Fragen
1. Was denkst du, wie Vicky sich gefühlt hat, als die drei Jungen ihr auflauerten?
2. Wie fühlt Vicky sich, als sie ihren Freund Paul findet?
3. Was würdest du tun, wenn du gemobbt wirst? Setze bitte ein Häkchen bei einer Strategie, die dir hilfreich scheint. Es sind mehrere Antworten möglich.

☐	Ich bringe den Angreifer durcheinander, indem ich ruhig und gelassen bleibe.
☐	Ich spreche den Anführer direkt an, vielleicht mit einem „Du hast wohl nichts anderes zu tun".
☐	Ich boxe dem großen Jungen kräftig in den Magen.
☐	Ich versuche mich loszureißen und laufe weg.
☐	Ich gehe nur noch mit meiner besten Freundin/meinem besten Freund zur Schule, damit wir nicht alleine sind.
☐	Ich nehme von zu Hause ein großes Küchenmesser mit, und wenn sie mich nochmal überfallen, dann zerschneide ich denen das Gesicht!
☐	Ich schließe mich mit mehreren anderen Kindern zusammen. In einer Gruppe, die zusammenhält, ist kein Außenseiter.
☐	Ich wende mich an eine Person, die mir helfen kann (Lehrer, Eltern, Freunde, Außenstehende).

Vicky hat genug und erzählt ihrer Mutter, was die Jungs mit ihr und mit Paul gemacht haben. Vickys Mutter ist entsetzt und informiert am nächsten Morgen die Lehrerin. Als alle beisammen in der Klasse sitzen, berichten Paul und Vicky über die Ereignisse auf ihrem Schulweg. Die Lehrerin sagt, dass es immer wichtig sei, so etwas sofort einem Erwachsenen zu berichten, vor allem, wenn sie Angst haben, denn sonst könne ihnen nicht geholfen werden. Als diese Geschichte bekannt wurde, sagten auch ganz viele andere Kinder, dass sie von den drei älteren Kindern bedrängt worden waren. Julian erzählte z. B., dass manchmal ältere Kinder ihm auf der Toilette aufgelauert und ihn eingesperrt hatten. Auch ihm sei des Öfteren sein Essensgeld weggenommen worden, meinte er. Gemeinsam haben die Kinder jetzt von der Lehrerin Tipps bekommen, wie man Streits schlichtet, und beschlossen, den Schulweg nur noch in Gruppen zu bewältigen.

Nach der Schule warteten die bösen älteren Kinder tatsächlich auf die Zweitklässler, um sich ihr nächstes Opfer auszusuchen. Gemeinsam ging Vicky mit ihren Klassenkameraden mutig auf die älteren Schüler zu und rief: „Ihr kriegt ab sofort keine Sachen mehr von uns! Lasst uns gefälligst in Frieden." Die älteren Jungs waren überrascht über die vielen anderen Kinder, denen sie auf einmal gegenüberstanden, und gingen nun lieber weg. Vicky war froh, dass das so gut geklappt hat, und alle gingen erleichtert nach Hause.

Eines Tages veranstaltete die Klasse ein Fest auf dem Schulhof. Auch die Eltern waren eingeladen. Die drei bösen Jungs kamen mit einem Ball unter dem Arm auf den Sportplatz, wahrscheinlich, um Fußball zu spielen, sie merkten aber, dass dort gerade besetzt ist, weil die 2. Klasse eine Feier hatte. Die schlimmen Jungen drehten sich um und wollten wieder weggehen. Vicky hatte eine Idee, wie sie mit den Jungs

Frieden schließen kann. Sie rannte zu den drei bösen Jungs und fragte, ob die vielleicht auch Kuchen essen möchten. Tatsächlich kamen die drei Jungs mit ihr mit, denn der Kuchen sah sehr lecker aus. Die anderen Kinder schauten die drei bösen Jungs erst sehr wütend an, aber dann brachten sie ihnen drei Pappteller mit Kuchen. Sie gaben den Jungs den Kuchen und, weil die großen Jungen den Ball dabei hatten, fragten sie, ob sie zusammen Fußball spielen wollen (Abb. 4.27).

Fragen
4. Findest du die Idee von Vicky gut?
5. Hättest du den Mut, auf die bösen Jungs zuzugehen?

Einige Tage später, als gerade Hofpause war, kamen die drei großen Jungs auf Vicky zu. Ihr klopfte sofort das Herz, weil sie sich unsicher war, ob die wieder etwas Schlimmes von ihr wollten.

„Vicky, das wollte ich dir wiedergeben", sagte einer der Jungs und gab Vicky ihre fünf Euro zurück. Sie bedankte sich und wusste, dass sie ab sofort keine Angst mehr haben musste, dass die Jungs ihr schon wieder auflauern würden.

4.2.11 Sag laut und deutlich „Nein" (ab 8 Jahren) (Lösungen auf ▸ Abschn. 4.5)

> **Übersicht**
>
> Kleinkinder wissen noch nicht, was das Wort Nein genau bedeutet. Sie probieren es immer wieder aus, um zu sehen, wie die Eltern reagieren. Erst später verstehen sie, dass man damit etwas verweigern kann. So können Kinder zum ersten Mal abstrahieren: Sie wenden dieses Wort auf unterschiedliche Situationen an: aufs Tisch-Abräumen, aufs Hausaufgaben machen, aufs Schlafengehen, oder wenn jemand sie auf dem Spielplatz ärgert. Alle Situationen zeigen jedoch: Das „Nein!" des Kindes ist nicht nur auf kratzbürstigen Widerstand zu reduzieren. Sein „Nein!" zeigt: Ich mache eben nicht alles mit! Mit dem „Nein" artikuliert das Kind seine Grenzen: Das „Nein" schützt davor, sich der Gefahr von Süchten auszusetzen, es schützt vor sexuellem und körperlichem Missbrauch: „Ich entscheide, wer mich anfasst, von wem ich gestreichelt, gehetzt oder geküsst werde."

Manchmal hat Martina ein komisches Gefühl im Bauch, das ihr sagt, dass etwas falsch ist. Es kommt immer dann, wenn sie etwas macht, was sie eigentlich nicht machen will. Dann sagt sie leise „Nein". Ihr Nein hört aber keiner, weil es viel zu leise ist.

Mama hat Martina einen leckeren Müsli-Riegel für die Schule mitgegeben. In der Schulpause hat Martina großen Hunger. Auf der Schaukel will sie ihn genüsslich essen. Plötzlich kommt Paul angerannt und schreit: „Her mit dem Riegel!" Paul ist viel größer als Martina, und sie hat Angst (Abb. 4.28).

4.2 · Geschichten

Abb. 4.28   Abb. 4.29

1. Was soll Martina machen?
a) Sie flüstert: „Hier, du darfst einmal abbeißen. Aber lass mir etwas übrig."
b) Sie gibt Paul ihren Müsli-Riegel und bleibt hungrig.
c) Sie sagt: „Nein, ich muss dir meinen Riegel nicht geben, weil er mir und nicht dir gehört."

Martina steht vom Schaukel auf, reckt sich in die Höhe und sagt: „Nein! Der Müsli-Riegel gehört mir. Wenn du ihn mir wegnimmst, schreie ich ganz laut, und alle werden mich hören." Überrascht von Martinas Mut, geht Paul lieber weiter.

Heute kommt Herr Müller, der Chef von Papa, zu Besuch. Mama meint, dass Martina besonders nett zu Papas Chef sein soll. Der ist begeistert davon, wie artig Martina ist, und will sie gern bei sich auf dem Schoß haben. Martina fühlt sich bedrängt. Soll sie auf dem Schoß von Papas Chef sitzen, nur weil Mama und Papa das gut finden? (Abb. 4.29)

2. Was soll Martina machen?
a) Sie sagt: „Nein, ich mag nicht bei dir auf dem Schoß sitzen."
b) Ihren Eltern zuliebe setzt sie sich auf den Schoß von Papas Chef.
c) Sie setzt sich kurz auf den Schoß von Papas Chef, und danach geht sie rasch weg.

Schließlich sagt Martina Herrn Müller, dass sie nicht auf seinem Schoß sitzen möchte, weil sie mit anderen Kindern zum Spielen verabredet ist. Der Chef ist überrascht. Mama und Papa sind aber damit einverstanden und erlauben ihr, spielen zu gehen.

Martina ist nun gemeinsam mit Jana auf dem Spielplatz. Dort lernen sie Jenny kennen, die mit ihrer Mutter neu in das Stadtviertel gezogen ist und noch niemanden kennt. Die drei Mädchen freunden sich rasch an und spielen Schere-Stein-Papier und lachen sich kringelig. Sie haben richtig Spaß. Dann kommt Jennys Mutter, um sie abzuholen. Weil sie zu dritt so schön spielen, fragt sie Martina und Jana: „Wollt ihr zu uns nach Hause kommen? Es ist nicht weit von hier." Martinas Eltern haben ihr aber verboten, mit Fremden mitzugehen, aber eigentlich hat sie Lust, mit Jenny und Jana weiterzuspielen (Abb. 4.30).

Abb. 4.30   Abb. 4.31

3. Was soll Martina machen?
a) Martina sagt: „Wenn wir meine Mama anrufen und sie es erlaubt, komme ich gern mit."
b) Martina denkt: Wenn Jana mitgeht, dann gehe ich auch mit.
c) Martina sagt: „Ich gehe nach Hause. Ich darf nicht mit einem Erwachsenen mitgehen, den meine Eltern nicht gut kennen."

Martina sagt der Mutter von Jenny, dass sie nicht mit fremden Erwachsenen mitgehen darf. Die Eltern von Martina haben das nicht erlaubt und sie kennen die Mutter von Jenny noch gar nicht. Jennys Mutter sagt: „Dann bleibe ich hier, damit ihr weiterspielen könnt und wir warten, bis eure Mütter kommen". Abends, als ihre Müter kommt, um sie vom Spielplatz abzuholen, gehen die beiden Mädchen mit ihren Müttern dann doch noch zu Jenny nach Hause und auch die Mütter freunden sich an und tauschen ihre Telefonnummern. Beim nächsten Mal ist Jennys Mutter dann keine Fremde mehr und Martina darf auch zu Jenny nach Hause.

An einem windigen Herbsttag spielt Martina mit ihrer Freundin Darja im Garten ihrer Eltern. Dann merken die beiden Mädchen, dass ein Mann, den die beiden nicht kennen, am Zaun steht und sie beobachtet. „Was machst du denn da?", fragt ihn Martina. „Ich bin traurig", sagt der Mann. „Ein niedlicher Hundewelpe ist mir zugelaufen, aber ich kann ihn leider nicht behalten", erzählt er weiter. Martina schmilzt dahin. Sie hat sich schon so lange einen Hund gewünscht. „Kannst du den Welpen herbringen?", fragt sie den Mann. „Ich wohne in der Nähe.", antwortet der Mann, „komm doch mit und hole dir den Welpen ab", schmunzelt er. „Ich darf hier nicht weg, ohne meine Mama Bescheid zu sagen", antwortet Martina. Der Mann sagt: „Komm doch mit! Es geht schnell. Deine Mama merkt nicht, dass du fort warst. Wenn du sie erst fragst, wird sie dir nicht erlauben, einen Hund zu haben, aber wenn du das Hundebaby mitbringst und sagts, er ist dir zugelaufen, kannst du ihn bestimmt behalten." (Abb. 4.31)

4. Was soll Martina machen?
a) Martina ruft laut ihre Eltern, und der fremde Mann verschwindet.
b) Martina sagt dem Mann: „Nein. Ich darf nicht mit Fremden mitkommen."
c) Martina zweifelt daran, dass der Mann ihr die Wahrheit sagt.

Martina traut dem Mann nicht. Sie ruft ihre Eltern. Sofort macht sich der Mann aus dem Staub. Man soll einem Fremden nicht glauben, und auf keinen Fall darf man mit fremden Menschen mitgehen.

Frau Grotsch ist schon sehr alt, sie ist die Nachbarin von Martina und ihrer Familie. Ab und zu besucht Martina sie. Martina freut sich immer darüber, dass Frau Grotsch ihr von früher erzählt und dass sie mit ihrem lustigen Papagei spielen darf. Was sie aber nicht mag, ist, von Frau Grotsch in den Arm genommen zu werden. Frau Grotsch hat keine Enkelkinder, und vielleicht will sie deshalb Martina bei jeder Gelegenheit drücken (Abb. 4.32).

Abb. 4.32   Abb. 4.33

5. Was soll Martina machen?
a) Martina sagt: „Ich habe dich sehr gern, aber ich mag es nicht, wenn du mich drückst."
b) Weil Martina Frau Grotsch sehr nett findet, lässt sie sich von ihr umarmen.
c) Martina sagt: „Du kannst mich drücken, aber nur kurz."

Martina sagt Frau Grotsch, dass sie nicht umarmt werden möchte. Das versteht die alte Frau auch. Der Papagei von Frau Grotsch ist so was von witzig! Er plapperst alles nach und flattert dabei mit den Flügeln. Martina hat großen Spaß.

Martina feiert ihren Geburtstag. Ihre Eltern haben einen besonderen Gast eingeladen: Tante Elena aus Italien. Sie freut sich nach langer Zeit auf ein Wiedersehen mit ihrer Nichte. Sie hat viele schöne Geschenke mitgebracht. Doch immer wenn sie zu Besuch kommt, kriegt Martina dicke Schmatzer verpasst. Das mag Martina gar nicht (Abb. 4.33).

6. Was soll Martina machen?
a) Martina rennt weg und versteckt sich vor Tante Elena.
b) Martina sagt: „Vielen Dank für deine Geschenke. Sei mir nicht böse, aber ich mag keine Küsse."
c) Martina lässt sich küssen. Tante Elena hat doch Geschenke für sie mitgebracht.

Martina nimmt ihr Geschenk mit Freude an, sagt aber, dass sie jetzt nicht geküsst werden möchte. Tante Elena lacht und lobt Martinas Mut, ihr das gesagt zu haben. Sonst würde Tante Elena Martina jedes Mal küssen, ohne zu wissen, dass Martina keine Küsse mag.

Fragen
1. In welchen Situationen hättest du gerne laut „Nein" gesagt, aber hast dich nicht getraut?
2. In welchen Situationen fiel es dir schwer, „Nein" zu sagen und dich zu weigern, etwas zu tun?
3. Wie ist der Unterschied zwischen einem leisen und einem lauten „Nein!"?
4. Wie ist es, wenn du ein „Nein!" auch noch mit einem Kopfschütteln und ausgestreckten Armen unterstreichst?

> Sie können diese Situationen zusammen mit Kindern vorspielen und vielleicht auch mit Eltern, Erzieherinnen oder Lehrerinnen verschiedene Lösungsmöglichkeiten erarbeiten und spielen. Ebenso können spielerisch verschiedene Arten, „Nein" zu sagen, ausprobiert werden. Es gehört zum Spiel, dass dieses Wort auch laut und deutlich anderen gegenüber artikuliert wird. Auf diese Erfahrung kann vielleicht einmal zurückgegriffen werden, wenn es nötig ist.
>
> **Nachfolgend eine Spielidee (ab 5 Jahren):**
> Stellen Sie zwei Kinder gegenüber. Die anderen schauen ihnen zu. Das Paar sagt abwechselnd zueinander „Nein" und probiert dabei alle möglichen Formen aus, wie man das machen kann. Es kann leise, laut, aggressiv, ruhig, ängstlich oder ganz anders sein. Das Paar versucht, mit dem Körper das jeweilige Gefühl auszudrücken, mit dem es „Nein" sagt. Beim ängstlichen „Nein" zieht man den Kopf zwischen die Schultern und drückt sich etwas. Beim wütenden „Nein" richtet man sich auf und schiebt den Kopf vor. Diese Ausdrücke können von den anderen Kindern nachgemacht werden. Nachdem das erste Paar einige Zeit geprobt hat, sind die nächsten an der Reihe.

4.2 · Geschichten

4.2.12 Vom Teilen und Abgeben-Können (ab 5 Jahren)

Übersicht
Unser angeborener Instinkt, Dinge zu verteidigen, garantiert uns unter anderem das Überleben in einer Natur, die nicht immer freundlich ist. Um von sich aus zu teilen, brauchen Kinder die Fähigkeit, sich in ihr Gegenüber einzufühlen, zu lernen, dass andere Menschen die Dinge anders sehen und ganz andere Wünsche haben. Diese Fähigkeit muss als Teil des sozialen Verhaltens erlernt und geübt werden. Das gelingt meistens in der Gruppe – auf dem Spielplatz, im Kindergarten, mit Geschwistern. Ein Kind in der KiTa hat zwangsläufig nicht alle Spielsachen für sich alleine, sondern muss mit Spielkameraden verhandeln, Teams bilden, Kompromisse schließen. Eltern und Erzieher können ebenfalls mit dem Kind das Teilen üben. Dabei ist es wichtig, dass das Kind nicht durch Zwang, sondern aus seinem eigenen Verständnis und Bedürfnis heraus etwas von seinem Spielzeug oder seinem Essen abzugeben lernt. Nur wer freiwillig gibt, teilt leichten Herzens.
Durch die folgende Geschichte lernt ihr Kind, sich in den anderen hineinzuversetzen und dass Teilen und Abgeben etwas Schönes sein kann.

Conny freut sich jedes Mal, wenn sie zu Oma gehen darf. Heute ist sie ohne ihre Schwester Marie zu Oma gekommen, weil sie die Oma am liebsten ganz für sich haben will. Die beiden spielen Memory, lesen ein Buch und basteln eine wunderschöne Girlande aus bunten Papierblättern. Einen Teil von den bunten Papierblättern durfte Conny mit nach Hause nehmen (Abb. 4.34).

„Mama, Marie, schaut mal, was mir die Oma geschenkt hat!", ruft Conny glücklich bereits in der Haustür. Stolz zeigt sie ihrer Mama und ihrer Schwester Marie die bunten Blätter. Sie überlegt sich, was sie aus diesem Papier noch basteln kann: eine Laterne, Einladungskarten für ihren Geburtstag, Blumen zum Aufhängen …

Abb. 4.34   Abb. 4.35

Fragen
1. Freust du dich auch über Geschenke?
2. Bastelst du gern?

Marie, ihre Schwester, möchte auch gern etwas von dem tollen Papier haben, um Sterne und Knalltüten daraus zu falten, aber Conny will von dem Papier kein einziges Blatt abgeben. „Das ist alles meins!", sagt sie empört. Die Oma hat doch das Papier ihr alleine geschenkt. Marie bettelt, ihr kommen schon die Tränen. Aber Conny gibt nichts her. Dann grapscht Marie sich schnell das Papier und rennt weg. Vor Wut kochend rennt Conny ihrer Schwester hinterher. Bevor Conny sie erreicht, hat Marie aber bereits die ganzen bunten Bögen zerrissen. Weinend kniet Conny zwischen den regenbogenbunten Schnipseln und sammelt sie in einer Kartonkiste. Mama tröstet Conny: „Leg deine Sorgen zu den Papierschnipseln. Morgen, wenn du die Kiste aufmachst, wird alles wieder gut." (Abb. 4.35)

Fragen
3. Was hättest du an der Stelle von Conny getan?
4. Warum ist Conny wütend?

Am nächsten Tag nach der Schule will Conny aus den zerrissenen Papierresten doch noch etwas basteln. Sie macht die Holzkiste mit den Papierschnipseln auf und denkt an ihre Oma, die ihr immer viel Liebe schenkt. Plötzlich bekommt sie eine Idee: Sie will ein großes buntes Herz aus Papierschnipseln für die Oma auf eine leere Seite aufkleben! Mama findet die Idee toll. „Das ganz schön viel Arbeit. Vielleicht mag dir Marie helfen?", schlägt sie vor. Marie will gern mitmachen. Conny teilt ihre Blätter mit Marie. „Eins für dich, eins für mich ..." So hat jeder gleich viel von den Schnipseln. Mama zeichnet auf einem weißen Papierblatt ein großes Herz, und die beiden Mädchen kleben fleißig durcheinander die Papierschnipsel auf. Bunt und wunderschön ist es geworden! Zuletzt malt Conny sich selbst rechts und Marie malt sich links an das Herz (Abb. 4.36).

Wenn Conny das nächste Mal zu Oma kommt, ist sie nicht alleine: Marie ist auch mitgekommen. Stolz und glücklich schenken sie der Oma das Herz. Die Oma freut sich so sehr, dass ihre Augen nass glitzern.

4.2 · Geschichten

Abb. 4.36

Fragen
5. Würdest du deine Papierblätter teilen?
6. Hast du im Kindergarten oder Schule mit jemandem dein Brot geteilt?
7. Gibt es etwas, das du nicht abgeben kannst? Vielleicht dein Lieblingskuscheltier?

4.2.13 Avy und Rita im Streit (ab 5 Jahren)

> **Übersicht**
> Durch diese Geschichte lernt Ihr Kind, Unterschiede zwischen Menschen ungeachtet ihres Beliebtheitsgrades, ihrer Bedürfnisse und Wünsche zu respektieren. Manchmal ist es nicht einfach, nach einem Streit auf den anderen zuzugehen und ihn anzusprechen. Doch es gibt auch andere Möglichkeiten, zu zeigen, dass man sich mit ihm wieder vertragen will, wie z. B. Versöhnungsbriefe oder kleine Geschenke.

Avy und Rita sind die besten Freundinnen. Sie sind in einer Schulklasse, sie spielen oft zusammen, sie tauschen ihre Schulbrote aus und besuchen einander oft. Rita hat blonde Haare und helle Haut. Die Haut von Avy ist dunkel. Sie hat wellige schwarze Haare, die ihren Kopf viel größer erscheinen lassen, wenn sie die Haare offen trägt. Rita findet die Haare von Avy toll. Sie möchte selbst solche Locken haben (Abb. 4.37).

Abb. 4.37   Abb. 4.38

Fragen
1. Hast du Freunde, die eine andere Muttersprache haben?
2. Bist du mit Kindern befreundet, die eine andere Hautfarbe haben, die nicht so gut Deutsch sprechen können?
3. Können diese ausländischen Kinder vielleicht etwas anderes viel besser als du?

Eines Tages in der großen Schulpause unterhalten sie sich über Haustiere. Rita erzählt, dass ihre Eltern ihr bald ein Aquarium mit Fischen anschaffen wollen. So soll Rita lernen, Verantwortung zu übernehmen. Avy sagt: „Fische sind blöd, weil man mit denen nichts machen kann. Sie tun ganzen Tag nichts als schwimmen." Rita sagt beleidigt: „Fische sind doch niedlich. Wie kannst du sie nicht mögen?" und tritt Avy auf den Fuß. Das tut Avy richtig weh! „Wofür war das? Ich finde Fische eben nicht gut. Schneewittchen!" Avy tapst mit der Hand auf Ritas Rücken. „Negerkuss, Schwarzbaby!", ruft Rita beleidigt. Sie will Avy auch ein bisschen ärgern. Daraufhin wird Avy richtig wütend. Solche gemeinen Ausdrücke wie „Negerkuss", „Schwarzbaby" oder „Schwarzhaut" kann sie überhaupt nicht leiden. „Negerkuss", sagt Rita noch einmal. Dann tritt Avy Rita heftig und ruft „Blöde Kuh!" (Abb. 4.38).

Fragen
3. Warum ärgert sich Rita?
4. Kennst du böse Wörter, die man im Streit nicht sagen darf?

Schließlich bemerkt die Lehrerin, Frau Lietze, den Streit und geht dazwischen. „Was ist denn hier los? Hört auf zu streiten!" Frau Lietze überlegt, was sie am besten tun soll. Beide Mädchen sollten jeweils in eine andere, weit entfernte Ecke des Schulhofes gehen. Sie können dort für sich alleine sein oder sich zurufen, was sie geärgert hat. Nur Schimpfwörter dürfen sie nicht rufen.

4.2 · Geschichten

Avy ruft Rita zu: „Es war blöd, wie du mir auf den Fuß getreten hast." „Ich fand das nicht schön, wie du auf meinen Rücken getapst hast", antwortet Rita. Avy erwidert: „Lass uns ab jetzt keine bösen Wörter benutzen." Rita verspricht: „Solche bösen Wörter, die ich vorhin gesagt habe, die dir seht wehtun, sage ich nie wieder." Darauf vertrugen sie sich und die Welt war wieder in Ordnung (Abb. 4.39).

Abb. 4.39

Fragen
5. Findest du es gut, dass die Mädchen nach einem Streit bald wieder miteinander geredet haben?
6. Hast du dich auch schon mal mit Freunden gestritten und hinterher habt ihr wieder zusammen gespielt?
7. Weißt du, was ein Versöhnungsbrief ist? In so einen Brief kannst alles, was du einem Menschen, mit dem du dich gestritten hast, sagen möchtest, hineinschreiben oder hineinmalen.

4.2.14 Max hat keine Angst im Dunkeln (ab 5 Jahren) (Lösungen auf ▸ Abschn. 4.5)

Übersicht
Ängste gehören zur normalen seelischen Entwicklung dazu. Kinder machen die Erfahrung, dass man viele Ängste überwinden kann. Die Bewältigung von unterschiedlichen Angstsituationen macht Kinder stark und selbstbewusst. Mit der folgenden Geschichte können Kinder die Konzepte des ICPS-Programms (siehe Einleitung) aus dem Kapitel „Verantwortungsvolle Entscheidungen" lernen. Es geht um das Problemlösen mit Wortpaaren (ist/ist nicht, gleich/anders, und/oder, einige/alle, davor/danach, jetzt/später, warum/weil, fair/unfair).

Mitten in der Nacht wacht Max auf. Er hat gemerkt, dass er aufs Klo muss. Normalerweise bleibt das Licht im Flur nachts immer an. Aber ausgerechnet heute ist das Licht aus. Es ist stockfinster im Flur, und der Lichtschalter ist so weit weg. Max hat Angst. „Felix! Hilfe!", ruft er seinen großen Bruder. „Was ist denn los?" Felix schlüpft gähnend in Max' Zimmer. Max erklärt ihm, dass er dringend aufs Klo gehen muss. Felix geht in den dunklen Flur und schaltet das Licht ein; Max flitzt erleichtert zum Badezimmer (Abb. 4.40).

Abb. 4.40   Abb. 4.41

Fragen
1. Du musst dringend Pipi, so wie Max. Was denkst du, musst du **gleich** auf Klo gehen oder solltest du versuchen, bis morgen früh durchzuhalten?
2. Soll sich Max die Hände **vor dem Toilettenbesuch** oder **danach** waschen?

Am nächsten Abend möchte Max am liebsten gar nicht ins Bett gehen. Er hat Angst, dass Mama oder Papa wieder vergessen, das Licht einzuschalten. Er bittet sie um Erlaubnis, eine Nacht bei Felix schlafen zu dürfen. „Felix kann mich retten, wenn ich wieder aufs Klo muss", sagt er. Max freut sich, dass er bei Felix übernachten darf. Er findet das Zimmer von Felix sehr gemütlich. Außerdem kann Felix ihm vor dem Einschlafen Witze erzählen. Als im Zimmer das Gekicher losgeht, schaut Papa zur Tür rein und sagt, dass die Jungs schlafen sollen. Max merkt, dass er echt müde ist. Er gähnt, dreht sich um und schläft ein (Abb. 4.41).

4.2 · Geschichten

Fragen
3. **Warum** will Max bei seinem großen Bruder schlafen?
4. Ist für Max die Möglichkeit, im Zimmer seines Bruders zu schlafen, **das Gleiche**, wie in seinem eigenen Zimmer? Oder **was anderes?**
5. Nachdem Papa gesagt hat, dass die Jungs schlafen sollen, müssen sie **sofort** still sein, und versuchen einzuschlafen. Oder können sie weiter Witze erzählen und **später** schlafen gehen?

Am nächsten Morgen geht Papa mit Max in den Laden und kauft für ihn eine kleine Taschenlampe. Wenn mal das Licht im Flur aus sein sollte, kann Max sich den Weg bis zum Lichtschalter selbst leuchten.

Am Wochenende darf Pauline, die beste Freundin von Max, bei ihm übernachten. Max krabbelt in seinen Bettbezug und leuchtet von innen mit der Taschenlampe. Pauline zieht sich ihren Schlafanzug halb über den Kopf und lässt ihre Arme baumeln. „Mach das Licht aus, Pauline!", ruft er. „Aber dann wird es stockfinster", sagt Pauline. „Na, eben!", sagt Max. „Dann leuchten wir super gruselig!" Angst im Dunkeln hat hier keiner mehr (Abb. 4.42).

Abb. 4.42

Fragen
6. Ist die Taschenlampe von Max das **Gleiche** wie das Licht im Flur, oder ist das **was anderes?**
7. Kann man im Flur nur die Taschenlampe **und** nur das Licht im Flur einschalten, **oder** kann beides einschalten?
8. **Warum** haben Max und Paulina keine Angst im Dunkeln?

4.2.15 Ella ist wütend (ab 5 Jahren) (Lösungen auf ▶ Abschn. 4.5)

Übersicht

Aggressionen von Kindern sind Erwachsenen immer ein Dorn im Auge, Wut kann aber wichtig und sinnvoll sein. Ein Wutausbruch hilft Kindern bei der Verarbeitung von negativ empfundenen Erlebnissen. Wut ist sozusagen Energie, die ihre Weiterentwicklung fördert. Sie ist Ausdruck dafür, dass es Situationen gibt, die Kinder nicht akzeptieren wollen oder können. Das gilt eigentlich sowohl für Erwachsene als auch für Kinder. Aber Kinder können ihr Verhalten noch nicht so gut steuern und müssen noch lernen, mit ihrer Wut umzugehen.
Die nachfolgenden Geschichten („Ella ist wütend", „Ich will mitspielen" „Lisas Kuscheltier", „Arzt spielen") zeigen verschiedene Möglichkeiten, mit negativen Gefühlen umzugehen, und unterschiedliche Wege, Konflikte zu lösen.

Ella ist wütend und lässt es ihre Mama deutlich spüren: Sie stampft mit den Füßen auf, verschränkt ihre Arme und schreit.

„Hör bitte damit auf!", sagt Mama. Aber Ella ist immer noch sauer: Die Mama hat ihr nicht erlaubt, ihre neuen grünen Schuhe anzuziehen. Sie hat gesagt: „Draußen hat es in Strömen geregnet, und es gibt hohe Pfützen. Du musst Gummistiefel tragen." Ella findet ihre neue Schuhe so toll und möchte sie heute so gern tragen. Mama sagt: „Ella, ich habe dir erklärt, warum du heute deine neuen Schuhe nicht tragen kannst. Er kann nicht immer alles so laufen, wie du dir es vorstellst." (Abb. 4.43)

Abb. 4.43

Fragen
1. Was hat Ella so wütend gemacht?
2. Bist du auch mal auf deine Mama oder deinen Papa wütend?
3. Wie zeigst du deine Wut?

4.2 · Geschichten

4.2.16 Ich will mitspielen! (ab 5 Jahren)

Für eine kurze Pause auf dem Schulhof hat die Lehrerin eine Schulklasse in zwei Gruppen aufgeteilt. Eine Gruppe spielt Fußball. Die Schüler der anderen Gruppe stehen sich paarweise gegenüber und spielen das Spiegel-Spiel: Ein Schüler beginnt, das Schneiden von Grimassen und bestimmte Bewegungsabläufe mit Händen, Armen, Kopf oder Beinen zu machen, die der andere möglichst schnell und genau nachahmen soll. Thomas kam etwas später zum Schulhof. „Ich will beim Spiegel-Spiel mitmachen", sagt er. „Das geht nicht", sagt die Lehrerin. „Die Paare wurden bereits aufgeteilt. Es gibt keinen anderen Schüler, der bei diesem Spiel mit dir mitmachen würde. Möchtest du vielleicht Fußball spielen?", fragt sie. „Aber ich will das Spiegel-Spiel spielen", ruft Thomas und verschränkt wütend seine Arme (Abb. 4.44).

Abb. 4.44   Abb. 4.45

Fragen
1. Welche Spiele spielst du gern auf dem Schulhof?
2. Spielst du lieber alleine oder mit deinen Freunden?

Er setzt sich auf die Bank unter dem großen Baum und redet kein Wort mehr. „Du kannst da sitzen, bis es dir bessergeht", erwidert die Lehrerin ruhig. Thomas hört die anderen Kinder spielen und lachen. Aber er ist sauer. Nachdem er sich etwas beruhigt hat, setzt sich die Lehrerin zu Thomas. „Bist du immer noch wütend?" fragt sie. Darauf bekommt sie keine Antwort. „du kannst weiterhin noch sauer sein. Aber dann hast du keine Freude beim Spielen" sagt sie. Thomas möchte lieber spielen anstatt auf der Bank sitzen zu bleiben. „Aber ich will das Spiegel-Spiel spielen" sagt er. „Ich weiß", antwortet die Lehrerin. „Aber du siehst doch, dass es heute nicht geht, es ist kein Partner für dich übrig, weil du so spät gekommen bist. Das nächste Mal darfst du wieder mitspielen. So ist unsere Regel." Thomas hat sich inzwischen wieder beruhigt. Kurz darauf beginnt der Unterricht (Abb. 4.45).

Fragen
3. Gibt es etwas in der Schule, worüber du dich ärgerst?
4. Warst du bereits so wütend, dass du kein Wort sagen konntest?

4.2.17 Lisas Kuscheltier (ab 5 Jahren)

Endlich Pause! Zeit, um auf dem Schulhof vom Unterricht abzuschalten, den Kopf frei zu bekommen und sich mal so richtig auszutoben. Alle Kinder haben Spaß, nur die kleine Lisa weint. Die großen Jungs Kai und Peter haben ihr Kuscheltier weggenommen und werfen es einander zu. Lisa versucht, ihr Kuscheltier abzufangen, und rennt von einem Jungen zum anderen. „Gebt mir mein Kuscheltier zurück", bittet sie verzweifelt. Sie schafft es aber nicht, ihr Kuscheltier zurückzuholen. Kai und Peter haben anscheinend viel Spaß bei diesem „Spiel". Lisa findet das aber gar nicht lustig. Max beobachtet das und sieht Lisa weinen. Ohne zu zögern rennt er auf Kai zu. „Gib Lisa ihr Kuscheltier zurück", schreit er wütend. Kai will Lisas Kuscheltier nicht hergeben. „Warum? Wir haben nur Spaß", sagt er. „Aber für Lisa ist das kein Spaß", sagt Max. „OK, OK, Ich gebe es ihr gleich", verspricht Kai, versteckt aber dabei das Kuscheltier hinter seinem Rücken. „Gib mir sofort Lisas Kuscheltier zurück", schreit Max (Abb. 4.46).

Abb. 4.46   Abb. 4.47

4.2 · Geschichten

Fragen
1. Ist Lisa fröhlich oder traurig? Warum?
2. Was würdest du tun, um Lisa zu helfen?
3. Warum ist Max verärgert?
4. Wie verhältst du dich, wenn dich jemand ärgert?

Die Lehrerin hat diesen Streit mitbekommen. Nun kommt sie zu den Kindern und fordert Kai auf, ihr das Kuscheltier zurückzugeben. Kai hört auf sie. „Das war doch nur Spaß", sagt er leise. Peter nickt. „Spaß ist nur dann wirklich gut, wenn alle darüber lachen können", antwortet die Lehrerin.

Die Jungs laufen weg, und die Lehrerin schaut den beiden ärgerlich nach. Dann dreht sie sich zu Lisa und gibt ihr das Kuscheltier zurück. „Alles klar?", fragt sie Lisa. Das Mädchen nickt. Max lächelt. „Gut, dass du dich für Lisa eingesetzt hast und laut geworden bist", sagt die Lehrerin zu ihm (Abb. 4.47).

Fragen
5. Findest du es gut, dass die Lehrerin geholfen hat?
6. Was ärgert die Lehrerin?

„Aber Sie haben doch gesagt, dass man mit Geschrei keine Probleme löst", sagt er.

„Das ist wahr", lächelt die Lehrerin. „Wenn man nur seinen Kopf durchsetzen will, hilft Geschrei nicht weiter. Genauso, wenn sich zwei Menschen streiten, bringen Wut und Geschrei nichts. Aber wenn man sich wehrt, weil jemand einem anderen etwas Böses tut, können Wut, Ärger oder Geschrei durchaus helfen." „Deshalb sind wir beide auf die Jungs wütend geworden?", vermutet Max. „Stimmt genau. Wir beide hatten eine gute Wut."

Fragen
7. Wann kann es helfen, jemanden anzuschreien?
8. Kann man immer alle Streitereien friedlich lösen?

4.2.18 Arzt spielen (ab 5 Jahren)

„Du musst jetzt schön stillhalten, gleich tut es gar nicht mehr weh!"

Mia legt sich auf die Couch in der Spielecke vom Klassenzimmer und lässt sich von Lukas mit Stethoskop „untersuchen". „Mia hat sich verletzt, und jetzt helfe ich ihr", wendet er sich an ihre Lehrerin. Pala ruft zu Mia und Lukas: „Ich spiele mit euch!" „Na gut", sagt Lukas. „Wir spielen Doktor." „Dann bin ich der Doktor", sagt Paula und greift nach dem Stethoskop. „Nein, ich bin der Doktor, und Mia ist die Patientin", empört sich Lukas und versucht, das Stethoskop aus Paulas Hand zu ziehen. Aber Paula will das Stethoskop nicht hergeben. Keiner will nachgeben (Abb. 4.48).

Abb. 4.48   Abb. 4.49

Fragen
1. Wer ist in dieser Geschichte wütend?
2. Worum streiten sich Paula und Lukas?

Keiner der Kinder will nachgeben. Plötzlich kommt die Lehrerin auf die Kinder zu, nimmt den beiden das Stethoskop weg und bindet es um ihren eigenen Hals. „Jetzt ist es meins", sagt sie streng. „Jetzt könnt ihr friedlich spielen, und zwar ganz einfach ohne das Stethoskop", fügt sie hinzu.

Verärgert schauen sie Lukas und Paula an. „Warum seid ihr so wütend?", fragt sie die beiden. „Weil wir beide Doktor sein wollen", antwortet Lukas. „Habt ihr eine Idee, wie ihr das Problem lösen könnt?", fragt die Lehrerin (Abb. 4.49).

Fragen
3. Ärgert sich die Lehrerin darüber, dass die beiden Kinder sich streiten?
4. Hast du ein Vorschlag, wie dieser Streit beigelegt werden kann?

„Streit ist keine Lösung", sagt die Lehrerin. „Wenn ihr miteinander redet, findet ihr sicher eine Möglichkeit, wie ihr zusammen spielen könnt." „Ich bin die Krankenschwester", sagt Paula.

„Ich bin der Doktor", antwortet Lukas. Mia meldet sich: „Und ich lasse mich von Lukas und Paula untersuchen." Die Lehrerin ist zufrieden: „Prima, das habt ihr großartig gelöst", lobt sie die Kinder und gibt ihnen das Stethoskop zurück.

Frage
5. Wie wurde der Streit gelöst?

4.3 Übungen

Emotionale Intelligenz dient dazu, seine eigenen Gefühle und auch die von anderen wahrzunehmen, zu verstehen und zu beeinflussen. Sie erhöht die Chancen auf gelingende Kommunikation, ermöglicht ein größeres Verständnis für sich und andere und emotionale Zufriedenheit. Kinder fangen schon früh an, diese Fähigkeit auszubauen. Man kann sie dabei unterstützen. In diesem Kapitel finden Sie ein umfangreiches Angebot an Übungen, die emotionale Intelligenz bei Ihrem Kind spielerisch fördern. Viele der Übungen sind als Gruppenübungen konzipiert und können im Kindergarten, in der Schule oder im familiären Kreis eingesetzt werden. Das Übungsprogramm wurde von uns selbst erarbeitet. Es dient ausschließlich einer inhaltlichen Auseinandersetzung mit der Thematik und stellt keineswegs eine Form von Bewertung von EQ Ihres Kindes dar.

4.3.1 Gute Vorsätze (ab 8 Jahre)

> **Übersicht**
>
> Erwachsene fassen jedes Jahr gute Vorsätze und brechen oder verschieben die meisten davon. Denn nichts und niemand zwingt uns dazu, uns mit ihnen zu befassen, außer wir tun es selbst. Kinder sind da manchmal wesentlich ehrgeiziger als Erwachsene. Sie setzen sich gern Ziele und verfolgen diese. In dieser Runde geht es für Kinder um die Vorsätze für eine hohe emotionale Selbstkontrolle. Sie brauchen einen Redestein (Redestab) und eine DIN-A-3-Seite als Poster, auf das Sie die Überschrift notieren: „Meine guten Vorsätze: Selbstwahrnehmung".

Legen Sie das Poster in die Mitte des Sitzkreises der Kinder. Nur das Kind darf reden, das den Redestein/Redestab in der Hand hält. Nachdem es zu Ende gesprochen hat, gibt es den Redestein an ein anderes Kind weiter. Dabei äußert sich jedes Kind, das den Redestein hält, zu der Frage „Was nimmst du dir vor?".

Unten sind in einer Liste einige Wege aufgefasst, die Ihrem Kind helfen können, seine Selbstwahrnehmung zu verbessern. Jedes Kind sucht sich die Alternative aus, die am besten zu ihm passt. Dabei sollte es sich folgende Fragen stellen: *„Was ist mir wichtig? Was muss ich tun um ein erfülltes Leben zu führen?"*

In dieser Liste sind einige Ideen aufgezählt. Natürlich dürfen auch eigene Vorsätze genannt werden, wie z. B. *„Ich will jedes Wochenende eine gute Tat begehen"*. Sie können die Antworten der Kinder stichpunktartig auf das Poster schreiben.

– Jeden Tag etwas tun, das mich in gute Laune versetzt
– Wenn etwas schiefläuft, nicht aufgeben, und weitermachen
– Fleißiger für die Schule lernen
– Mein Zimmer aufräumen
– Meinen Eltern helfen

- Meinen Geschwistern helfen
- Mich nicht mehr mit meinen Geschwistern streiten
- Anderen aus meiner Klasse helfen
- Oma und Opa besuchen
- Nicht mehr so viel am Computer spielen
- Weniger TV schauen
- Mehr draußen spielen
- Nicht mehr so viel naschen
- Mich gesünder ernähren
- Lieber wenige Dinge absolut richtig machen als viele Dinge nur halb
- Auch in den Situationen, in denen andere wütend werden, immer gelassen bleiben
- Nach einer Niederlage schnell Kraft für Neuanfang finden
- Andere Menschen so zu behandeln, wie ich behandelt werden möchte
- Freundlich und zuvorkommend mit anderen umgehen
- Akzeptieren, dass andere Menschen ganz anders denken und empfinden als ich
- Auch Menschen, die mir nicht sympathisch sind, Respekt und Achtung entgegenbringen
- Niemanden wegen einer Schwäche, Behinderung oder aus sonstigen Gründen schecht behandeln, beleidigen oder ausgrenzen
- Mich für kleinere und vereinzelt auftretenden Lügen oder Dummheiten zu entschuldigen
- Einen großen Bekanntenkreis aufbauen
- Andere wissen lassen, falls ich anderer Meinung bin
- Mich klar und verständlich ausdrücken
- Gut zuhören können
- Höflich mit anderen Menschen umgehen und nette Worte benutzen
- Streitigkeiten vorbeugen oder sie respektvoll klären
- Fremdes Eigentum respektieren und die Lernumgebung schätzen
- Sollte ich jemanden schwer beleidigen oder lächerlich gemacht zu haben, mir zu überlegen, wie ich es wiedergutmachen kann

Betrachten Sie mit den Kindern das fertige Poster. Diskutieren Sie gemeinsam mit den Kindern, was man tun kann, um den ausgesuchten Vorsatz leichter zu erreichen. Für jedes Kind wird sein Vorsatz mit seinem Namen auf einen Zettel geschrieben. Danach wird eine Kiste mit den Zetteln befüllt. Sie wird für einige Monate verschlossen und an einem sicheren Ort aufbewahrt. Nach dem Ablauf dieser Frist darf die Kiste gemeinsam geöffnet werden, um zu sehen, ob die Vorsätze eingehalten wurden. Jetzt dürfen Kinder ihre Vorsätze vorstellen. Wer den Redestein in der Hand hält, darf einige Situationen nennen, in denen er sich an seinen Vorsatz gehalten hat. Keiner wird gezwungen, seinen Vorsatz vorzustellen. Anschließend werden alle Zettel in die Kiste geworfen. Die Kiste verstaut man wieder.

4.3.2 Umgang mit eigenen Emotionen (5–12 Jahre) (Lösungen auf ▸ Abschn. 4.5)

> **Übersicht**
>
> Mit eigenen Gefühlen umzugehen ist für Kinder ein ständiger Lernprozess, wobei sie häufig an ihre Grenzen stoßen. Im Alltag erleben Erwachsene, dass Kinder aus unterschiedlichen Gründen wütend, ärgerlich oder eifersüchtig werden und dabei sehr verschiedene Verhaltensweisen zeigen. Wenn sich diese Gefühle in heftigen Ausbrüchen entladen, wird es für alle Beteiligten zu einer großen Herausforderung. Was soll man tun? Lässt man seine schlechten Gefühle heraus, wird man oft abgewertet oder bestraft. Schiebt man sie weg und verdrängt sie, braucht es allerhand, um sie herunterzuschlucken. Es ist nicht leicht zu erlernen, angemessen und verantwortungsvoll damit umzugehen, ohne andere zu verletzen oder ihnen wehzutun. Und trotzdem ganz bei sich zu bleiben.

Folgende Aufgabe bezieht sich darauf, inwieweit das Kind eigene Emotionen mit in seine Entscheidung einbezieht.

Beispiel: Ein Kind bekommt eine schlechte Note für seine Hausarbeit. Er kann wie folgt darauf reagieren:
a) Es beschließt, die Hausarbeit zu wiederholen, und arbeitet fleißig dafür.
b) Es wird wütend und beschuldigt seinen Lehrer.

Die Reaktion b wäre sinnlos, aber viele reagieren so, weil man spontan erst einmal wütend wird und die Frustration abreagieren muss, aber dadurch löst sich das Problem eben nicht. Die richtige Reaktion natürlich a.

Aufgabe: Versetze dich einmal in die Situation und überlege es dir, was du denken und wie du in folgenden Situationen reagieren würdest. Versuche, dich in einer oder mehreren Reaktionen wiederzufinden und zu entscheiden, wie sehr jede der Reaktionen zum Lösen des Problems beitragen würde. Bitte wähle **eine** Antwortmöglichkeit.

Umgang mit eigenen Emotionen: Altersgruppe 5–7 Jahre
1. Dein Hund hat deine Lieblingsschuhe kaputtgemacht. Wie reagierst du?
    a) Du entscheidest dich, deinen Hund zu verschenken oder ihn im Tierheim abzugeben.
    b) Du denkst, dass der Hund nicht ausgelastet ist und sich vor Langeweile und Frust eine Beschäftigung sucht. Du entscheidest dich, mit deinem Hund öfter rauszugehen.
    c) Du nimmst dir vor, zukünftig deine besten Schuhe vor dem Hund zu verstecken.
    d) Du schimpfst mit deinem Hund und bestrafst ihn.

2. Auf dem Sommerfest im Park hast du die Aufgabe, neue Mitglieder für deine Kreativwerkstatt zu gewinnen. Ausgerüstet mit Flyern und Werbeartikeln sprichst du Kinder an. Nach einigen Stunden stellst du fest, dass du nichts erreicht hast. Was tust du?
   a) Du denkst: „Heute ist nicht mein Tag. Morgen habe ich mehr Glück."
   b) Du hörst damit auf und gehst nach Hause.
   c) Du überlegst dir eine neue Strategie und probierst sie aus.
   d) Du beginnst, an dir zu zweifeln. Du denkst: „Ich kann ja nichts hinkriegen. Was stimmt denn mit mir nicht?"

3. Auf dem Spielplatz bist du an der Reihe beim Schaukeln. Ein anderes Kind drängelt sich vor. Was tust du?
   a) Du sagst laut und deutlich zu ihm: „Ich bin jetzt dran. Wenn ich fertig bin, kannst du schaukeln."
   b) Du gibst nach und lässt das andere Kind schaukeln.
   c) Du schubst das Kind weg.
   d) Du schaust das Kind an und sagst: „Ich finde es ungerecht, dass du dich vordrängelst. Du solltest genauso wie die anderen warten, bis du an der Reihe bist."

4. Dein großer Bruder wechselt das Fernsehprogramm, das du gerade schaust. Was tust du?
   a) Du ziehst den Stecker raus und sagst: „Jetzt ist Schluss mit Fernsehen."
   b) Du bittest deinen Bruder, zurückzuschalten. Dein Programm ist fast zu Ende. Danach kann dein Bruder seine Lieblingssendung schauen.
   c) Du gehst zu den Eltern und beklagst dich über deinen Bruder.
   d) Du fängst an, mit deinem Bruder zu schimpfen.

5. Du hast deinem Freund schon dreimal ein Spielzeugauto ausgeliehen und kaputt zurückbekommen. Dein Freund will sich jetzt ein weiteres Auto leihen. Was tust du?
   a) Du vertraust ihm und gibst ihm noch einmal ein Auto. Er soll dafür aber sein eigenes Spielzeug im Wert vom Auto als Pfand bei dir hinterlegen.
   b) Du schimpfst mit deinem Freund.
   c) Du weigerst dich, es ihm zu geben, da du es bestimmt kaputt zurückbekommst.
   d) Du beendest die Freundschaft.

6. Du erzählst deinen Freunden, dass dein Haustier gestorben ist, und diese lachen darüber. Was tust du?
   a) Du sagst ihnen, dass sie traurig wären, wenn sie sich in der gleichen Situation befinden würden.
   b) Du zweifelst die echte Freundschaft an. Auf solche Freunde kannst du verzichten.
   c) Du gehst woanders hin und weinst dich aus.
   d) Du wirst sauer und machst dicht.

4.3 · Übungen

7. Du merkst, dass du dich mit deiner Freundin nicht mehr so gut verstehst. Was tust du?
   a) Du findest dich damit ab. Es kann sein, dass es deiner Freundin gerade nicht so gutgeht.
   b) Du sagst deiner Freundin ins Gesicht, dass sich etwas komisch anfüllt.
   c) Du lässt diese Freundschaft auslaufen. Man verändert sich halt.
   d) Du ermunterst sie, mit dir zu reden.

8. Wenn du mal einen richtig schlechten Tag hast, wie zeigst du das den anderen?
   a) Schlechte Laune sieht man mir an. Ich grübele und mache mir über unwichtige Dinge Sorgen und Gedanken. Das ist doch in Ordnung. Jeder hat mal einen schlechten Tag.
   b) Es kann sein, dass ich unhöflich bin oder jemanden anschreie.
   c) Ich zeige das nicht. Ich tue so, als wäre alles in Ordnung.
   d) Ich versuche, mich irgendwie zu zwingen, etwas zu tun: Ich gehe spazieren oder zum Spielplatz, treffe mich mit meinen Freunden usw.

9. Du hast Äpfel vom Apfelbaum deiner Nachbarin geklaut. Nun läufst du mit schlechtem Gewissen herum. Du kannst dich gar nicht mehr über Äpfel freuen. Was tust du?
   a) Du erzählst das deinen Freunden und fragst sie nach ihrer Meinung. Falls sie das in Ordnung finden, kannst du dich von deinem schlechten Gewissen verabschieden.
   b) Du gehst zur Nachbarin und entschuldigst dich.
   c) Du erzählst das deinen Eltern. Sie sagen deiner Nachbarin Bescheid und entschuldigen sich für dich.
   d) Du traust dich nicht, es zuzugeben. Es ist doch nicht so schlimm, wenn man nur einmal geklaut hat.

10. Du bist zu einer Geburtstagsparty deines Freundes Peter eingeladen. Es stellte sich heraus, dass du dort keinen kennst. Was machst du?
    a) Du fühlst dich auf der Party unwohl und gehst weg.
    b) Du suchst jemanden, der alleine steht, und sprichst ihn an.
    c) Du wartest darauf, bis Peter dich vorstellt.
    d) Du lernst nicht gern neue Leute kennen. Du suchst nach einer Beschäftigung für dich, blätterst in einer Zeitschrift, die dort herumliegt.

Umgang mit eigenen Emotionen: Altersgruppe 8–10 Jahre
1. Du hast angefangen, in einem Turnverein zu trainieren. Beim Training hattest du viel Spaß, aber danach warst du völlig erschöpft und hattest Muskelkater. Wie reagierst du?
   a) Du gehst zum Training nur dann, wann du Zeit hast und gut gelaunt bist.
   b) Du lässt es lieber ganz sein. Aber immerhin toll, dass du es versucht hast.
   c) Du entscheidest dich, regelmäßig zu trainieren, egal wie groß der Muskelkater ist.
   d) Du fängst langsam an und steigerst allmählich deine Leistung, damit sich dein Körper an das regelmäßige Training anpassen kann.

2. Deine Lehrerin gibt dir eine Aufgabe als Führer des Klassenbuchs, die sie nur dir zutraut und keinem anderen aus deiner Klasse. Wie reagierst du?
   a) Du fühlst dich geschmeichelt und erledigst die Aufgabe nach deinem besten Wissen und Gewissen.
   b) Du denkst: „Ich darf meiner Lehrerin nicht zeigen, dass ich mehr als meine Mitschüler kann. Sonst bekomme ich ja noch mehr Aufgaben."
   c) Du ärgerst dich, aber erledigst die Aufgabe.
   d) Du versuchst, nur einen Teil dieser Aufgabe zu erledigen.

3. Du willst aus 24 alten Klo-Papprollen einen Adventskalender basteln, stellst aber fest, dass du dich überschätzt hast. Diese Aufgabe muss aber bis zum 1. Dezember erledigt werden. Was machst du?
   a) Du ärgerst dich und schmeißt die Aufgabe hin.
   b) Du fragst deine Eltern oder Freunde, ob sie dir bei der Aufgabe helfen können.
   c) Du machst dir Vorwürfe und überlegst dir, was du machen kannst.
   d) Du bittest deinen Freund, die Aufgabe zu übernehmen.

4. Du siehst einen dicken Mann, der gestolpert und hingefallen ist und nun nicht wieder hoch kommt. Es sieht lustig aus, wie er da auf dem Boden herumzappelt. Wie reagierst du?
   a) Du hast Angst, dass dir etwas passiert. Deshalb hilfst du ihm nicht.
   b) Du hilfst immer, wenn du siehst, dass jemand Hilfe braucht.
   c) Du hilfst nur wenn du diese Person kennst.
   d) Du hilfst, wenn du dich selbst nicht in Gefahr bringst. Sonst setzt du einen Notruf ab.

5. Du sitzt in der Bahn und siehst einen älteren gehbehinderten Menschen, der einsteigt. Es gibt keinen einzigen freien Platz. Wie reagierst du?
   a) Du fragst ihn, ob er deinen Platz haben möchte. Falls er deine Frage mit „Ja" beantwortet, stehst auf und bietest ihm deinen Platz an.
   b) Du stehst nicht auf, da du deine Fahrkarte bezahlst hast und damit ein Recht auf einen Sitzplatz in der Bahn hast.
   c) Du stehst auf, falls man dich darum höflich bittet.
   d) Ohne zu fragen, stehst du auf. Alleine aus Respekt vor dem älteren Menschen muss man das tun.

6. Deine Freundin ist der Meinung, dass dein neues Kapuzenshirt hässlich ist, du findest aber dein Kapuzenshirt aber schön. Was tust du?
   a) Du sagst deiner Freundin: „Das ist deine Sicht. Ich mag mein Kapuzenshirt."
   b) Du fühlst dich minderwertig und ziehst dieses Kapuzenshirt nie wieder an.
   c) Du sagst deiner Freundin, dass du ihre Kleidung auch hässlich findest.
   d) Du sagst zu deiner Freundin: „Entschuldige, aber ich bin nicht deiner Meinung."

7. Während der Frühstückspause erfährst du von deinem Freund, dass sein Opa gestorben ist. Wie verhältst du dich?
   a) Du machst Witze und Quatsch und willst deinen Freund damit ablenken, damit er wieder fröhlicher wird.
   b) Du erkennst die Veränderung im Verhalten deines Freundes und versuchst, dich in seine Situation einzufühlen.
   c) Du bist etwas vorsichtiger als sonst im Umgang mit deinem Freund. Du redest mit ihm über den Tod von seinem Opa.
   d) Du sagst deinem Freund, dass du dich mit ihm nicht unterhalten möchtest, und gehst weg.

8. Die Kinder in der Schule lassen dich nicht in der Gruppe mitspielen. Du möchtest aber mitspielen. Was tust du?
   a) Du traust dich nicht, andere Kinder anzusprechen, und entscheidest dich, alleine zu spielen.
   b) Du drängelst dich zwischen die Kinder und sagst: „Hey! Jetzt lasst mich mal!"
   c) Du gehst auf die Kinder zu und fragst, ob du mitmachen darfst.
   d) Du bittest einen Erwachsenen, bei den Kindern zu fragen, ob du mitspielen darfst.

9. Seitdem du mit deiner besten Freundin Streit hast, hetzt sie alle eure gemeinsamen Freunde gegen dich auf. Was tust du?
   a) Du suchst dir andere Freunde und hoffst darauf, dass diese Geschichte den anderen bald langweilig wird.
   b) Du erzählst den erwachsenen Personen, denen du vertraust, von diesem Vorfall.
   c) Du beendest die Freundschaft mit allen deinen Freunden, die zu ihr halten.
   d) Du verbreitest auch Lügen über deine Freundin. Sie soll mitbekommen, was sie alles angerichtet hat.

10. In der großen Pause auf dem Schulhof stolperst du über einen Rucksack und fällst hin. Wie reagierst du?
    a) Du stehst auf und tust so, als ob alles in Ordnung wäre.
    b) Du schimpfst mit allen, die über dich lachen oder dich blöd anschauen.
    c) Du wirst rot, stehst schnell auf und hoffst, dass dich keiner gesehen hat.
    d) Du rappelst dich auf, lachst über dich selbst und läufst weiter.

Umgang mit eigenen Emotionen: Altersgruppe 11–12 Jahre
1. Als Prüfungsvorbereitung hast du eine alte Klausur bekommen, die du zu Hause innerhalb der vorgegebenen Zeit lösen musst. Das geht dir nicht leicht von der Hand, und du gerätst in Stress. Wie reagierst du?
   a) Um arbeiten zu können, muss ich regelmäßige Pausen anlegen.
   b) Nach einiger Zeit verliere ich die Geduld und breche ab.
   c) Ich verliere leicht den Überblick.
   d) Ich bleibe ruhig und löse eine Aufgabe nach der anderen.

2. Du bist mit deiner Freundin in der Schulkantine essen, und sie möchte zur Toilette. Beim Aufstehen stößt sie den wackeligen Tisch an. Dein Glas Wasser kippt dabei um und läuft dir in den Schoß. Was machst du?
   a) Du machst keinen Aufstand, lächelst und sagst, dass alles in Ordnung ist. Schließlich trocknet das Wasser schnell.
   b) Wenn sie zurückkommt, nimmst du ihr Wasser und überkippst sie damit.
   c) Du verabschiedest dich von deiner Freundin und gehst nach Hause.
   d) Du bist wütend und sagst deiner Freundin, dass sie gefälligst besser aufpassen soll.

3. Du hast von deiner Lehrerin die Aufgabe bekommen, etwas Bestimmtes anzufertigen. Nach einigen Überlegungen erzählst du deiner Lehrerin, wie du die Aufgabe lösen willst. Die Lehrerin hat einige kritische Bemerkungen und Verbesserungsvorschläge. Wie reagierst du?
   a) Du hörst auf die Kritik und akzeptierst die Verbesserungsvorschläge deiner Lehrerin, da du sie respektierst.
   b) Du widersprichst deiner Lehrerin zwar nicht, versuchst aber, sie von deinem Konzept zu überzeugen.
   c) Du fühlst dich von der Lehrerin angegriffen. Du hast viel Zeit und Mühe investiert und weißt besser, wie man das am besten macht.
   d) Du beklagst dich bei deiner Mutter über die Lehrerin. Am liebsten willst du das hinschmeißen.

4. Du bist zu laut im Unterricht. Deine Lehrerin stört das. Sie sagt: „Mir ist aufgefallen, dass du im Unterricht oft abgelenkt bist. Ist dir langweilig?" Wie reagierst du?
   a) Du rennst wütend aus der Klasse, um dich zu beruhigen.
   b) Du ignorierst die Bemerkung deiner Lehrerin und machst so weiter.
   c) Du fühlst dich sofort angegriffen und verteidigst dich.
   d) Du denkst, dass es doch nicht böse gemeint ist von der Lehrerin, und reißt dich zusammen.

5. Du wurdest in sozialen Netzwerken gemobbt und beleidigt. Wie reagierst du?
   a) Der beste Schutz ist, nicht bei Facebook, Instagram etc. dabei zu sein. Richtige Freunde können sich ja persönlich bei dir melden.
   b) Du ignorierst die Mobber. Irgendwann hören sie auf.
   c) Du zeigst das Mobbing an. Du erzählst davon deinen Eltern und evtl. in der Schule, damit weitere Schritte eingeleitet werden können.
   d) Du fühlst dich verletzt, traust dich aber nicht, jemandem davon zu erzählen.

6. Deine Freundin leiht immer Bücher von dir aus und gibt diese nie zurück. Du möchtest deine Sachen aber endlich zurück haben. Was tust du?
   a) Du forderst deine Sachen einfach direkt zurück, am besten mit einer Liste der Bücher, an die du dich noch erinnerst.

4.3 · Übungen

b) Du schreibst ihr, dass sie sich ja Einiges von dir geliehen hat und du die Bücher nun wieder zurückhaben möchtest, und fragst auch gleich, wann ihr euch treffen könnt.
c) Du gibst ihr nichts mehr, oder nur noch im Tausch gegen mehrere alte „Leihgaben".
d) Du beendest die Freundschaft. Auf unzuverlässige Personen kannst du verzichten.

7. Dein Freund hat die schlechte Angewohnheit, sich ständig laut zu räuspern, Dir geht das auf den Senkel. Wie gehst du damit um?
   a) Du machst Witze über deinen Freund. Er soll mitbekommen, wie dich das nervt.
   b) Du sprichst ihn darauf an und versuchst ihn zu ändern.
   c) Du fühlst dich direkt unwohl.
   d) Du beachtest das nicht. Jede hat seine Macken.

8. Du hast beim Spiel verloren, und dein Freund macht sich über dich lustig. Was tust du?
   a) Du machst dir bewusst, dass dein Freund nur über dich gelästert hat, um über seine eigenen Selbstzweifel hinwegzutäuschen.
   b) Du machst dir nichts draus. Beim nächsten Mal gewinnst du bestimmt.
   c) Du beschließt, künftig Abstand zu deinem Freund zu halten. Echte Freunde machen so was nicht.
   d) Die Reaktion deines Freundes macht dicht traurig.

9. An einem heißen Sommertag in der Stadt möchtest du dir bei der Eisdiele Eis holen. Die Warteschlange ist lang, und dein Bus fährt in fünf Minuten. Was tust du?
   a) Du schummelst dich vor die anderen Leute vorne in die Warteschlange.
   b) Du gehst an das vordere Ende der Warteschlange und fragst eine Person vorsichtig und lächelnd, ob sie dich vorlassen kann. Du sagst ihm, dass in fünf Minuten dein Bus kommt und du keine Zeit habest, dich anzustellen.
   c) Du verzichtest aufs Eis und eilst zu deinem Bus. Du denkst: „Es wird sich bald eine Gelegenheit ergeben, Eis zu holen."
   d) Du wirst wütend und schubst ein Kind, das vor dir in der Warteschlange steht.

10. In der Schule beim Mannschaftsspiel warst du nicht gut. Nach dem Spiel sagte ein Mitschüler zu dir: „So eine Niete wie dich brauchen wir echt nicht in unserer Mannschaft." Was tust du?
    a) Du sagst deinem Mitschüler, dass er beim Spiel selbst keine gute Leistung erbracht hatte.
    b) Du bittest deinen Mitschüler um eine Erklärung, warum er das meint.
    c) Du hörst dir alles an und denkst darüber nach. Du bemühst dich, beim nächsten Spiel besser zu sein.
    d) Du bist am Boden zerstört und deprimiert.

4.3.3 Situationen und Verhalten (ab 5 Jahren)

Erkennst du dich in den folgenden Situationen wieder? Bist du so mutig wie Lukas und Mia? Was würdest du dir zutrauen? Kreuze diejenigen Sätze an, die deinen Fähigkeiten entsprechen.

- ☐ Das erste Mal hatte Mia Angst, über die Hängebrücke auf dem Spielplatz zu laufen. Dann hat sie zu sich gesagt: „Tu es doch einfach!" Das hat geholfen.
- ☐ Mit ihrem Freund Lukas hatte Mia ein Baumhaus gebaut. Das war anstrengend und ein bisschen gefährlich.
- ☐ Wenn ihre Eltern weg sind, bleibt Mia schon mal allein zu Hause. Sie hat die Telefonnummern ihrer Eltern. Telefonieren kann sie, und sie traut sich, alleine zu bleiben.
- ☐ Lukas deckt zum Abendessen den Tisch fast ganz alleine. Manchmal räumt er das Geschirr auf und macht den Abwasch. Seine Mama ist stolz auf ihn.
- ☐ Als Lukas zum ersten Mal alleine zum Bäcker ging und Brötchen geholt hat, war er total aufgeregt. Das hat geklappt! Jetzt geht er oft allein zum Bäcker.
- ☐ Anfangs konnte Mia nicht gut mit dem Fahrrad fahren. Immer wieder ist sie umgefallen. Dann hat sie fleißig geübt. Jetzt geht es schon ganz gut.
- ☐ Lukas traut sich, allein die Wasserrutsche im Schwimmbad herunterzusausen. Manchmal rutscht er zusammen mit Mia. Das ist einfach toll. Lukas hat keine Angst!
- ☐ Mia kann sehr gut Memory spielen. Wenn sie mit ihren Freundinnen spielt, dann gewinnt sie meistens. Das macht Spaß!
- ☐ Wenn jemand etwas mit Lukas macht, was er nicht will (z. B. anfassen oder zu etwas zwingen), traut er sich zu sagen: *„Nein, das will ich nicht."*
- ☐ Mia hat ihrer Oma zum Geburtstag ein Bild gemalt. Oma war ganz überrascht!

4.3.4 Emotionen einordnen (5–12 Jahre) (Lösungen auf ▶ Abschn. 4.5)

In dieser Übung wird die Fähigkeit geprüft, eigene Emotionen adäquat einzuordnen.

Versetze dich einmal in die jeweilige Situation und überlege dir, was du denken würdest und wie du reagieren würdest. Versuche, dich in einer Emotionsbeschreibung wiederzufinden.

Emotionen einordnen: Altersgruppe 5–7 Jahre

1. Den zwei besten Freundinnen von Karo aus der Kita sind bereits Milchzähne ausgefallen. Die Milchzähne von Karo sind allerdings noch alle drin. Eines Tages sagte sie zu ihrer Mutter, dass sie endlich auch Zahnlücken haben will, wie ihre beiden Freundinnen.

Was glaubst du, wie sich Karo fühlt?
a) sie ist neidisch
b) sie ist verärgert
c) sie ist sauer

4.3 · Übungen

2. Leon ist bald 6 und freut sich total auf die Schule. Er kann schon bis 20 zählen und kennt alle Buchstaben. Außerdem kann er sehr gut schwimmen und Fahrrad fahren.

Was glaubst du, wie sich Leon fühlt?
a) er ist aufgeregt
b) er ist zufrieden
c) er ist stolz

3. Mike spielt mit seinen Eltern Karten. Er verliert, und seine Eltern belächeln ihn. Es ist für ihn schwer auszuhalten. Er geht in sein Zimmer und fängt an zu weinen.

Was glaubst du, wie sich Mike fühlt?
a) er ist neidisch
b) er ärgert sich
c) er ist überrascht

4. Laila sitzt am Frühstückstisch. Sie schnappt sich eine Packung Cerealien und schüttet den Rest in die Schale. Mama kippt ihr Milch in die Schüssel. „Igitt!", brüllt Laila über den Tisch, nachdem sie sich einen Löffel in den Mund geschoben hat, denn die Milch ist verdorben und schmeckt total sauer.

Was glaubst du, wie sich Laila fühlt?
a) sie findet das eklig
b) sie ist aufgeregt
c) sie ist erschrocken

5. Pia hat von ihrer Lehrerin ein Kompliment für ihr sehr gutes Halbjahreszeugnis bekommen. Sie freut sich darauf, ihr Zeugnis ihren Eltern zu zeigen.

Was glaubst du, wie sich Pia fühlt?
a) sie ist neugierig
b) sie ist stolz
c) sie ist neidisch

6. Die Schule ist vorbei. Lena nimmt rasch ihren Rucksack vom Haken und läuft auf den Hof. Heute will sie den neuen roten Roller haben. Ihr Bruder Uwe soll den alten blauen nehmen. Dann merkt sie, dass Uwe sich den roten schon geschnappt hat. „Den wollte ich haben", schreit sie Uwe entgegen. „Gib her!" Uwe schüttelt mit dem Kopf. „Ich war schneller", entgegnet er und saust wie der Wind davon. Lena verpasst dem blauen Roller einen Tritt.

Was glaubst du, wie sich Lena fühlt?
a) sie ist überrascht
b) sie ist wütend
c) sie ist neidisch

7. Leo ist vom Fahrrad gefallen. Dabei hat er sich das Knie aufgeschürft, was ihm sehr wehgetan hat. Leo musste weinen. Er ist schnell nach Hause gerannt. Seine Mama war leider nicht da, aber seine große Schwester war zu Hause. Sie hat einen Verband um Leos Knie gemacht. Dann hat es Leo nicht mehr so doll wehgetan, und er konnte wieder lachen.

Was glaubst du, wie sich Leo fühlt?
a) er ist dankbar
b) er ist trostlos
c) er ist unruhig

8. Die Familie von Iris macht ein Picknick im Sonnenschein. Das Essen schmeckt sehr gut, und Iris isst so viel, dass ihr Bauch kugelrund wird. Nach dem Mittag legt sie sich auf eine Decke. Sie mag sich gar nicht bewegen, und immer wieder fallen die Augen einfach ganz von alleine zu.

Was glaubst du, wie sich Iris fühlt?
a) sie ist neugierig
b) sie ist aufgeregt
c) sie ist müde

Emotionen einordnen: Altersgruppe 8–10 Jahre (Lösungen auf ▶ Abschn. 4.5)

1. Bei Jörgs Geburtstagsparty haben die Kinder viel Spaß am Nachmittag: Sie schreien, spielen Verstecken, spritzen sich nass, singen Karaoke. Herr Wendel, der eine Etage tiefer wohnt, kann dadurch nicht schlafen. Er hat im Krankenhaus Nachtdienst gemacht. Er klingelt an Jörgs Tür und sagt: „Könnt ihr bitte ein bisschen leiser sein? Ich habe die ganze Nacht durchgearbeitet und brauche jetzt meine Ruhe." Die Kinder werden für eine Weile ruhig, dann geht es von vorne los. Das wiederholt sich dreimal.

Was glaubst du, wie sich Herr Wendel fühlt?
a) er ist optimistisch
b) er ist beleidigt
c) er ist wütend

2. Vera muss jedes Wochenende für ihren Vater am Kiosk leere Bierflaschen in volle umtauschen, was ihr sehr unangenehm ist.

Was glaubst du, wie sich Vera fühlt?
a) sie ist angeekelt
b) sie ist beleidigt
c) sie schämt sich

4.3 · Übungen

3. Theo war vor drei Jahren krank. Er hat das zwar gut überstanden, aber die Krankheit kann wiederkommen. Seine Mutter, Frau Krause, ist in großer Sorge. Fast jeden Tag muss sie daran denken.

Was glaubst du, wie sich Frau Krause fühlt?
a) sie ist fröhlich
b) sie hat Angst
c) sie ist motiviert

4. Als der 8-jährige Ben von seiner Mutter erfährt, dass sie sich von seinem Vater scheiden lässt, bricht für ihn die Welt zusammen. Obwohl er dem Richter erklärte, dass er bei seinem Vater leben möchte, entschied dieser anders. Nun verbrachte Ben eine Woche bei seiner Mutter und eine Woche bei seinem Vater. Der Junge muss jetzt ein zweigeteiltes Leben führen, hin- und hergerissen zwischen zwei Menschen, die sich nicht mehr ausstehen können.

Was glaubst du, wie sich Ben fühlt?
a) er ist sauer
b) er ist schockiert
c) er hat Langweile

5. Die kleine Mia sagt oft „Nein": „Nein, ich will nicht in der Spielecke spielen!", „Nein, ich will mich nicht für die Schule anziehen!", „Nein, ich will meine Hausaufgaben nicht machen!", „Nein, ich will mein Brokkoli nicht aufessen".

Was glaubst du, was Mia dabei spürt?
a) sie ist unsicher
b) sie ist trotzig
c) sie schämt sich

6. Die Katze von Jana musste eingeschläfert werden. Das war eine einzigartige Katze, mit der Jana seit ihrer Geburt sehr vertraut war. Sie kann es nicht wahrhaben, dass ihre Mieze tot ist.

Was glaubst du, wie sich Jana fühlt?
a) sie ist traurig
b) sie ist aufgeregt
c) sie ist beleidigt

7. Svens Fußballteam hat heute das Spiel gewonnen. Morgen ist Sonntag und er kann ausschlafen. Mit seinen Eltern geht er nachmittags ins Kino.

Was glaubst du, wie sich Sven fühlt?
a) er ist geborgen
b) er ist glücklich
c) er ist unsicher

8. Dirk spielt mit dem Hund im Garten seiner Oma. Plötzlich merkt er, dass er in einen Ameisenhaufen getreten ist und viele kleine Ungeziefer auf seinen Beinen hochkrabbeln.

Was glaubst du, was Dirk spürt?
a) er ekelt sich
b) er freut sich
c) er langweilt sich

Emotionen einordnen: Altersgruppe 11–12 Jahre

1. Die 12-jährige Anna liegt in der Badewanne. Leider hat sie vergessen, die Tür abzuschließen. Ihr Zwillingsbruder Maik betritt das Badezimmer, ohne zu wissen, dass Anna da ist.

Was glaubst du, wie sich Anna fühlt?
a) sie ist beleidigt
b) sie ist traurig
c) sie schämt sich

2. Die Mutter der kleinen Frieda klagt immer wieder, dass sie seit ihrer Geburt krank ist und jede Freude am Leben verloren hat. Mütterliche Geborgenheit hat Frieda dadurch leider nicht erfahren. Die Abwesenheit des Vaters, der die Familie kurz nach ihrer Geburt verlassen hat, verstärkte dieses Gefühl.

Was glaubst du, wie sich Frieda fühlt?
a) sie ist aufgeregt
b) sie ist ratlos
c) sie hat Sehnsucht nach Geborgenheit

3. Nachdem Elsa und ihre Mutter wegen einer kleinen Operation im Krankenhaus übernachten mussten, waren sie froh, wieder nach Hause zu kommen. Doch der Schreck war groß; in ihre Wohnung war eingebrochen worden. Es war zwar nicht viel gestohlen worden, aber seitdem schliefen alle nachts schlecht und wachten aus Angst vor Einbrechern bei jedem Knacksen auf.

Welches Gefühl war bei Elsa und ihrer Mutter zerstört?
a) Freude
b) Einsamkeit
c) Sicherheit

4. Die Mutter von Jenny leidet an einer schweren Depression, und Jenny kann kaum mit ihr reden. Bei Kummer wird sie nicht getröstet, ihren Ärger oder Wut kann ihre Mutter nicht verstehen. Das Mädchen findet in ihrer Mutter kein spiegelndes Gegenüber und kein Vorbild für ihr Gefühlsleben.

4.3 · Übungen

Was glaubst du, was Jennys Mutter fühlt?
a) Müdigkeit
b) innere Leere
c) Erschöpfung

5. Die Großmutter von Katharina ist gestorben. Katharina leidet sehr darunter. Sie vermisst ihre Großmutter sehr.

Was glaubst du, wie sich Katharina fühlt?
a) sie ist nachdenklich
b) sie ist besorgt
c) sie ist traurig

6. Vor kurzem hat Nina einen kleinen Bruder bekommen. Er ist ein süßes Baby, und sie mag ihn sehr. Seitdem kann ihre Mutter aber nicht mehr viel Zeit für Nina aufbringen, weil sie sich intensiv dem Säugling zuwendet.

Was glaubst du, wie sich Nina fühlt?
a) sie ist ängstlich
b) sie ist eifersüchtig
c) sie ist beleidigt

7. Der beste Freund von Mark hat zu seinem Geburtstag einen Hund bekommen. Mark wünscht sich schon lange einen Hund, aber seine Mutter ist dagegen.

Was glaubst du wie sich Mark fühlt?
a) er ist böse
b) er ist überrascht
c) er ist neidisch

8. Annas Eltern ziehen um, weil ihr Vater einen neuen Job in einer weit entfernten Stadt angenommen hat. Anna kommt bald in eine neue Schule. Ihre Mitschüler haben ihr einen liebevollen Abschiedsbrief geschrieben.

Was glaubst du, wie sich Anna fühlt?
a) sie ist überrascht
b) sie ist stolz
c) sie ist besorgt

4.3.5 Motivationskarten (ab 8 Jahren)

Dunkle Gefühle, wie Wut oder Ärger, lassen sich am besten dadurch bekämpfen, dass man positive Emotionen aufbaut. Konkret heißt das: Um mehr Lebensfreude zu gewinnen, solltest du etwas Besonderes tun. Etwas, woran du Spaß hast, etwas, an dem du Freude spürst, etwas, worauf du stolz sein kannst. Eine von vielen Möglichkeiten ist die folgende Sammlung von Motivationskarten.

Du kannst die Karten kopieren oder dir einen Stapel Karteikarten kaufen und dann aufkleben oder auch den Text abschreiben. Lass dir dabei von einem Erwachsenen helfen. Zunächst sortiere alle Aufgaben aus, die du absolut gar nicht erfüllen möchtest oder nicht erfüllen kannst. Das sollten vor allem Aufgaben sein, von denen du schon vorher weißt, dass du daran absolut keine Freude haben kannst. Einige Karten sind leer, da solltest du selbst etwas hineinschreiben.

Alle Karten, die infrage kommen, mischt man dann und hebt jeden Morgen die oberste ab. Lies diese Karte und befolge das, was darauf steht. Manchmal lässt sich die Aufgabe nicht am selben Tag erfüllen. Entweder verschiebst du die Erfüllung der Aufgabe dann auf einen anderen Tag oder du mischst, wenn es gar nicht anders geht, die Karte wieder in den Stapel und ziehst halt die nächste.

Heute helfe ich jemandem	Heute fahre ich mal Rad	Heute mache ich einen langen Spaziergang
Heute faulenze ich mal	Heute mache ich etwas total Verrücktes	Heute schenke ich jemandem etwas
Heute tanze, singe oder musiziere ich mal	Heute nehme ich ein Schaumbad oder eine dusche	Heute zeichne, male ich oder mache eine Collage
Heute stelle ich ein Puzzle zusammen	Heute verbringe ich Zeit mit meinen Freunden	Heute besuche ich jemanden (z. B. Freund, Freundin, Oma, Opa)
Heute nasche ich mal	Heute schaue ich mir einen lustigen Film an	Heute lese oder höre ich Witze
Heute werde ich oft lächeln	Heute räume ich mein Zimmer auf	Heute erledige ich etwas, was ich schon lange aufgeschoben habe
Heute höre ich meine Lieblingsmusik	Heute wünsche ich mir mein Lieblingsgericht	Heute sehe ich mal kein Fernsehen
Heute lese ich ein Buch	Heute schenke ich jemandem etwas	Heute bastele ich etwas
Heute mache ich etwas in der Natur: den Wolken zusehen, an Blumen riechen, den Vögeln lauschen, Enten füttern usw.	Heute mache ich jemandem ein Kompliment	Heute spiele ich mit meinem Haustier
Heute werde ich mir einen Wunsch erfüllen	Heute treibe ich Sport	Heute löse ich ein Rätsel
Heute werde ich Fahrrad fahren	Heute tue ich etwas, was ich noch nie gemacht habe	Heute schreibe ich etwas in mein Tagebuch

4.3.6 Positive und negative Gedanken (ab 8 Jahren) (Lösungen auf ▶ Abschn. 4.5)

> **Übersicht**
>
> Unsere Gedanken steuern unsere Gefühle. Denn wenn die gedankliche Perspektive auf die Situation geändert wird, ändern sich auch die eigenen Gefühle. Daher ist es manchmal hilfreich, die Situationen neu zu bewerten, indem man negative Gedanken durch positive ersetzt.
>
> Byron Katie, eine US-amerikanische Lehrerin und Bestsellerautorin, hat eine effektive Methode entwickelt, die negativen Gedankenkonstrukte aufzulösen. Ihre Methode besteht aus vier einfachen Fragen. Diese Fragen lauten:
> 1. Ist dein Gedanke wirklich wahr?
> 2. Kannst du mit absoluter Sicherheit wissen, dass das wahr ist?
> 3. Wie reagierst du, was passiert, wenn du diesen Gedanken glaubst?
> 4. Wer wärst du ohne den Gedanken?

Treffe bitte eine Entscheidung darüber, welche Gefühle in einer Situation du als angemessen bezeichnest. Aus zwei Optionen wähle die am besten passende aus.

Beispiel

Situation	Positive und negative Gedanken
Deine Freundin wollte nicht mit dir spielen	a) Sie mag mich nicht mehr b) Sie hat mir nicht gesagt, dass sie mich nicht mag. Vielleicht hätte ich mit ihr mehr Zeit verbringen sollen

In Bezug auf obiges Beispiel und den kritischen Gedanken „Sie mag mich nicht mehr" wendest du diese Fragen wie folgt auf dich selbst an:
1. *Ist das wahr*, dass sie mich nicht mehr mag? Woran messe ich das? Kann ich mir selbst nachweisen, dass sie mich nicht mag?
2. *Kann ich wirklich mit absoluter Sicherheit wissen,* dass sie mich nicht mag? Wie gehe ich mit mir selbst um, wenn ich diese Gedanken denke? Bin ich vielleicht abwertend oder bekomme Selbstzweifel?
3. *Wie reagiere ich, wenn ich diesen Gedanken* „Sie mag mich nicht mehr" *glaube*? Was passiert in meinem Körper, wenn ich diesen Gedanken denke? Welche Emotionen empfinde ich? Ist das vielleicht Wut, Stress oder Anspannung?
4. *Wer wäre ich ohne den Gedanken* „Sie mag mich nicht mehr"? Wie würde sich mein Herz ohne diesen Gedanken fühlen? Fühlt es sich weit oder eng an?

Der positive Gedanke in diesem Beispiel ist: „Sie hat mir nicht gesagt, dass sie mich nicht mag. Vielleicht hätte ich mit ihr mehr Zeit verbringen sollen".

Aufgaben

Situation	Positive und negative Gedanken
1. Ein Mitschüler hat an mir seine Wut ausgelassen	a) Wie kann er es wagen, mich so anzumachen! Bei der nächstbesten Gelegenheit zahle ich ihm es heim b) Er hat überreagiert, und das ist nicht in Ordnung. Doch ich kann ihn auch verstehen. Ich bin auch manchmal verärgert
2. Es ist früher Morgen, und draußen regnet es	a) Bestimmt wird heute ein schlechter Tag, wenn es schon so anfängt b) Der Regen ist bald vorbei, und danach wird die Sonne scheinen
3. Die Aufgabe ist schwer. Das ist viel zu viel für mich	a) In kleinen Schritten kann ich die Aufgabe lösen. Erst probiere ich es alleine, notfalls bitte ich um Hilfe b) Es ist leichter, eine schwierige Aufgabe zu vermeiden als sich ihr zu stellen
4. Ich habe beim Spiel verloren	a) Ich bin nichts wert. Ich werde mich bestimmt wieder blamieren b) Das nächste Mal versuche ich zu gewinnen
5. Ich kann mich auf meine Hausaufgaben nicht konzentrieren	a) Ich trinke ein Glas Wasser und schnappe frische Luft. Danach beginne ich mit der ersten Aufgabe und konzentriere mich auf diese eine Sache b) Ich habe keine Ahnung und werde das bestimmt nicht schaffen
6. Ich muss mein Zimmer aufräumen, aber ich würde lieber draußen spielen	a) Ich räume mein Zimmer schnell auf, damit ich raus kann b) Mein Zimmer aufräumen kann ich sowieso nicht. Das ist zwecklos, brauche ich gar nicht erst versuchen
7. In meiner Klassenarbeit habe ich viele Fehler gemacht	a) Ich habe keine Ahnung und werde bestimmt wieder durch die nächste Klassenarbeit auch durchfallen b) Aus Fehlern lernt man. Ich habe daraus gelernt, und bei der nächsten Klassenarbeit mache ich es besser
8. Ich muss bei der Aufführung auf der Bühne unserer Aula und vor dem Publikum ein Lied singen	a) Ich habe wahnsinnige Angst. Ich werde mich bestimmt blamieren b) Ich kann mehr als ich denke. Ich werde es schaffen. Alles wird gut gehen
9. Mein Freund/meine Freundin hat mich beleidigt	a) Ich werde mit meinem Freund/Freundin klären, was Sache ist b) Mit dem/der will ich nichts mehr zu tun haben
10. Ich muss eine schwierige Prüfung bestehen	a) Das macht mir Panik. Wie soll ich das schaffen? b) Ich habe gelernt. Wird schon werden
11. Meine Eltern haben sich gestritten	a) Meine Eltern werden sich bestimmt scheiden lassen b) Meine Eltern versöhnen sich bald
12. Ich habe Angst vor Prüfungen	a) Ich werde mich anstrengen und werde es schaffen. Alles wird gutgehen b) Ich halte diesen Stress nicht mehr aus
13. Beim Streit habe ich verloren	a) Ich versuche, von dieser Erfahrung zu lernen b) Es ist schrecklich, wenn Dinge nicht so laufen, wie ich will

4.3 · Übungen

Situation	Positive und negative Gedanken
14. Ich bekomme eine schlechte Note in Mathe	a) Ich muss in allen Lebensbereichen erfolgreich, kompetent und anerkannt sein, sonst bin ich ein Versager b) Ich versuche so gut zu handeln, wie ich kann. Ich akzeptiere mich selbst und auch meine Grenzen
15. Mein Lehrer hat sein Versprechen nicht eingehalten	a) Er ist ein Volltrottel, ich kann ihm nichts mehr glauben b) Es ist nicht so schlimm. Es kann sein, dass er sein Versprechen einfach vergessen hat
16. Meine Schulhefte sind mir in die Pfütze gefallen	a) Ich fühle ich mich total elend. Es wird mit Sicherheit ein miserabler Tag heute b) Es ist doch nicht so schlimm. Ich lasse sie trocknen

4.3.7 Gefühle und körperliche Empfindungen (ab 5 Jahren)

Übersicht

Diese Übung wird Ihrem Kind helfen, herauszufinden, wie sich sein Körper unter Angst und Stress anfühlt.

Mit 5–7 Jahren haben Kinder oft Angst vor Katastrophen, Kriegen oder Unglücken. Ab ungefähr 8 Jahren treten in der Regel erste Leistungsängste auf, z. B. Schul- und Versagensangst. Im Jugendalter entstehen häufig soziale Ängste, wie etwa die Angst, dass die Eltern sich trennen.

Das Gefühl „Ich schaffe das nicht" bringt auch Kinder aus dem Gleichgewicht. Solche familiären Probleme wie Krankheit, Scheidung oder auch Streitigkeiten belasten die Kinder stark, weil sie das Kind in eine Situation bringen, die es nicht von sich aus lösen kann. Für viele Kinder ist Schule verbunden mit der Angst, sich zu blamieren und eine bestimmte Leistung nicht erbringen zu können. Mittlerweile ist auch die Freizeit zu einem Stressor geworden: Kinder haben manchmal fast so viele Termine wie die Erwachsenen. Ein zu straffes Programm lässt ihnen kaum Freiräume, einfach nach Lust und Laune zu spielen.

Angst (ab 5 Jahren)
Aufgaben

In der folgenden Liste findest du die Aufstellung von Empfindungen, die vorkommen können, wenn man **Angst** hat. Lies diese Empfindungsbeschreibungen sorgfältig durch. Mache ein Kreuz in den Zeilen, die beschreiben, wie du dich unter **Angst** fühlst.

☐	Mein Hals schnürt sich zusammen
☐	Ich habe Taubheit und Kribbeln
☐	Ich habe hier so einen Druck auf der Brust, dass ich kaum atmen kann. Das quetscht und klemmt
☐	Ich bin sehr angespannt
☐	Ich bin sehr nervös

☐	Meine Beine sind ganz starr und fest, und in meinem Becken zieht es sich ganz eng zusammen
☐	Ich habe Herzrasen/Herzklopfen
☐	Meine Hände zittern
☐	Ich habe keinen Hunger und esse nichts
☐	Ich habe hier so einen eisernen Ring um die Brust, ich kann meine Arme gar nicht heben
☐	Mein Gesicht glüht
☐	Ich schwitze
☐	Es kommt mir vor, als ob ich ersticke
☐	Ich bekomme Durchfall
☐	Ich habe weiche Knie

Stress (ab 8 Jahren)
Aufgaben

In der folgenden Liste findest du die Aufstellung von Empfindungen, die vorkommen können, wenn man **Stress** hat. Lies diese Empfindungsbeschreibungen sorgfältig durch. Mache eine Kreuz in den Zeilen, die beschreiben, wie du dich unter **Stress** fühlst.

☐	Ich bin nervös
☐	Ich kann nicht still sitzen
☐	Ich atme schnell
☐	Ich habe zittrige Hände
☐	Meine Hände sind kalt
☐	Ich habe weiche Knie
☐	Ich habe kalte Füße
☐	Mein Herz fängt an, schneller zu schlagen
☐	Ich spüre Engegefühl in der Brust
☐	Ich werde schnell wütend
☐	Ich mache mir Sorgen um Kleinigkeiten
☐	Ich bin hilflos und weiß nicht, was ich tun soll
☐	Ich möchte weinen
☐	Ich habe einen trockenen Mund
☐	Ich habe angespannte Muskeln
☐	Ich habe einen nervösen Magen
☐	Ich habe Schweißausbrüche
☐	Ich schlafe schlecht ein

4.3 · Übungen

4.3.8 Gefühle und Situationen (ab 10 Jahre)

Aufgabe
Schreibe auf der linken Seite dieses Arbeitsblatts ein Gefühl und auf der linken die Situation, in der du es empfunden hast. Zwei Beispiele sind bereits eingetragen.

Gefühl	Situation
Verärgert	Mein Handy ist runtergefallen und hat einen Displayschaden
Erleichtert	Ein Freund meldet sich nach mehreren Tagen wieder, ich dachte, ihm ist was Schlimmes passiert

4.3.9 Stressreaktion (ab 8 Jahre)

Übersicht
Stress zu spüren ist eine natürliche Reaktion unseres Körpers und war vor allem für unsere Vorfahren überlebenswichtig. In bestimmten Situationen schüttet unser Körper Stresshormone aus. Diese Stoffe setzen Energiereserven frei und bremsen unser Immunsystem, um uns auf eine Flucht oder einen Kampf vorzubereiten.
Doch müssen wir heute längst nicht mehr auf die Jagd gehen oder flüchten. Die körperliche Bewegung sorgte in der Steinzeit dafür, dass die ausgeschütteten Stresshormone schnell wieder abgebaut werden, heute sind wir unter Stress oft gezwungen, stillzusitzen. Die biologische Reaktion wendet sich dann gegen uns und kann Magengeschwüre und Herzinfarkte verursachen. Zu lernen, Stress abzubauen und sich richtig zu entspannen, ist daher wichtig für das Wohlbefinden und für die Gesundheit.
In dieser Übung wird das Kind auf mögliche Stresssituationen und Körperreaktionen bei Stress aufmerksam gemacht.

Wie fühlt man sich, wenn man Stress hat? Zu Stress kommt es automatisch, wenn ein Notfall passiert. Man nennt dies eine Stressreaktion. Das ist eine Reaktion, mit welcher der Körper sich auf das Kämpfen oder das Fliehen vorbereitet. In extremen Situationen kann es auch vorkommen, dass man unter Stress einfach erstarrt.
　Überlege mal, wie deine Vorfahren vor Tausenden von Jahren gelebt haben. Um nicht zu verhungern, ging man im Wald auf Nahrungssuche. Da konnte schon ein hungriger Bär einem mal den Weg kreuzen. Dann musste man entweder kämpfen

oder die Flucht ergreifen. Stell dir das einmal vor. Beim Anblick des Bären spannt der Körper sich an. Mit hoher Wahrscheinlichkeit hast du Angst. und dein Herz schlägt schneller, damit deine Muskeln besser mit Sauerstoff und Energie versorgt werden. Dein Kopf signalisiert: Gefahr! Das hilft, dich entweder gegen den Bären zu wehren oder sofort wegzulaufen. Das kann dir in Notsituationen das Leben retten. Man kann sich darauf vorbereiten, zu kämpfen oder zu fliehen. Wenn man ganz viel Angst hat, kann es leider auch passieren, dass der Körper erstarrt; man ist wie gelähmt.

Allerdings kann es zu dieser Stressreaktion auch kommen, wenn eine Situation gar nicht lebensbedrohlich ist, praktisch ein falscher Alarm. Man kann die Vorstellung mit der Wirklichkeit verwechseln, also bereitet man sich auf einen Notfall vor, obwohl es keinen gibt. Beispielsweise hat man wahnsinnige Angst vor der Matheprüfung und kann die ganze Nacht nicht schlafen und ist am nächsten Morgen „total gestresst". Und dann ist die Prüfung total leicht, und man besteht sie ohne Probleme. Das Angstzentrum im Gehirn, das für das Gefühl von Stress verantwortlich ist, kann Fantasie nicht so richtig gut von der Wirklichkeit unterscheiden. Daher kann eine Vorstellung fast ebenso viel Stress erzeugen, als wenn wirklich etwas Schlimmes passiert.

Weil zu viel Stress nicht gut für den Körper ist, nehmen wir uns mal Zeit, um die Entspannung von Körper und Geist zu üben. Dann fällt man nicht so einfach auf einen falschen Alarm herein. Entspannung dient der Regeneration. Sie ist notwendig, um Abstand zu gewinnen, Kräfte zu sammeln und den Kopf frei zu bekommen.

Aufgaben
1. Denke mal an eine Situation, in der du gestresst und aufgeregt warst. Du kannst dir Sorgen gemacht haben, wütend oder ärgerlich gewesen sein. Das kann durch eine Person oder einen Ort kommen, oder etwas ist in der Schule passiert. Das kann auch z. B. bei einer Prüfung passiert sein.
2. Erzähle, wann so etwas vorgekommen ist.

4.3.10 Eine Fantasiereise (ab 5 Jahre)

> **Übersicht**
> Diese Übung wird bei einer kleinen Gruppe eingesetzt. Sie lässt sich ohne viel Aufwand vorbereiten und bietet den Kindern einige Möglichkeiten, sich zu beruhigen.

Wir unternehmen jetzt eine Fantasie-Reise. Wir stellen uns vor, dass wir durch den Dschungel wandern. Wir erheben uns von den Stühlen und stellen uns vor, dass wir die Stiefel und Handschuhe anziehen. Diese Kleidungsstücke geben uns Kraft und Halt. Mit den Handschuhen haben wir alles fest im Griff, und mit den Stiefeln können wir nicht wegrutschen. Jetzt können wir beginnen, folgt mir! (Kinder laufen langsam im Zimmer herum.) Wir müssen uns durch Lianen hindurchkämpfen, die wir mühsam zur Seite schieben. Hört ihr die Papageien schreien und die Affen laut schimpfen? Da hängen moosbewachsene Äste herunter, unter denen wir durchkriechen müssen. Bückt euch alle. Auweia! Wir sind versehentlich in einen Morast hereingetreten. Der

Schlamm ist äußerst tief. Bis zu den Knöcheln stecken wir drin. Man quält sich bei jedem Schritt. Man glaubt, jeden Augenblick könnte man versinken. Die Füße kann man kaum heben. Du solltest versuchen, nach einem Ast zu greifen, indem du dich streckst. (Machen Sie Ihrem Kind vor, greifen Sie nach einem imaginären Ast.) Jetzt nicht aufgeben; ja! Jetzt sollten wir rasten. Nach dieser Anstrengung legen wir uns entspannt auf eine kleine Lichtung im Gebirge. Die Sonne scheint, und wir fühlen uns wohl und entspannen uns und spüren noch einmal in den Körper.

Wie können sich die Beine nach dem Marsch anfühlen? Wie hat sich das für die Arme, nachdem man nach dem Ast gegriffen hat, angefühlt? Hast du schwer geatmet? Dein Herz rast ganz bestimmt! Fühle deinen Herzschlag! Wenn man wütend oder besorgt ist oder man sich mächtig angestrengt hat, kann man Veränderungen im Körper feststellen. Dann fühlen sich die Hände anders an, da sie kalt und feucht werden. Auch das Herz kann in dem Fall schneller schlagen. Die Atmung kann sich auch verändern, denn möglicherweise atmet man schnell und kurz oder hält die Luft an.

Gehen Sie auf alle körperlichen Empfindungen ein, die Sie oder Ihre Kinder gespürt haben. Erklären Sie, dass Sie in dieser Zeit des ruhigen Beisammenseins einige Möglichkeiten kennengelernt haben, wie man sich bei Bedarf selbst beruhigen kann. Geben Sie Ihren Kindern nun Gelegenheit, zu erkunden, wie sich sein Körper anfüllt, wenn sie ruhig sind.

Ich möchte, dass wir in unserer Vorstellung da weitermachen, wo wir gerade waren. Lasst uns weitergehen. (Gehen Sie gemeinsam ein paar Schritte und bleiben Sie dann wieder stehen.) Nun geht es einen Hügel hoch, das ist anstrengend, und wir kommen nur mühsam voran. Aber oben auf dem Hügel hat man eine tolle Aussicht auf den Dschungel. Schaut mal, wie weit man sehen kann. Da hinten raucht ein Vulkan, und auf der anderen Seite, ganz weit entfernt, ist ein Indianer-Dorf. Und links sehen wir einen breiten Fluss mit Krokodilen. Und nun gehen wir den Hügel wieder herunter, er fällt steil ab, und wir werden immer schneller, bis wir schließlich laufen und der Hügel sanft ausläuft. Stellen wir uns nun vor, dass wir auf unserer Wanderung an einem Strand angekommen sind. Es ist ein warmer Sommernachmittag. Wir legen uns hin, machen es uns bequem und spüren den kühlen Sand unter unserem Rücken. (Legen Sie sich hin.) Könnt ihr die Wellen hören – eine … und die nächste …? Spürt ihr, wie ihr euch entspannt und in den Sand sinkt? Genießt es einfach, eurem Körper hier ein wenig Ruhe zu gönnen. (Machen Sie etwa 10 min. Pause.) Wunderbar … Setzt euch nun langsam wieder auf und fragt euch: Wie fühlen sich meine Beine jetzt an? Was ist mit meinen Armen und meinen Händen? Was ist mit meiner Atmung und meinem Herzschlag?

Es kann sein, dass unsere Hände sich jetzt warm anfüllen. Möglicherweise atmen wir langsamer und tiefer. Sind unsere Beine und unsere Arme entspannt? Vielleicht schlägt auch unser Herz langsamer.

4.3.11 Von kleinen und großen Gefühlen (ab 5 Jahren) (Lösungen auf ▶ Abschn. 4.5)

Trage in der folgenden Geschichte die passenden Wörter aus der unten stehenden Liste ein. Jedes Wort kommt in der Geschichte nur einmal vor.

Wörter: **verliebt – traurig – erschrocken – mutig – glücklich – ängstlich – froh**

Vanessa denkt an ihren besten Freund Daniel. Sie würde jetzt gern mit ihm zusammen sein und vermisst ihn sehr. Deshalb ist sie 1._____. Auf einmal klingelt es an der Tür. Sie läuft zur Tür und macht auf. Dort wartet schon Daniel auf sie. Vanessa ist 2._____ weil Daniel da ist. Die beiden gehen aufs Zimmer und spielen Vater und Mutter mit einer Babypuppe. Das spielen die beiden immer wieder gerne, weil sie ineinander 3._____ sind. Plötzlich entdeckt Daniel eine Spinne an der Wand. Beide sind auf einmal sehr 4._____. Daniel verjagt die Spinne. Sie kriecht aus dem Fenster. Das findet Vanessa 5._____. Nachdem Paul auf dem Bett auf und abgesprungen ist, um die Spinne zu verjagen kracht das Bett plötzlich zusammen. Daraufhin ist Paul sehr 6._____. Plötzlich kräuseln sich die beiden vor Lachen und stellen fest, dass heute der perfekte Tag ist um 7._____ zu sein.

4.3.12 Veränderungen (5–12 Jahre) (Lösungen auf ▸ Abschn. 4.5)

> **Übersicht**
> Die Aufgabe testet das Wissen über potenziell auftretende Intensivierungen (z. B. aus Fröhlichkeit wird Freude) bzw. über mögliche Übergänge einer bestimmten Emotion (z. B. aus Unzufriedenheit wird Frust). Ihrem Kind werden verschiedene Szenarien vorgelegt, für die Sie die am besten passende Option, wie sich die entsprechende Emotion verändern könnte, aus je vier Antwortalternativen aussuchen sollen.

Aufgabe: Bitte wähle Sie die am besten passende Option aus.

Veränderungen: Altersgruppe 5–7 Jahre
1. Lisas Mutter ist zur Nachbarin gegangen, während Lisa in ihrem Zimmer alleine spielte. Nach einer Weile wurde Lisa ängstlich. Was war in der Zwischenzeit geschehen?
   a) Aus dem Fenster hat sie auf der Straße ein großes Auto gesehen.
   b) Ihre Oma sagte am Telefon, dass sie Lisa am Wochenende nicht besuchen kann.
   c) Sie merkte, dass ihre Mutter noch immer nicht zurückgekommen ist.
   d) Lisa wollte etwas Milch trinken, aber die Milch war alle.

2. Lucy und Franzi waren die besten Freundinnen in ihrer Klasse. Dann war Lucy auf Franzi sauer. Was war in der Zwischenzeit geschehen?
   a) Franzi hat ein Fahrrad geschenkt bekommen.
   b) Franzi hatte bessere Noten als Lucy.
   c) Franzi muss bald in eine andere Stadt ziehen.
   d) Lucy hat Franzi ein Geheimnis erzählt, und Franzi hat es verraten.

4.3 · Übungen

3. Lena war neidisch auf ihre Freundin Lydia, weil Lydia einen süßen Welpen als Haustier hatte. Wie sehr wünschte sie sich eine Katze oder einen Hund! Eines Tages war Lena überrascht und sprang vor Freude in die Luft. Was war in der Zwischenzeit geschehen?
   a) Lenas Großeltern haben ihr ein Kätzchen geschenkt.
   b) Lena hat gesehen, wie der Welpe von Lydia auf dem Hundespielplatz spielt.
   c) In einem Zoogeschäft durfte Lena ein Kaninchen streicheln.
   d) Lena durfte den Welpen von Lydia füttern.

4. Die Erwartung von Nina an ihren Urlaub mit Eltern in Italien war sehr hoch, und entsprechend groß war ihre Enttäuschung. Was war in der Zwischenzeit geschehen?
   a) Nina hatte heute keinen Freund zum Spielen.
   b) Sie konnten nicht in Urlaub fliegen, weil ihr Vater beruflich viel zu tun hatte.
   c) Das Wetter in zu Hause war schlecht.
   d) Ihr kleiner Bruder nervte sie, wie immer.

5. Ein Kind im Krankenhaus war traurig, und dann fühlte es sich geborgen. Was war in der Zwischenzeit geschehen?
   a) Seine Mutter kam zu Besuch und sagte ihm, dass sie ihn sehr lieb hat.
   b) Es hat ein tolles Spielzeug geschenkt bekommen.
   c) Es hat ein gleichaltriges Kind kennengelernt, das schnell für ihn zum Freund wurde.
   d) Er durfte einen Spaziergang auf dem Krankenhausgelände machen.

6. Lina hat oft mit ihren Eltern Gedichte geübt. Es machte ihr immer Spaß, vor Mama und Papa ein Gedicht vorzutragen. Auf dem Weihnachtsfest bekam sie aber Angst. Was war in der Zwischenzeit geschehen?
   a) Auf dem Weihnachtsfest wurden Lieder gesungen, aber keine Gedichte aufgesagt.
   b) Andere Kinder sagten Gedichte auf, die ihr bereits bekannt waren.
   c) Auf dem Weihnachtsfest musste Lina vor Publikum ein Gedicht aufsagen.
   d) Lina verschenkte ihr Lieblingsbuch mit Weihnachtsliedern und Gedichten.

7. Als Kevin von seinen Eltern erfuhr, dass er ein Geschwisterchen bekommen wird, freute er sich sehr. Wie toll wäre es, einen kleinen Bruder zu haben, mit dem er Fußball spielen und sein Spielzeug tauschen kann. Etwas später war es sehr enttäuscht. So sehr enttäuscht, dass er sogar weinte. Was war in der Zwischenzeit geschehen?
   a) Seine Eltern haben Kevin gesagt, dass das Baby nicht in seinem Zimmer schlafen kann.
   b) Seine Eltern teilten ihm mit, dass er eine Schwester bekommt.
   c) Die Familie von Kevin musste in eine größere Wohnung umziehen.
   d) Kevin hatte daran gedacht, dass er nach der Geburt weniger Aufmerksamkeit von Mama und Papa bekommen wird, da sie sich um das Baby kümmern müssen.

8. Silke hatte ein Kuscheltier, das sie sehr mochte. Nachdem eine Freundin bei ihr zu Besuch war, wurde Silke traurig. Was war in der Zwischenzeit geschehen?
   a) Silke war enttäuscht, dass ihre Freundin sie nicht zu sich nach Hause eingeladen hatte.
   b) Silke ärgerte sich, dass ihre Freundin mit ihrem Kuscheltier gespielt hatte.
   c) Silke gefiel nicht, dass ihre Freundin das gleiche Kleid anhatte.
   d) Die Freundin von Silke hatte ihr Kuscheltier kaputtgemacht.

9. Am Sonntag wurde Leon von seiner Oma Hannelore zum Mittagessen eingeladen. Als er zu Tisch gebeten wurde, ekelte er sich. Was war in der Zwischenzeit geschehen?
   a) Das Essen war noch zu heiß.
   b) Auf Leons Teller lag Spinat, den er nicht mal riechen kann.
   c) Der Hund von Oma kam in das Esszimmer.
   d) Es gab keine Buletten, obwohl Leon diese so mag.

10. Maja vermisste ihre Freundin, mit der sie vor langer Zeit den Kontakt abgebrochen hatte. Sie wusste nicht mal, ob ihre Freundin sie noch mag, und sie war viel zu schüchtern, um sich bei ihr zu melden. Eines Tages wurde sie freudig überrascht. Was war in der Zwischenzeit geschehen?
    a) Eine Bekannte hat Maja gesagt, dass ihre Freundin umgezogen ist.
    b) Maja hatte die alten Fotos von sich mit ihrer Freundin angeschaut.
    c) Ihre Freundin meldete sich bei ihr.
    d) Maja hat ein anderes Mädchen kennengelernt, das zu ihrer Freundin wurde.

Veränderungen: Altersgruppe 8–10 Jahre
1. Auf dem Schulweg sah Christoph eine Gruppe älterer Kinder. Sie alberten herum und kamen auf ihn zu. Nach einer Weile fühlte er sich bedrängt und hatte Angst. Was war in der Zwischenzeit geschehen?
   a) Sie haben ihn bedroht und ihm sein Essensgeld abgenommen.
   b) Ihm wurde gesagt, die erste Stunde falle krankheitsbedingt aus.
   c) Er wurde am Nachmittag zum Ballspielen eingeladen.
   d) Sie schenkten ihm eine CD von seiner Lieblingsband.

2. Nadine war überrascht, als eines Tages in ihre Klasse ein neues Mädchen kam. Dann war sie voller Bewunderung. Was war in der Zwischenzeit geschehen?
   a) In der Frühstückspause hat sie mit dem neuen Mädchen Brote getauscht.
   b) In Geschichte haben sie einen Film über den Zweiten Weltkrieg geschaut.
   c) Das Mädchen hat erzählt, dass sie Ballett tanzt. Nadine war von Ballett total begeistert.
   d) Das Mädchen meinte, sie brauche morgens eine ganze Stunde für den Schulweg.

3. Marc spielte mit seinen Freunden Ball. Der Ball rollte dabei in einen Nachbargarten. Dann bekam Marc Angst. Was war in der Zwischenzeit geschehen?
   a) Der Freund von Marc sagte ihm, dass er den Ball zurückholen wird.
   b) Marc hatte Bedenken, dass der Ball gefunden wird.

4.3 · Übungen

  c) Marcs Freunde wollten danach nicht mehr Ballspielen.
  d) Marc sollte den Ball zurückholen, aber im Nachbargarten stand plötzlich ein großer Hund.

4. Mario freute sich am Samstagmorgen über das Fußballspiel seiner Mannschaft, in welcher er selbst spielte. Später war er traurig. Was war in der Zwischenzeit geschehen?
  a) Das Spiel wurde um eine Stunde verschoben.
  b) Sein Freund konnte nicht mitspielen, weil er einen ärztlichen Termin hatte.
  c) Seine Mannschaft hat das Spiel verloren.
  d) Er musste nach dem Spiel noch seine Hausaufgaben für die Schule machen.

5. Till ging mit seiner Mutter zum Arzt, um sich einmal gründlich untersuchen zu lassen. Als die beiden in Arztpraxis waren, bekam Till Angst. Was war in der Zwischenzeit geschehen?
  a) Till dachte daran, dass er wegen dieses Termins einige Unterrichtsstunden verpasst.
  b) Der Arzt hat einen zusätzlichen Untersuchungstermin angeordnet.
  c) Der Arzt wollte Till etwas Blut abnehmen.
  d) Till hat andere Kinder gesehen, die im Wartezimmer saßen.

6. Katja war pummelig und hatte in der Schule so gut wie keine Freunde. Die Schulpausen verbrachte sie meistens alleine auf der Bank, während die anderen Schüler spielten. Eines Tages überraschte sie ein Ereignis. Was war in der Zwischenzeit geschehen?
  a) Sie hat ein Mädchen gesehen, das ein sehr schönes Kleid trug, und dachte daran, dass auch ihr so ein Kleid stehen könnte.
  b) Ihre Lehrerin fragte sie, ob sie einmal mit ihrer Muter reden könne.
  c) Ein Mädchen aus der anderen Schulklasse setzte sich zu ihr, und die beiden führten ein nettes Gespräch.
  d) Ihre Mutter hat ihr am Telefon gesagt, dass der Kinobesuch am Abend verschoben werden muss.

7. Beim Schulunterricht hat Jost nicht zugehört. Als er dann eine Frage stellte, die gerade eben besprochen worden war, lachten alle. Jost fühlte sich mies. Etwas später war er erleichtert. Was war in der Zwischenzeit geschehen?
  a) Er schlug das Schulbuch auf und fand dort die Antwort auf seine Frage.
  b) Seine Lehrerin sagte, dass es nicht schlimm ist, wenn man nachfragt. Eine Wiederholung schadet ja nicht.
  c) Sein Tischnachbar beleidigte ihn.
  d) Seine Lehrerin sagte Peter, dass er oft unkonzentriert sei, und fragte ihn nach dem Grund.

8. Erika, die 3-jährige Schwester von Ingrid, ist ein süßes Kind. In ihrem Alter kann sie bereits vieles machen, und Ingrid ist sehr stolz auf ihre Schwester. Aber eines Tages war Ingrid wütend auf die kleine Erika. Was war an diesem Tag geschehen?

a) Die kleine Erika schrie den ganzen Tag und schlug Ingrid ohne Grund.
b) Die kleine Erika hat ihr Gemüse nicht aufgegessen.
c) Die kleine Erika hat sich hinter der Waschmaschine versteckt, und Ingrid konnte sie lange nicht finden.
d) Die kleine Erika bekam einen dicken Schmatzer von ihrer Oma.

9. Am Freitagabend war Nicole müde und wollte etwas früher ins Bett gehen. Wegen des pausenlosen Geschreis ihrer 2-jährigen Schwester konnte sie aber nicht einschlafen. Sie lag im Bett, zog sich die Decke über die Ohren und ärgerte sich maßlos. Etwas später war ihr Ärger vorbei. Was war in der Zwischenzeit geschehen?
    a) Ihre kleine Schwester hat aufgehört zu weinen, und Nicole konnte nach einer Weile einschlafen.
    b) Sie nahm ihr Kuscheltier mit ins Bett.
    c) Nicole hat daran gedacht, dass kleine Schwestern echt ziemlich überflüssig sind.
    d) Im Radio lief ihr Lieblingslied.

10. Kai und Kira hatten im vergangenen Sommer mit ihren Großeltern einen sehr schönen Urlaub in Frankreich verbracht. In diesem Jahr, kurz vor den Sommerferien, brach sich Kira beim Spielen ein Bein. Als ob die Tatsache, dass das für sie mit großen Einschränkungen verbunden war, noch nicht gereicht hätte, wurde sie später auf Kai neidisch. Was war in der Zwischenzeit geschehen?
    a) Kai hat ein tolles Bild gemalt.
    b) Ihre Großeltern haben ihr und Kai unterschiedliche Spielzeuge geschenkt.
    c) Kai durfte wieder mit ihren Großeltern in Urlaub fahren, während sie ihr Bein noch behandeln lassen musste.
    d) Kai spielte in einem Fußballverein.

Veränderungen: Altersgruppe 11–12 Jahre
1. Max, der seine Videos auf eine bekannte Videoplattform hochlud, war traurig, und dann hat ihn ein Ereignis wütend gemacht. Was war in der Zwischenzeit geschehen?
    a) Er hatte auf seinem Kanal einige Abonnenten bekommen.
    b) Er hat herausgefunden, dass jemand ähnliche Videos mit schlechterem Inhalt hochgeladen hat.
    c) Die ohnehin oft langsame Internetverbindung brach genau in dem Moment ab, als er kurz davor stand, ein langes Video hochzuladen.
    d) Ein Kommentar zu seinem letzten Video war negativ.

2. Thomas hat früh angefangen, Geige zu spielen. Die Musik war seine Leidenschaft, und er wollte später ein professioneller Musiker werden. Alles lief gut, aber dann war er niedergeschlagen. Was war in der Zwischenzeit geschehen?
    a) Für eine neue Geige für ihn hatten seine Eltern viel Geld ausgegeben.
    b) Er durfte bei einem Konzert nicht auftreten.
    c) Ein anderer Schüler wurde ebenso gut benotet wie er.
    d) Sein älterer Musiklehrer, der ihn von Anfang an unterrichtete, zog in eine andere Stadt.

4.3 · Übungen

3. Emanuel spazierte durch den Park und ärgerte sich, weil er heute kein Taschengeld bekommen hat. Dann fühlte er sich angeekelt. Was war in der Zwischenzeit geschehen?
   a) Sein Freund ist nicht zur Verabredung erschienen.
   b) Er ist in einen Hundehaufen getreten.
   c) Die Eisdiele, von der er gerade kommt, war geschlossen.
   d) Er hat vorhin seinen Lieblingsbusfahrer in seiner Straße vorbeifahren sehen.

4. Es hat Lisa viel Zeit und Mühe gekostet, in der Schule am Computer ihr Referat für den Biologie-Unterricht sorgfältig vorzubereiten. Später war sie deprimiert. Was war in der Zwischenzeit geschehen?
   a) Sie fand es schade, dass die Arbeit am Referat abgeschlossen ist, weil sie viel Spaß daran hatte.
   b) Ein Freund hat für ihr Referat Verbesserungsvorschläge gemacht.
   c) Sie hat den USB-Stick verloren, auf dem ihr Referat abgespeichert war.
   d) Nach dem Durchlesen ihres Referats hatte sie noch jede Menge Ideen, es zu verbessern.

5. Natalies beste Freundin war entspannt, und dann fühlte sie sich beleidigt. Was war in der Zwischenzeit geschehen?
   a) Natalie hat in ihrer Deutsch-Prüfung eine bessere Note als die Freundin geschrieben.
   b) Natalie hatte eine Termin-Absprache völlig vergessen.
   c) Natalie hat ihr unberechtigt Vorwürfe gemacht.
   d) Sie hatte sich mit Natalie gestritten, dann aber wieder vertragen.

6. Pia war sehr angespannt vor ihrem Auftritt auf einem Schulfest, wo sie Geige spielen sollte. Etwas später war sie enttäuscht. Was war in der Zwischenzeit geschehen?
   a) Sie durfte etwas länger spielen als geplant.
   b) Ihre Großeltern kamen etwas verspätet zum Auftritt.
   c) Vor Aufregung hatte sie schlechter gespielt als erwartet.
   d) Die Leute klatschten lange Applaus.

7. Dirks Bruder, mit dem er das Kinderzimmer teilen muss, ist sehr unordentlich und faul. Immer wieder muss Dirk ihm sein Spielzeug hinterherräumen. Dirk bittet seinen Bruder um Ordnung, aber der macht es trotzdem immer wieder. Das machte Dirk immer ziemlich wütend. Eines Tages musste Dirk sich aber einmal nicht ärgern. Was war in der Zwischenzeit geschehen?
   a) Seine Eltern haben gesagt, dass Dirk bald sein eigenes Zimmer bekommt.
   b) Der Bruder von Dirk hat sein Spielzeug aufgeräumt.
   c) Sein Bruder versprach ihm, zukünftig immer ordentlich zu sein.
   d) Dirk hat erfahren, dass morgen wegen Krankheit einer Lehrerin in der Schule die erste Stunde ausfällt.

8. Die Vorbereitung auf eine Prüfung in der Schule war für Tim sehr stressig, weil er dafür wenig Zeit hatte und der Stoff schwierig war. Später war er ziemlich erleichtert. Was war in der Zwischenzeit geschehen?
    a) Er hat die Prüfung bestanden.
    b) Die Prüfung wurde auf zwei Stunden später verschoben.
    c) Ein Freund von ihm hat angerufen und gesagt, dass er es auch schwer hat.
    d) Sein Vater versprach Tim einen Kinobesuch, falls er die Prüfung mit einer guten Note besteht.

9. Detlef ist durch die Abschlussprüfungen für die 6. Klasse gefallen und kann nicht in die 7. Klasse versetzt werden. Das beunruhigte ihn sehr. Etwas später war er erleichtert. Was war in der Zwischenzeit geschehen?
    a) Sein Freund sagte ihm, dass Schule nicht so wichtig ist. Hauptsache, dass Detlef immer noch Mitglied in seinem Verein ist.
    b) Es stellte sich heraus, dass es außer Detlef noch viele weitere Schüler gibt, die nicht in die 7. Klasse versetzt werden können.
    c) Seine Mama hat Detlef gesagt, dass sie für ihn eine Nachhilfe gefunden hat.
    d) Seine Eltern haben für ihn eine andere Schule gefunden, wo er die 6. Klasse wiederholen kann und entsprechend seinen Fähigkeiten gefördert wird.

10. Jens, der sich gern sozial engagierte und ein guter Schüler war, wurde später enttäuscht. Was war in der Zwischenzeit geschehen?
    a) Weil er viele Hausaufgaben hatte, konnte er seiner Mutter in der Küche nicht helfen.
    b) Er wäre gerne Klassensprecher geworden, aber ein anderer Schüler wurde gewählt.
    c) Eine Lehrerin, die er sehr mochte, ist krank geworden.
    d) Er verspätete sich zur Schule, weil sein Bus viel zu spät gekommen war.

4.3.13 Umgang mit Emotionen (5–12 Jahre) (Lösungen auf ▶ Abschn. 4.5)

Übersicht

Liebe und Wut sind die zwei der stärksten Gefühle, zu denen der Mensch fähig ist. Zwischen Liebe und Wut gibt es im täglichen Miteinander viele Gefühlsgrade, die von unterschiedlicher Bedeutung sind. Eine wichtige Erziehungsaufgabe ist es, dem Kind beizubringen, all seine Gefühle steuern zu können. Damit ein Kind lernt, mit seinen Emotionen Ziele zu erreichen, braucht es viel Selbstbeherrschung und Selbstmotivation.
Mit dieser Übung wird versucht, herauszufinden, wie gut die Fähigkeit Ihres Kindes ist, eigene Emotionen in die Entscheidungsfindung adäquat miteinzubeziehen.

4.3 · Übungen

Beispiel
In deiner Klasse gibt es eine neue Schülerin, die du nicht magst, weil sie laut ist und andere ständig stört und ewig im Mittelpunkt stehen will. Wie reagierst du?
a) Du denkst: „Mit diesem Mädchen kann ich nicht auskommen."
b) Du denkst: „Wenn ich mich vernünftig verhalte, kann ich auch mit diesem Mädchen klarkommen."
c) Du tust dich mit anderen gleichgesinnten Schülern zusammen, und ihr ärgert die Neue ganz gerne mal.
d) Du befragst deine Mitschüler, ob die neue Schülerin sie auch so nervt, und gehst zum Lehrer, um ein klärendes Wort zu sprechen.

Stimmst du einer oder mehreren Verhaltensweisen zu?

Auswertung
Die Verhaltensweise a) ist falsch. Du bestärkst dich nur in deiner negativen Haltung. Das zukünftige Zusammensein wird sich schwer gestalten. Die Verhaltensweise b) schafft die beste Voraussetzung für ein positives Klassenklima. Die Verhaltensweisen c) und d) sind fragwürdig. Die letzte kann in manchen Fällen angemessen sein, wird aber erst dann vertretbar, wenn andere Bemühungen nichts bringen. Was solltest du denn tun? Du magst die Neue nun mal nicht. Aber musst du das überhaupt? Nicht unbedingt. Natürlich ist es einfacher, wenn man für Personen, mit denen man umgehen muss, Zuneigung und Sympathie verspürt. Aber das ist auf jeden Fall keine Voraussetzung. Wichtig ist dabei, dass man auch mit Menschen, die einem nicht liegen, respektvoll umgeht. Wem schadest du, wenn du deine Mitschülerin nicht magst? Am meisten schadest du dir selbst. Denn durch fruchtlose negative Gefühle verbrauchst du nur unnötig Energie. Deine Bewertung einer Verhaltensweise wird nicht nur von der konkreten Situation, sondern auch von deinen vorhergehenden Erfahrungen beeinflusst.

Aufgabe
Versuche, dich in den folgenden Situationen wiederzufinden und zu entscheiden, welche Verhaltensweisen zur Verbesserung des Verhältnisses beitragen würden? Pro Aufgabe gibt es eine oder mehrere Antwortmöglichkeiten.

Umgang mit Emotionen: Altersgruppe 5–7 Jahre
1. Nina hat ihre Freundin Sophie ins Kino eingeladen. Kurz davor sagt Sophie ab. Wie reagiert Nina?
   a) Nina bricht die Freundschaft zu Sophie ab, weil sie nicht zuverlässig ist.
   b) Sie denkt: „Sophie erfand eine Ausrede, weil sie mit jemand anderem ins Kino wollte."
   c) Sie denkt, dass Sophie sicher einen wichtigen Grund zur Absage hatte. Das nächste Mal wird es sicher mit einem Kinobesuch klappen.
   d) Sie denkt: „Sophie ist rücksichtslos. Sie hat wie immer nicht an andere gedacht."

2. Karin und Tom streiten sich auf dem Spielplatz. Tom war bereits 10 Minuten auf der Schaukel, und Karin möchte jetzt auch mal schaukeln. Tom will aber nicht absteigen. Wie soll Karin reagieren?
   a) Sie beschimpft Tom und zieht sich zurück.

b) Sie bittet ihre Mama um Hilfe. Sie soll mit Tom reden.
c) Sie geht erstmal rutschen, und nach einigen Minuten streitet sie mit Tom wieder, der immer noch schaukelt und nicht absteigen möchte.
d) Sie unterdrückt ihre Wut und lenkt sich auf der Rutsche ab. Schließlich wird Tom nicht ewig schaukeln wollen.

3. Mona kann ihren Lieblingsfilm nicht zu Ende sehen. Es ist spät, und ihre Eltern sagen ihr, dass sie ins Bett muss.
   a) Mona findet das aber ungerecht, da sie dann eh noch nicht schlafen kann. Die meisten aus ihrer Klasse können einfach ins Bett gehen wann sie wollen, sagt sie.
   b) Mona hat Verständnis dafür, dass ihre Eltern darauf achten, dass sie genügend Schlaf bekommt, damit sie am nächsten Tag in der Schule nicht einschläft, sondern fit und konzentriert mitarbeiten kann und somit auch besser lernen kann.
   c) Mona ärgert sich. Sie geht aber schlafen, weil sie früh aufstehen muss. Es wäre blöd, wenn sie erst um Mitternacht ins Bett ginge, dann würde sie am nächsten Morgen müde sein.
   d) Mona bittet ihre Eltern um Erlaubnis, den Film zu Ende zu schauen, da er nur 15 Minuten länger geht und morgen kein Schultag ist.

4. Maria fühlt sich von ihrer Freundin Lara gekränkt und wartet auf eine Entschuldigung. Aber die bleibt aus. Die Kränkung, an sich ohne großen Belang, wächst und wird zu einer Mauer, die zwischen Maria und Lara steht. Was soll Maria tun?
   a) Maria vermutet, dass Lara die Kränkung, die sie ihr zugefügt hat, gar nicht als solche empfindet. Maria nimmt wieder Kontakt zu Lara auf.
   b) Maria spricht mit Lara an, was ihr missfallen hat.
   c) Maria verdrängt, dass Lara sie gekränkt hat.
   d) Maria verfasst einen Brief an Lara, in dem sie ihre Kränkung offenbart, und wartet auf eine passende Gelegenheit, um den Brief Lara zu geben. Diese Gelegenheit kommt dann aber nie.

5. Jana hat ihrem Freund für zwei Wochen eine CD mit Kinderliedern geliehen, aber ihr Freund gibt die CD nicht zurück. Wie soll Jana reagieren?
   a) Jana beklagt sich bei ihrer Mutter über ihren Freund.
   b) Jana ist sauer, aber sie traut sich nicht, nach der CD zu fragen.
   c) Sie fragt ihren Freund, ob er vergessen hat, ihr die CD zurückzugeben. Sie sagt ihm, dass sie auf ihre CD nur noch eine Woche warten kann.
   d) Jana erklärt ihrem Freund, dass sie so ein Verhalten ziemlich daneben findet, und verlangt sofort ihre CD zurück.

6. Luise kann sich auf ihre Hausaufgaben nicht konzentrieren, weil ihr großer Bruder im Nachbarzimmer laute Musik hört. Wie soll Luise reagieren?
   a) Luise beklagt sich bei ihren Eltern über ihren Bruder.
   b) Sie dreht das Radio in ihrem Zimmer auch voll auf.
   c) Luise geht zu ihrem Bruder und bittet ihn höflich, die Musik leise zu stellen.
   d) Sie beschließt, sich zu rächen und es ihm demnächst heimzuzahlen.

4.3 · Übungen

7. Paul kommt gut gelaunt auf den Spielplatz und sieht seine Freunde mit trüben Gesichtern auf der Bank sitzen. Wie soll Paul reagieren?
   a) Er fragt seine Freunde, ob irgendwas Schlimmes passiert ist.
   b) Er verlässt den Spielplatz, weil er keine Lust hat, mit seinen schlecht gelaunten Freunden zu spielen.
   c) Er macht sich über seine Freunde lustig.
   d) Er setzt sich gelangweilt zu ihnen und wartet ab, was passieren wird.

8. Zwei Freundinnen von Katja sind sauer auf sie. Wenn sie etwas mit einer Freundin unternimmt, fühlt sich die andere Freundin hintergangen. Das setzt Katja unter Druck. Sie überlegt oft, ob sie vielleicht etwas falsch macht. Wie soll Katja reagieren?
   a) Sie beschließt, sich neue Freundinnen zu suchen.
   b) Sie denkt daran, dass es unmöglich ist, es allen recht zu machen, und macht weiter wie bisher.
   c) Sie macht Vorschläge und unternimmt etwas mit ihren beiden Freundinnen.
   d) Zukünftig bestimmt sie selbst, mit wem und wann sie Zeit verbringt.

9. Die Freundin von Klara wird in der Schule gemobbt. Klara weiß nicht, wie sie ihrer Freundin helfen soll. Wie soll Klara reagieren?
   a) Klara empfiehlt ihrer Freundin, das Mobbing zu ignorieren. Irgendwann hören die Mobber dann auf, wenn der andere sich nicht darüber ärgert.
   b) Klara geht zum Lehrer und erzählt ihm vom Mobbing.
   c) Klara redet mit ihrer Freundin und zeigt ihr, dass sie hinter ihr steht. Die beiden Mädchen versuchen, mit den Mobbern zu sprechen und zu klären, was die Ursache ist.
   d) Klara freundet sich mit den Mobbern an und redet mit denen, damit sie ihre Freundin nicht mehr mobben.

10. Martina bekommt mit, dass einige Mitschüler sich über eine neue Schülerin lustig machen. Wie soll Martina reagieren?
    a) Sie schließt sich mit der neuen Schülerin zusammen, und die beiden machen sich lustig über die bösen Mitschüler.
    b) Martina macht ihren Mitschülern klar, dass das nicht der richtige Art ist, mit der neuen Schülerin umzugehen.
    c) Sie erinnert sich mit einem Schmunzeln daran, als sie selbst mal gehänselt wurde.
    d) Martina spricht die neue Schülerin an und empfiehlt ihr, zu versuchen, diese bösen Mitschüler auf ein Eis einzuladen.

Umgang mit Emotionen: Altersgruppe 8–10 Jahre
1. Paula, die Schwester von Miriam, wird wütend. Sie darf nicht fernsehen, obwohl ihre Lieblingssendung kommt. Wie soll Miriam reagieren?
   a) Miriam wird ebenso wütend. Sie findet es ungerecht, dass Paula nicht fernsehen darf.
   b) Miriam versucht, ihre Schwester zu beruhigen. Sie sagt zu Paula: „Stopp! Hol erst mal tief Luft!"

c) Miriam überlegt, wie sie reagieren soll, kommt aber zu keinem Entschluss.
d) Miriam bietet Mama um Erlaubnis, zusammen mit Paula, diese Lieblingssendung zu schauen. Der Fernseher wird dafür hinterher aber sofort ausgeschaltet.

2. Nina hat Carola zu einer Geburtstagsparty eingeladen. Als Carola dort ankommt, stellt sie fest, dass sie niemanden dort kennt und auch Nina nicht zu sehen ist. Was soll Carola machen?
   a) Sie findet im Bücheregal ein interessantes Buch und fängt an, es durchzublättern.
   b) Sie verlässt die Geburtstagsparty.
   c) Sie stellt sich vor und versucht, mit anderen ins Gespräch zu kommen.
   d) Sie zieht sich zurück und wartet auf Nina.

3. Hannah spielt in der Theatergruppe mindestens genauso gut wie ihre Mitschüler. Sie bringt immer gute Ideen mit. Lena spielt mittelmäßig, dafür ist sie in der Theatergruppe beliebt. Als die Leiterin der Theatergruppe, Frau Moser, bekannt gibt, dass Lena im neuen Theaterstück die Hauptrolle spielen wird, ist Hannah sehr verärgert. Wie reagiert Hannah?
   a) Hannah überlegt, welche Rollen sie für die Theatergruppe gespielt hat und wie gut sie als Schauspielerin ist.
   b) Hannah entscheidet sich, Frau Moser einzureden, dass Lena die Hauptrolle nicht verdient hat.
   c) Hannah vergleicht alle positiven und negativen Eigenschaften von Lena mit ihren Eigenschaften.
   d) Hannah versucht, die Ursache in sich selbst zu finden. Es gibt bestimmt einen Grund, warum sich Frau Moser für Lena als Hauptdarstellerin entschieden hat.

4. Olaf beklagt sich bei Uwe über einen Jungen, der ihn aufs Übelste beleidigt hat. Wie soll Uwe reagieren?
   a) Uwe lässt Olaf erklären, was los war, damit er die Situation selbst einschätzen kann. Anschließend gibt er Olaf einen Rat.
   b) Uwe wird ebenso wütend auf den andere Jungen wie Olaf. Er macht Vorschläge, wie sich Olaf an dem Jungen rächen kann.
   c) Uwe empfiehlt Olaf, sich nicht zu ärgern, weil das ohnehin nichts bringt.
   d) Uwe erinnert sich an eine ähnliche Situation, die er selbst erlebt hat. Er erzählt Olaf von seiner Schadenfreude, als sein Beleidiger eine 5 in Mathe bekommen hat.

5. Andreas steht in der Schulkantine in einer Schlange, und Theo drängelt sich vor. Wie soll Andreas reagieren?
   a) Andreas verspürt den Drang und schlägt Theo mit seinen Ellenbogen in die Seite.
   b) Andreas spricht ihn direkt und freundlich an, lässt Theo aber vor ihm an die Essens-Ausgabe. Aber wenn sich Theo bei ihm nicht bedankt, wird er vielleicht beim nächsten Mal weniger freundlich reagieren.

4.3 · Übungen

    c) Andreas sagt Theo, dass er sein Verhalten nicht in Ordnung findet. Theo ist nicht besser als die anderen, und er soll genauso in der Schlange stehen wie alle anderen.
    d) Andreas schimpft mit Theo und findet sofort einige Verbündete. Theo zieht sich wütend zurück und stellt sich hinten an.

6. Paul erzählt Robert, dass er einen neuen Freund kennengelernt hat. Robert kennt zufälligerweise den neuen Freund von Paul und weiß, dass er sehr unzuverlässig ist. Wie soll Robert reagieren?
    a) Robert sagt: „Ich kenne ihn. Er ist ein guter Freund."
    b) Robert sagt: „Den kenne ich. Wenn du möchtest, kann ich Einiges über ihn erzählen."
    c) Robert sagt: „Ich hoffe, dass eure Freundschaft lange hält, obwohl ich daran nicht glaube."
    d) Robert sagt: „Dieser Typ ist ganz schlimm."

7. Jule erzählt Anna von ihrem schönen Familienurlaub am Meer. Anna unterbricht Jule ständig und berichtet von ihren eigenen Ferien. Wie soll Jule reagieren?
    a) Jule fängt an, Anna auch zu unterbrechen. Anna soll merken, dass Jule das stört.
    b) Jule beachtet Anna nicht und erzählt weiter.
    c) Jule sagt Anna, dass sie das stört.
    d) Jule hört zunächst einmal zu, was Anna von ihren Ferien zu berichten hat, und erzählt erst anschließend von ihrem Urlaub.

8. Lena zeigt Suzi stolz ihren neuen Rucksack, den sie zu ihrem Geburtstag geschenkt bekommen hat. Suzi gefällt dieser Rucksack nicht, sie denkt, dass er hässlich aussieht, sagt es aber nicht. Was soll Suzi antworten, wenn Lena sie nach ihrer Meinung fragt?
    a) Suzi lügt: „Ich finde, er sieht gut aus, und praktisch ist er auch."
    b) Suzi sagt: „Von einem Geschenk kann man ja nicht viel erwarten."
    c) Suzi sagt: „Ich wünsche dir viel Freude damit. Aber mein Geschmack wäre es nicht, zu mir würde er nicht passen."
    d) Suzi lügt: „Wow! Toller Rucksack!"

9. Trotz intensiver Vorbereitung bekommt Anton eine schlechte Note in seiner Klassenarbeit. Wie soll Anton reagieren?
    a) Er überlegt sich, woran es liegen könnte, dass er so eine schlechte Note geschrieben hat.
    b) Er denkt: „Macht nichts. Ich bin ja in anderen Fächern überdurchschnittlich gut."
    c) Er wird wütend, beschuldigt seine Lehrerin, dass die Klausur viel zu schwierig war.
    d) Er beschließt, beim nächsten Mal früher mit dem Lernen anzufangen und fleißiger zu werden.

10. Die kleine Schwester von Stefan kommt weinend aus dem Kindergarten und beklagt sich, dass die anderen Kinder nicht mit ihr spielen wollen, Wie soll Stefan reagieren?
    a) Er beruhigt seine Schwester und sagt ihr, dass die anderen Kinder schlecht erzogen sind.
    b) Er geht mit seiner Schwester zur Ablenkung zum Spielplatz.
    c) Er sagt seiner Schwester, dass sie selbst schuld ist, dass andere Kinder mit ihr nicht spielen wollen, weil sie oft so zickig ist.
    d) Er überlegt mit seiner Schwester, was sie tun kann, damit andere Kinder mit ihr spielen.

Umgang mit Emotionen: Altersgruppe 11–12 Jahre
1. Fabian wurde von seinem engsten Freund Max beim Fußballspielen böse angerempelt und war deswegen sehr verärgert. Daraufhin verweigerte Fabian jeden Kontakt zu Max. Nach einiger Zeit bereute Max sein Verhalten. Er entschuldigte sich bei Fabian und fragte ihn per E-Mail, ob sie wieder Freunde sein werden. Wie reagiert Fabian?
    a) Fabian gibt Max eine Chance. Die beiden telefonieren miteinander und sprechen ab, was zu klären ist.
    b) Fabian versucht, das Verhalten von Max zu verstehen. Er gibt viele mögliche Gründe, warum Max sich jetzt erst entschuldigt. Fabian nimmt Kontakt zu Max auf.
    c) Fabian ignoriert Max, weil er glaubt, dass Max sich erneut in gleicher Weise verhalten würde.
    d) Fabian nimmt sich Zeit zum Nachdenken. Falls sich Max nach einiger Zeit erneut meldet, nimmt er zu ihm den Kontakt aber doch wieder auf.

2. Tobias hat einen Deutschtest mit der Note 6 geschrieben. Weil seine Mutter bezüglich seiner schulischen Leistungen ziemlich streng ist, hat er ihre Unterschrift gefälscht. Sein Lehrer hat nichts gemerkt, und alles war gut. Danach ist er durch eine mündliche Prüfung mit der Note 5 durchgefallen, und sein Klassenlehrer will mit seiner Mutter reden. Tobias hat Angst, dass die Sache mit der gefälschten Unterschrift beim Deutschtest auffliegt. Was soll er tun?
    a) Tobias beichtet die Note 6 und die gefälschte Unterschrift seiner Mutter. Wenn sie das weiß, ist sie dann nicht überrascht, wenn der Lehrer die Note samt Unterschrift erwähnt.
    b) Der Lehrer wird wahrscheinlich von der gefälschten Unterschrift nicht reden. Tobias beichtet seiner Mutter, dass er eine 6 hatte. Er erklärt seiner Mutter, dass er sich zukünftig Mühe geben wird.
    c) Tobias hat ein schlechtes Gewissen, aber er traut sich nicht, es seiner Mutter zu sagen.
    d) Tobias fühlt sich ungerecht behandelt. Er sucht nach einem Gespräch mit dem Lehrer, um zu verhindern, dass dieser mit seiner Mutter redet.

4.3 · Übungen

3. Eines Morgens ist Tom zu spät aufgestanden. Hektisch packt er seine Sachen und rennt zur Bushaltestelle, damit er seinen Bus zur Schule erwischt. Der Bus aber ist zwei Minuten zu früh abgefahren. Wie soll Tom reagieren?
   a) Er ruft nachmittags die Verkehrsbetriebe an und beschwert sich über die Verfrühung.
   b) Er nimmt sich vor, beim nächsten Mal früher aus dem Haus zu gehen.
   c) Er ruft in der Schule an und sagt Bescheid, dass er sich verspätet.
   d) Er rennt dem Bus hinterher und probiert, ihn an der nächsten Haltestelle zu erwischen.

4. Bei einem Teamprojekt in einer kleinen Gruppe hat Anna die entscheidende Idee gehabt. Paul stellt dies bei der Lehrerin aber so dar, als ob er diese Idee hatte, Anna erwähnt er gar nicht. Wie soll Anna reagieren?
   a) Sie möchte eine Aussprache mit Paul vermeiden. Man wird schon irgendwann erfahren, wessen Idee das war.
   b) Sie entscheidet sich, Paul nicht mehr zu beachten.
   c) Bei dem nächsten Gespräch mit der Lehrerin stellt sie den Sachverhalt klar und fordert Paul auf, sich zu entschuldigen.
   d) Sie schimpft bei anderen Schülern über Paul und versucht, ihn als gemein und hinterlistig darzustellen.

5. Bei einer Diskussion in einer Klassengruppe über afrikanische Flüchtlinge in Deutschland steht Oliver mit seiner Meinung alleine da. Alle anderen sind sich einig und kritisieren ihn heftig. Wie soll sich Oliver verhalten?
   a) Oliver bleibt bei seiner Meinung. Um die anderen nicht zu provozieren, gibt er aber scheinbar nach, um die Diskussion friedlich zu beenden.
   b) Oliver beginnt, an sich zu zweifeln. Er denkt daran, dass doch nicht alle anderen sich irren können, also muss er falsch liegen.
   c) Oliver wird wütend, er bricht die Diskussion ab, weil er aus seiner Sicht keine Chance hat, die anderen zu überzeugen.
   d) Oliver ist sich seiner Sache sicher. Er bleibt sachlich und verweist auf Belege, welche die Richtigkeit seiner Meinung beweisen.

6. Lola hat sich mit Nadja verabredet. Sie kommt aber einfach nicht und antwortet auch nicht auf WhatApps. Lola wartet eine halbe Stunde, aber es rührt sich nichts. Wie soll Lola reagieren?
   a) Sie ruft eine andere Freundin und trifft sich mit ihr.
   b) Sie beschließt, beim nächsten Mal genauso zu handeln.
   c) Sie fragt sich, was sie falsch gemacht haben soll, dass ihre Freundin sie einfach vergessen hat.
   d) Sie nimmt sich vor, zukünftig verlässliche Freunde auszusuchen.

7. Die 10-jährige Schwester von Nadine ist schlank und sportlich. Nadine ist nicht so sportlich und auch nicht sehr schlank, aber sie war bisher immer zufrieden mit ihrer Figur. Seit einiger Zeit wird Nadine von ihrer Schwester andauernd runtergemacht. Sie muss sich von seiner Schwester anhören, dass sie zu fett ist. Wie soll Nadine reagieren?
   a) Nadine verteidigt sich, indem sie ihre Schwester angreift und behauptet, sie sei magersüchtig und im Schlankheitswahn.
   b) Nadine bleibt cool und lässt ihre Schwester reden.
   c) Nadine macht sich Gedanken über die negativen Charaktereigenschaften ihrer Schwester.
   d) Nadine lässt sich nicht runtermachen, solange sie sich in ihrem Körper wohlfühlt.

8. Die Schwester von Paula hat zum wiederholten Mal ihre Spielsachen im gemeinsamen Kinderzimmer nicht aufgeräumt, obwohl sie diesmal dran war. Offensichtlich war sie zu viel mit ihrem Smartphone beschäftigt. Wie soll Paula reagieren?
   a) Paula räumt die Spielsachen selber auf.
   b) Paula sagt zu ihrer Schwester: „Mir scheint, dass dir dein Smartphone wichtiger ist als die Ordnung in unserem Zimmer." Sie bittet ihre Schwester, schnellstmöglich die Sachen aufzuräumen.
   c) Paula wird wütend und fordert ihre Schwester auf, ihre Spielsachen sofort aufzuräumen.
   d) Paula beklagt sich bei ihren Eltern über die Schwester.

9. Lena fühlt sich sehr einsam, weil sie nicht so viele Freunde hat wie andere Mädchen aus ihrer Klasse. Sie weiß nicht, was sie falsch macht. Wie soll Lena reagieren, um Freunde zu gewinnen?
   a) Sie lädt eine nette Mitschülerin zu sich nach Hause ein.
   b) Lena tritt einem Verein bei, der den Zusammenhalt von Menschen erfordert.
   c) Lena lernt, mit sich selbst klarzukommen. Man kann sich ja auch unter vielen Menschen einsam fühlen.
   d) Lena lernt, wie man ein Gespräch beginnt und während einer Unterhaltung das Interesse der anderen wachhält.

10. Toms Freund Robert wurde von einem Jungen aus der anderen Klasse sein Smartphone weggenommen. Robert kocht vor Wut. Sein Herz schlägt schneller als sonst, ihm ist ganz heiß, und sein Kopf ist rot wie eine Tomate. Er sieht so aus, als ob er dem anderen am liebsten eine reinhauen möchte. Wie soll Tom reagieren?
    a) Tom verrät Robert einige Tricks, wie man seine Wut bändigen kann.
    b) Tom beschließt, dem Jungen aus der anderen Klasse bei der Gelegenheit ebenso etwas wegzunehmen.
    c) Tom rät Robert, die Hilfe von Erwachsenen zu suchen.
    d) Zusammen mit Robert verprügelt Tom den bösen Jungen.

4.3.14 Gesichtsausdrücke (5–12 Jahre) (Lösungen auf ► Abschn. 4.5)

In einer Aufgabe werden vier verschiedene Fotos von Kindern präsentiert. Jede Altersgruppe bearbeitet drei Aufgaben. Sie zeigen Ihrem Kind jeweils vier Fotos und bitten Sie es, das Foto mit der gesuchten Emotion zu finden. Das Kind soll auf ein Foto zeigen. Fragen Sie z. B. wie in der ersten Aufgabe: „Ich zeige dir jetzt Fotos von Kindern. Schau dir diese vier Bilder gut an und sag mir, welches Kind sich traurig fühlt."

Gesichtsausdrücke: Altersgruppe 5–7 Jahre

Aufgabe: Finde das Gesicht, das die gesuchte Emotion an ehesten zum Ausdruck bringt.
1. Trauer (traurig, verzweifelt)

2. Angst (ängstlich, ein Angsthase, entsetzt, erschrocken, jemand, der sich fürchtet)

3. Freude (lustig, fröhlich, glücklich, sich freut, jemand, der Freude hat, lacht)

4.3 · Übungen

1. a) Photo by ArmyAmber at Pixabay.com, b) Photo by MarkoLovric at Pixabay.com, c) Photo by Inactive account ID-28703 at Pixabay.com, d) Photo by skimpton007 at Pixabay.com.
2. a) Photo by PublicDomainPictures at Pixabay.com, b) Photo by Tiluria at Pixabay.com, c) Photo by spike at Pixabay.com, d) Photo by Berzin at Pixabay.com.
3. a) Photo by isakarakus at Pixabay.com, b) Photo by Victoria_Borodinova at Pixabay.com, c) Photo by Bessi at Pixabay.com, d) Photo by spike at Pixabay.com.

Gesichtsausdrücke: Altersgruppe 8–10 Jahre
1. Freude (lustig, fröhlich, glücklich, sich freut, jemand, der Freude hat, lacht)

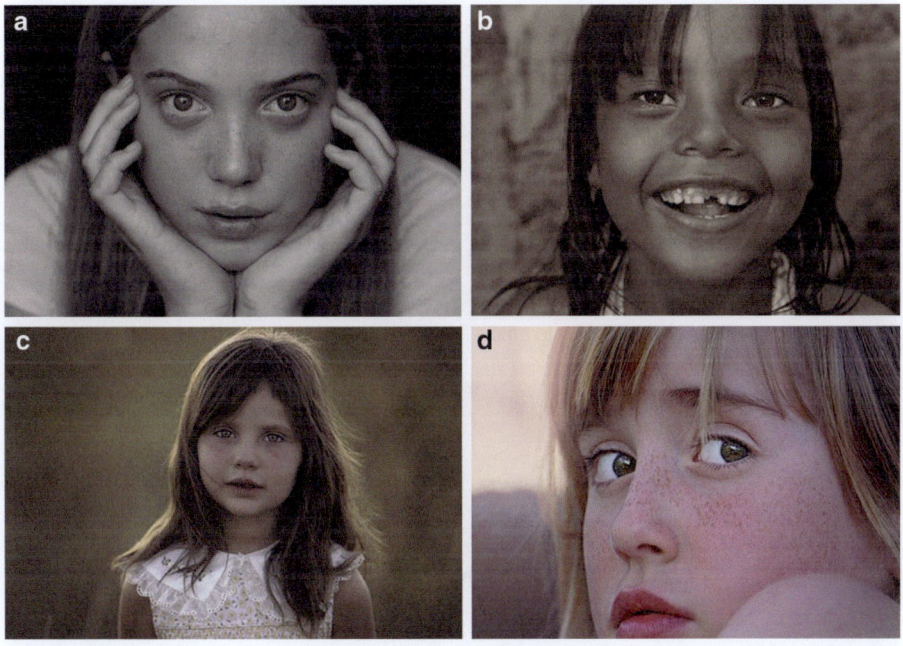

2. Trauer (traurig, verzweifelt, einsam)

3. Ärger (böse, wütend, zornig, grantig, ist beleidigt, ärgert sich)

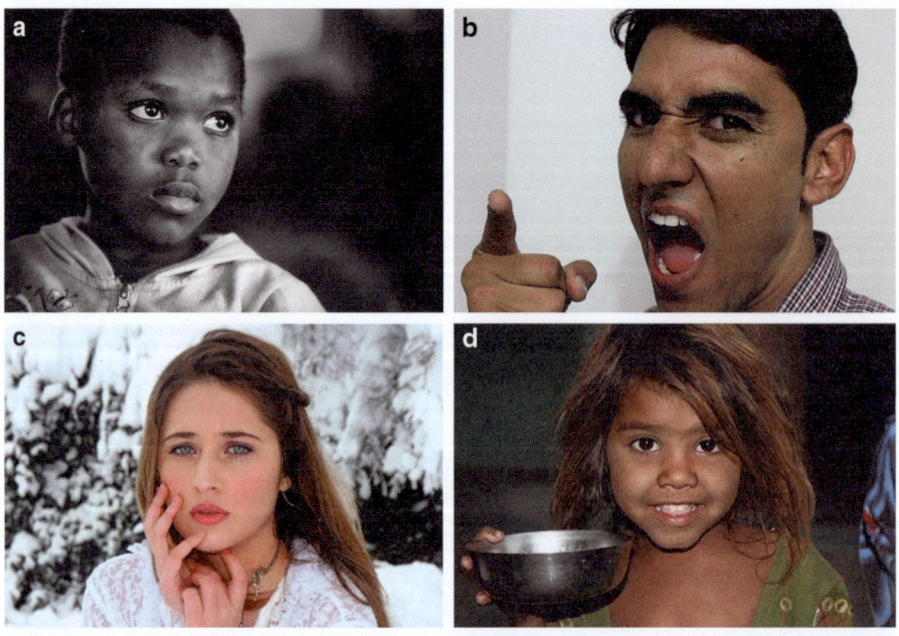

4.3 · Übungen

1. a) Photo by Shanon at Pixabay.com, b) Photo by Rene Asmussen at Pixabay.com, c) Photo by langll at Pixabay.com, d) Photo by Pezibear at Pixabay.com.
2. a) Photo by seesouk souvannaphongsay at Pixabay.com, b) Photo by Bkrmadtya-Karki at Pixabay.com, c) Photo by Victoria Borodinova at Pixabay.com, d) Photo by Gilmanshin at pixabay.com.
3. a) Photo by CCO at Pixabay.com, b) Photo by Ashish_Choudhary at Pixabay.com, c) Photo by AdinaVoicu at Pixabay.com, d) Photo by fr_golay at Pixabay.com.

Gesichtsausdrücke: Altersgruppe 11–12 Jahre
1. Wut (zornig, böse)

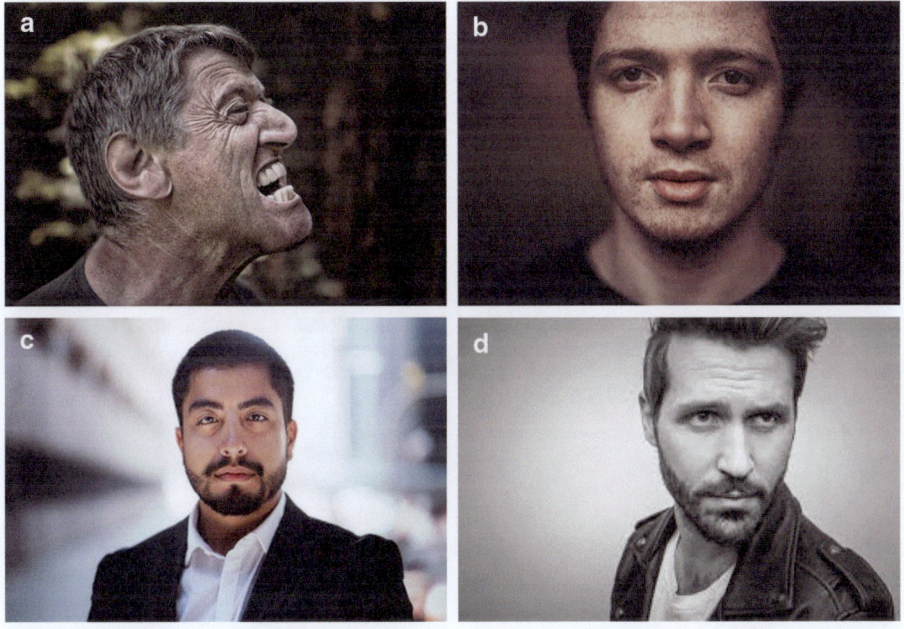

2. Glück (lustig, fröhlich, glücklich, sich freut, jemand, der Freude hat, lacht)

3. Trauer (traurig, verzweifelt)

1. a) Photo by geralt at Pixabay.com, b) Photo by James Bragg at Pixabay.com, c) Photo by Shanon at Pixabay.com, d) Photo by Bruce Mars at Pixabay.com.
2. a) Photo by Samad Ismayilov at Pixabay.com, b) Photo by James Bragg at Pixabay.com, c) Photo by Flickr at Pixabay.com, d) Photo by James Bragg at pixabay.com.
3. a) Photo by Tarzine Jackson at Pixabay.com, b) Photo by Bruce Mars at Pixabay.com, c) Photo by Leroy_Skalstad at Pixabay.com, d) Photo by Kat Jayne at Pixabay.com.

4.3.15 Argumentationen (ab 10 Jahre)

In einigen Situationen möchte man seine Meinung durchsetzen und weiß nicht, wie das am besten geht. Gezielt argumentieren ist aber eine wichtige Fähigkeit, die man im Alltag braucht. Unter einer Argumentation versteht man die richtige Aufstellung von Argumenten und Thesen.

Es gibt verschiedene Arten zu argumentieren.

Zum Beispiel möchte deine kleine Schwester am Computer ein Spiel spielen, du brauchst den Computer aber gerade dringend, um Recherchen für deine Geografie-Hausarbeit durchzuführen.

So kannst du vorgehen:
- Verständnis zeigen: „Ich kann sehr gut verstehen, dass du jetzt am liebsten dein Computerspiel spielen würdest."
- Wertschätzen: „Ich weiß, dass das dein Lieblingsspiel ist, aber ..."
- Eigene Meinung geschickt vorbringen: „Weißt du, es ist sehr wichtig, dass ich mich jetzt für meinen Unterricht vorbereite."
- Kompromisse vorschlagen: „Du lässt mich jetzt noch eine Stunde am Computer arbeiten, und danach kannst du dein Spiel spielen, so lange du möchtest."

Aufgabe: Folgende Situationen sollen in einem Rollenspiel (mit einem Kind oder einem Erwachsenen) geübt werden:
1. Mama sagt, dass du ins Bett gehen solltest. Du malst aber gerade ein Bild und brauchst noch etwa 15 Minuten, bis es fertig wird.
2. Dein Bruder möchte seine Gummibärchen nicht mit dir teilen.
3. Du möchtest deine Eltern davon überzeugen, dein Taschengeld zu erhöhen.

4.3.16 Sich in die Lage des anderen versetzen (ab 10 Jahre)

Folgende Situation: Ein Bekannter geht an dir vorbei, ohne dich zu grüßen. Hat er dich vielleicht absichtlich übersehen? Beachte diese Vermutung nicht. Überlege dir stattdessen fünf gute Gründe, warum dein Bekannter dich nicht gegrüßt haben könnte. Vervollständige bitte folgende Liste:

1. Hat er vielleicht wegen einer nicht bestandenen Prüfung Ärger?
2. Musste er sich vielleicht beeilen, um noch rechtzeitig zu seinem Fußballtraining zu kommen?
3. _____
4. _____
5. _____
6. _____
7. _____

Sind das vielleicht die Gründe, die auch dich in vergleichbaren Situationen vom Grüßen abhalten würden? Wenn du solche Aufgaben in vergleichbaren Situationen oft genug einübst, wirst du in der Lage sein, auf das Verhalten eines anderen, das im ersten Moment irritierend wirken mag, verständnisvoller zu reagieren. So entwickelst du im Laufe der Zeit immer mehr Verständnis dafür, dass einer für sein Verhalten wahrscheinlich sehr gute Gründe hat.

4.3.17 Geheimnisse (ab 5 Jahre)

Diese Übung stellt eine Möglichkeit dar, Vertrauen aufzubauen und zu Offenheit zu ermuntern. Jedes Kind schreibt ein kleines Geheimnis auf ein Stück Papier auf (z. B., dass man heimlich genascht hat, seine Hausaufgaben abgeschrieben hat, das Legohaus vom Geschwisterkind heimlich kaputtgemacht hat, schon einmal eine kleine Lüge gesagt hat, etwas weitererzählt hat, das man eigentlich nicht weitersagen sollte). Es sollte sich aber nur um Geheimnisse handeln, bei denen es nicht wirklich schlimm ist, wenn andere sie erfahren. Dann sollte jeder das Papier zusammenfalten, seinen Namen darauf schreiben und es in eine Schale legen.

Nun lassen Sie zunächst reihum die Kinder über eine Zeit berichten, als er oder sie jemandem etwas Wichtiges anvertraut hat.

Dann folgt eine weitere Runde, in der jedes Kind von einer Gelegenheit erzählen darf, bei der jemand sein Vertrauen missbraucht hat. Die Kinder erhalten einen Punkt, wenn sie sich zu diesen Themen äußern, sie haben aber die Option, zu „passen", wenn sie es wollen. In einer dritten Runde nimmt jeder eines der Geheimnisse aus der Schale heraus, auf dem der Name eines anderen steht. Wenn alle Kinder das ungeöffnete Geheimnis von jemand anderem in den Händen halten, fragt jedes Kind die Person, deren Geheimnis es in Händen hält, ob es vorgelesen werden darf oder nicht. Wenn die betroffene Person mit „Nein" antwortet, wird es ihr ungeöffnet zurückgeben. Wenn die Person mit „Ja" antwortet, wird das Geheimnis vorgelesen, und die Person, die es aufschrieb, erhält einen Punkt dafür, dass sie darüber spricht.

4.3.18 Fragebogen Freundschaft (ab 5 Jahren) (Lösungen auf ▸ Abschn. 4.5)

Ein Freund oder eine Freundin ist jemand, den du magst. Freunde helfen einander, machen viele Dinge zusammen: Sie spielen, sie lachen, sie reden, sie plantschen

4.3 · Übungen

durch Pfützen, sie treffen sich auf dem Spielplatz oder gehen zum anderen auf Besuch. Manchmal gibt es Streit. Dann sind beide aufeinander böse. Sie wollen nicht mehr zusammenspielen. Aber wenn der Streit vorbei ist, sind sie wieder Freunde. Jeder kann ein Freund sein: Ein Kind aus der Nachbarschaft, aus dem Kindergarten oder aus der Schule, deine Eltern, deine Schwester oder dein Bruder oder ein Haustier können deine Freunde sein.

Beispiele:
- Ich mag es, wenn mein Papa mich auf seinen Schultern trägt. Er ist mein stärkster Freund.
- Meine Katze schnurrt, wenn ich sie streichle. Sie ist mein liebstes Kuscheltier.
- Mit einem Jungen aus der Schule teile ich Geheimnisse. Deshalb ist er mein bester Freund.
- Ich habe meine kleine Schwester sehr lieb und mag mit ihr spielen. Sie ist meine beste Freundin.

Es gibt verschiedene Arten von Beziehungen. Sie unterscheiden sich durch die Art und Weise, wie man zu jemandem stehen kann. Eine davon ist Freundschaft.
Schreibe bitte zu folgenden Fragen einige Stichwörter, die dir spontan einfallen.

1. Was macht einen Freund aus?	
2. Wozu braucht man Freunde?	
3. Worin besteht der Unterschied zwischen einem Freund und einem Bekannten?	
4. Was bedeutet für dich Freundschaft?	
5. Was sollte man in einer Freundschaft nicht tun?	
6. Muss man einem Freund alles erzählen?	
7. Welche Nachteile haben Freundschaften?	
8. Was kann man tun, um Freunde zu finden?	

4.3.19 Eine Nachdenkaufgabe für Kinder (ab 8 Jahre)

Schimpfwörter und Beleidigungen kommen im schulischen Alltag immer wieder vor. Kinder, die zu Streitigkeiten neigen, bearbeiten folgendes Arbeitsblatt. Gerade das Verschriftlichen ist vielen Kindern sehr unangenehm. Es ist eine Sache, in einer emotionalen Situation Schimpfwörter zu verwenden, eine andere aber, diese in einer rationalen Situation noch einmal zu wiederholen und zu bearbeiten. Dieses Blatt kann zusätzlich auch von den Eltern unterschrieben werden.

Arbeitsblatt: Höflich sein

du hast _____ beleidigt. Was hast du zu ihm/ihr gesagt?
_____
_____

Erkläre bitte, was das genau heißt:
_____
_____

Wie fühlte sich derjenige/derjenige, den/die du beleidigt hast?
_____
_____

Schreib auf, wie du dich entschuldigen wirst:
_____
_____

Name: _____   Datum: _____

4.3.20 Konfliktsituationen (ab 10 Jahren) (Lösungen auf ▶ Abschn. 4.5)

Oft weiß man nicht, wann es angemessen ist, Dinge anzusprechen oder zu kommentieren. Was machst du, wenn dich ein Kind oder ein Jugendlicher ärgert? Dazu gibt es Strategien, wie du dich verhalten kannst.

Strategie 1. Ansprechen
Wenn dich jemand ärgert, solltest du ihn am besten gleich ansprechen. Du sagst z. B.: „Hör auf damit!"
du solltest Dinge ansprechen, wenn …
- das Verhalten eines anderen dich direkt betrifft und du dadurch beeinträchtigt wirst;
- jemand durch das Verhalten einer anderen Person gefährdet wird;
- du denkst, dass du es besser weißt und hier helfen kannst;
- jemand unabsichtlich einen gefährlichen Fehler macht.

Strategie 2. Nicht beachten
Wenn derjenige nicht aufhört, dich zu ärgern, solltest du versuchen, ihn nicht zu beachten. Du schaust beispielsweise weg und tust so, als würdest du es nicht mitbekommen.

4.3 · Übungen

Strategie 3. Weggehen
Oft hören diejenigen auf, dich zu ärgern, weil sie merken, dass es ihnen keinen Spaß macht, wenn sie nicht beachtet werden. Wenn das aber nicht hilft, dann geh weg. Man kann auf die andere Straßenseite gehen, in eine andere Ecke vom Zimmer oder sich zu anderen Kindern stellen.

Strategie 4. Unterstützung holen
Wenn das Kind oder der Jugendliche immer noch nicht aufhört, dich zu ärgern, dann solltest du Freunde um Hilfe bitten oder einem Erwachsenen Bescheid sagen.

In Konfliktsituationen fängt man mit Strategie 1 an und wendet die anderen Strategien nacheinander an. Wenn du dich aber bedroht fühlst oder von dem anderen Kind oder Jugendlichen geschlagen wirst, solltest du sofort Hilfe aufsuchen, also die Strategie 4 anwenden.

Nachfolgend sind einige Situationen zur Strategie 1 (Ansprechen) dargestellt. Kreuze bitte an, ob du ein Kind/einen Jugendlichen auf sein Verhalten ansprechen solltest oder nicht.

Situation	Ansprechen	Nicht ansprechen
a) Ein Kind klaut aus der Dose eines anderen Kindes sein Pausenbrot		
b) Ein Kind erzählt, dass es einen großen Bruder hat. Du weißt aber, dass das nicht wahr ist		
c) Ein Kind stellt einem anderen Kind ein Bein		
d) Du bekommst mit, dass zwei andere Kinder zum Tennisspielen verabredet waren und einer kurzfristig abgesagt hat		
e) Ein Kind hat während einer Klassenarbeit einen Lachanfall, und du kannst dich nicht konzentrieren		
f) Ein Kind ist in der Pause beim Spielen mit dem anderen zusammengestoßen		

Oft weiß man nicht so recht, wann man etwas sagen soll und wann nicht.
Nachfolgend sind einige Situationen zur Strategie 2 (Nicht beachten) dargestellt. Kreuze bitte an, in welchen Situationen es aus deiner Sicht hilfreich wäre, das Verhalten eines anderen Kindes oder Jugendlichen nicht zu beachten.

Situation	Beachten	Nicht beachten
a) Auf dem Nachhauseweg klaut ein Kind deine Schultasche		
b) Ein Kind nimmt dir deine Zeichnung weg, um dich zu ärgern		
c) Ein Kind beschuldigt dich vor dem Lehrer, bei der Klassenarbeit abgeschrieben zu haben		
d) Ein Kind erzählt dir etwas über ein anderes Kind, was nicht stimmt		

Angelehnt an: M. Paschke-Müller, M. Biscardi, R. Rauh, C. Fleischhacker, E. Schulz (2017): TOMASS – Theory-of-Mind-Training bei Autismusspektrumstörungen. Springer Verlag GmbH

4.3.21 Schaufensterbummel (ab 5 Jahren)

Ihr Kind soll gemeinsam mit Ihnen, wie aus einem Schaufenster heraus, Menschen beobachten und bestimmte Dinge über sie erraten: Gesichtsausdrücke, ihre Bewegungen, ihre Kleidung, ihre Stimme. Kann Ihr Kind erraten, was diese Menschen fühlen, wohin sie gehen? Wichtig ist auch die Beobachtung von Interaktionen zwischen anderen Eltern und ihren Kindern. Was geht zwischen ihnen vor? Gibt es Ähnlichkeiten mit Ihrer Familie? Beobachten Sie mit ihrem Kind Menschen und stellen Sie Überlegungen an:
— Wohin mag diese Person gehen?
— Was für einen Beruf hat diese Person vielleicht?
— Ist die Person nett oder unsympathisch?
— Ist die Person arm oder reich?
— Ist sie glücklich oder nicht so glücklich in ihrem Leben?
— Hätte Ihr Kind diese Person gerne als Freund/Freundin?

4.3.22 Bewusst mit Bewertungen umgehen (ab 5 Jahre)

Ein bewusster Umgang mit sozialen Bewertungen anderer Personen kann Kindern helfen, schwierige Situationen durch das Beschreiben mit etwas Distanz und Objektivität wahrzunehmen. Für eine Situation können unterschiedliche Bewertungen gefunden werden, was den Spielraum der Kinder vergrößert. Für diejenigen, die schnell negativ bewerten, könnte das zu einer wichtigen Erkenntnis werden.

Es sind zwei verschiedene Situationsbilder vorhanden. Zeigen Sie auf jedes Bild und fragen Sie: „Was siehst du auf diesem Bild? Erzähl alles, was passiert." Lassen Sie das Kind zunächst frei erzählen.

Zu jedem Bild sollten folgende Fragen erläutert werden:
— Wer ist alles auf dem Bild zu sehen?
— Was geschieht in der Situation?
— Was könnte das für die einzelnen Beteiligten bedeuten?

Bei dieser Gesprächsführung ist wichtig, zwischen Beschreiben und Bewerten der Situation zu unterscheiden: Was sehe ich, und was könnte das bedeuten?

Wenn das Kind fertig ist, stellen Sie zu Punkten, die das Kind noch nicht genannt hat, die spezifischen Kontrollfragen (siehe unten). Kann eine Antwort während der Durchführung nicht direkt als richtig oder falsch bewertet werden, besteht die Möglichkeit, diese wortwörtlich in der unten stehenden Tabelle zu notieren und später auszuwerten.

Bild 1

Kontrollfrage	Musterantwort	Beschreiben	Bewerten
Was macht das Mädchen?	Das Mädchen weint	Das Mädchen streckt sich hoch zur Puppe, es hat Tränen im Gesicht	Das Mädchen weint, es ist traurig, weil es die Puppe nicht kriegt
Was machen die Jungen?	Die Jungen nehmen dem Mädchen die Puppe weg	Die Jungen heben die Puppe hoch	Die Jungen nehmen dem Mädchen die Puppe weg, sie wollen das Mädchen ärgern und geben ihm die Puppe nicht zurück
Wie fühlt sich das Mädchen: Ist es fröhlich, wütend, traurig oder ängstlich?	Das Mädchen ist traurig	Das Mädchen hat Tränen im Gesicht	Das Mädchen weint, es ist traurig
Wie fühlen sich die Jungen: Sind sie fröhlich, wütend, traurig oder ängstlich?	Die Jungen sind fröhlich	Die Jungs lachen	Die Jungs sind fröhlich

Bild 2

Kontrollfrage	Musterantwort	Beschreiben	Bewerten
Was macht der Mann?	Der Mann winkt der Frau zu/grüßt die Frau/sagt „Hallo" zur Frau	Der Mann läuft auf ein Kind zu, das gerade einen Turm baut	Der Mann macht bestimmt den Turm kaputt
Was passiert mit dem Jungen?	Der Mann stolpert über den Jungen/über den Turm	Der Junge baut/spielt mit seinen Klötzchen	Der Junge hat Angst, dass der Mann gleich seinen Turm kaputt macht
Wie fühlt sich der Mann: Ist er fröhlich, wütend, traurig oder ängstlich?	Der Mann ist fröhlich	Der Mann lächelt und winkt der Frau am Fenster zu	Er ist fröhlich, vielleicht ist er in die Frau verliebt
Stolpert der Mann absichtlich über den Jungen, oder geschieht es aus Versehen?	Der Mann stolpert aus Versehen über den Jungen/den Turm	Der Mann schaut zum Fenster, er guckt nicht dahin, wo er hingeht	Er macht das wahrscheinlich nicht absichtlich, er ist wohl abgelenkt von der Frau
Wie fühlt sich der Junge: Ist er fröhlich, wütend, traurig oder ängstlich?	Der Junge hat Angst	Der Junge schaut nach oben und hat einen runden Mund	Der Junge ist wohl ängstlich, dass gleich etwas passieren wird
Wie fühlt sich die Frau: Ist sie fröhlich, wütend, traurig oder ängstlich?	Die Frau ist fröhlich	Die Frau hat ein lächelndes Gesicht und winkt	Sie freut sich, den jungen Mann zu sehen

4.4 Spiele

Angelehnt an: Alexander Grob, Giselle Reimann, Janine Gut, Marie-Claire Frischknecht (2013): IDS. Intelligenz- und Entwicklungstest für das Vorschulalter. Manual.

4.4 Spiele

Übersicht der vorgestellten Übungen mit ihrer kategorialen Zuordnung.

4.4.1 Selbstwahrnehmung	4.4.2 Selbstmanagement
Eine Reise ins Land der Gefühle (5–10 Jahre)	Gefühle kennen lernen (5–12 Jahre)
Mein Vorbild (9–12 Jahre)	Heute geht es mir so (6–10 Jahre)
Wie war ich? (ab 8 Jahren)	Die Waage (6–12 Jahre)
Der Kummerkasten (ab 8 Jahren)	Das ABC der Gefühle (ab 7 Jahren)
Gefühlsrückblick (ab 6 Jahren)	Sesam öffne dich! (5–12 Jahre)
Situationen darstellen (ab 8 Jahren)	Eine Busfahrt mit viel Gefühl (5–8 Jahre)
Gesichtausdruck und Gefühle (ab 5 Jahren)	Der Kopf un der Bauch (ab 8 Jahren)
Gefühle ausdrücken (ab 6 Jahren)	Eine Buchlieferung (ab 8 Jahren)
Gefühle spielen (ab 6 Jahren)	Der Rätselsack (ab 8 Jahren)
Traurig oder froh? (ab 5 Jahren)	Ich mache so … (ab 5 Jahren)
4.4.3 Beziehungsmanagement	**4.4.4 Verantwortungsvolle Entscheidungen**
Zusammen einen Elefanten malen (9–12 Jahre)	Gedanken Ping-Pong (ab 8 Jahren)
Schimpfen gestattet (ab 5 Jahren)	Fallschirmspiel (6–12 Jahre)
Kräfte messen (ab 6 Jahren)	Wut-Hitliste (ab 6 Jahren)
Wirkung der Schimpfwörter (ab 6 Jahren)	Ich mag das, und was magst du? (6–12 Jahre)
Unterschiede und Gemeinsamkeiten (ab 6 Jahren)	Labyrinth (6–12 Jahre)
Schatzsuche (ab 8 Jahren)	Ich kenne ein Kind (6–12 Jahre)
Echo (ab 5 Jahren)	Kompliment machen, Loben, Schmeicheln (6–12 Jahre)
Befreuungsschrei (ab 5 Jahren)	Probleme aufschreiben (ab 6 Jahren)
Der kooperative Roboter (ab 8 Jahren)	Mein Vorbild (ab 6 Jahren)
Fang das Lächeln (ab 5 Jahren)	Einen Blinden führen (ab 7 Jahren)
4.4.5 Soziales Bewusstsein	
Das sinnliche Gesicht (7–12 Jahre)	
Ein Korb mit Komplimenten (ab 6 Jahren)	
Wichteln (ab 6 Jahren)	
Das doppelte Lottchen (5–12 Jahre)	
Der gefühlvolle Flaschengeist (7–12 Jahre)	
Geschichten erzählen (ab 5 Jahren)	
Ich bin dran (ab 7 Jahren)	
Höflicher Alltag (ab 5 Jahren)	
Zauberstab (ab 5 Jahren)	
Pressekonferenz (ab 8 Jahren)	

4.4.1 Selbstwahrnehmung

Die Wahrnehmung eigener Gefühle ermöglicht es, das Verhalten anderer besser zu verstehen, empathischer darauf einzugehen und Konflikte konstruktiv zu lösen. Indem Kinder bewusst im Team arbeiten und gemeinsame Erfahrungen machen, wird der Zusammenhalt gefördert. Beim Spiel „Eine Reise ins Land der Gefühle" lernen

Kinder durch eine interaktive Geschichte, Unterschiede der einzelnen Emotionen in Begleitung von körperlichen Reaktionen zu erkennen. Gefühle kann man nicht nur mimisch und mit dem Körper ausdrücken, sondern auch mit der Stimme, mit der Gangart, der Gestik oder mit der Wortwahl.

Beim Spiel „Traurig oder froh?" trainiert das Kind gezielt die Fähigkeit, bewusst eine bestimmte Stimmung in seine Stimme zu legen. Mit welcher Stimme sagt man:

„Ich bin sehr fröhlich"
„Ich bin total glücklich"
„Ich habe schreckliche Angst"
„Ieeeeh! Das ist ja eklig!"
„Ich bin sowas von wütend!!!!!!!!"
„Oh jeh … das ist wirklich eine traurige Geschichte …"
„Oh! Das ist ja eine Überraschung, dass du mich besuchen kommst!"

Lassen Sie das Kind dann den Satz mit der falschen Stimme sagen, also z. B. „Ich habe schreckliche Angst" mit der Stimme, die eigentlich wütend klingt. Wie hört sich das an?

Üben Sie auch mit dem Kind einen beliebigen, selbst ausgedachten Satz zu sagen:
- laut oder flüsternd,
- sehr schnell oder langsam sprechend,
- mit ganz tiefer oder mit hoher, piepsiger Stimme,
- ängstlich, traurig, lustig, glücklich, angeekelt, überrascht oder wütend,
- mit ganz tiefer oder mit hoher, piepsiger Stimme,
- stockend, stotternd oder mit vielen „Ähs" dazwischen.

Es kann z. B. sehr lustig sein, den Satz „Ich bin sehr wütend auf dich!" ganz langsam und mit piepsig-hoher Stimme zu sagen, unterbrochen von vielen „Ähs". Reden Sie mit dem Kind darüber, wie es auf andere wirkt, wenn es einen bestimmten Sprachstil hat.

Es gibt zahlreiche Situationen im Alltag der Kinder, die unterschiedliche Emotionen triggern. Man kann mit Kindern besprechen, in welchen Situationen sie schon einmal solche Gefühle, wie z. B. Angst, Trauer, Ekel, Wut, Glück, Fröhlichkeit oder Überraschung, erlebt haben. Besondere Erlebnisse einzelner Kinder oder inspirierende Persönlichkeiten können als Vorbild für andere dienen. Diese Art der Bewusstmachung von positiven Verhalten motiviert Kinder und trägt zu einem guten Klima bei.

Eine Reise ins Land der Gefühle (5–10 Jahre)

Ziele	Bewusstsein für Gefühle entwickeln. Unterschiede der einzelnen Emotionen erkennen
Variante	Die Kinder sitzen auf ihren Plätzen und hören der Geschichte zu
Sozialform	Gruppenspiel

Die Kinder stellen sich in einer Reihe hintereinander auf und fassen mit ihren Händen auf die Schultern des Vordermanns. Sobald die Kinder losgehen, kann der Zug in das Land der Gefühle starten. Der Spielleiter liest begleitend eine interaktive Geschichte vor. Die Schüler begleiten diese durch entsprechend passende Bewegungen.

Im Anschluss malt jedes Kind ein Bild über das Land, das ihn persönlich am meisten beeindruckt hat.

Geschichte

Wir begeben uns heute auf eine weite Reise in viele spannende Länder. Wir fahren lange, lange Zeit mit der Eisenbahn *(Kinder machen Zuggeräusche)*. Wir sind im Land der Freude. Die Menschen, die hier wohnen, sind immer fröhlich und lustig. Sie freuen sich schon, wenn sie am Morgen aufstehen. Sie recken und strecken sich wohlig, sie begrüßen uns lachend, sie hüpfen und springen, umarmen uns und tanzen mit uns im großen Kreis, kein Kind bleibt allein.

Leider müssen wir weiter. Die Lokomotive pfeift schon *(Kinder machen den Pfeifton nach)*. Wir steigen wieder in den Zug ein und fahren weiter. Wir fahren über viele Kilometer.

Dann kommt nach der Kurve ein großes Tor zum Land der Überraschungen. Wir öffnen das Tor und sehen einen Clown, der uns überrascht anschaut *(Kinder schauen überrascht)*. Damit haben wir nun wirklich nicht gerechnet. Überall hängen Luftballons am Himmel, und auf dem Boden liegt Zuckerwatte. Es fühlt sich so wie an Weihnachten an, wenn man die Geschenke aufmacht. Uhh, ist das geheimnisvoll hier. Wir gehen weiter und sehen hochhausgroße Lebkuchenhäuser, gehen vorbei an Salatwiesen und einem herrlichen Wald, plötzlich wird es dunkel.

Es fängt an zu regnen und zu stürmen, wir sind im Land der Trauer angekommen *(Kinder schauen traurig)*. Viele Menschen stehen dort am Straßenrand und sind traurig, sie weinen, weil einige von ihren Mitschülern gehänselt, andere von ihren Freunden belogen wurden. Wir nehmen die Leute aus dem Land der Trauer auf unsere Reise mit. Wir fahren weiter.

Nach kurzer Zeit sind wir im nächsten Land, im Land des Ekels *(Kinder machen einen angeekelten Gesichtsausdruck)*. Wir steigen aus und riechen einen beißenden Gestank aus der Toilette und das gammelnde Gemüse. Igitt! Uns wird ganz schwindelig und übel. Noch ein kurzer Blick in dieses widerwärtige Land, und wir steigen zurück in unseren Zug, denn hier stinkt es uns doch zu sehr. Wir fahren weiter *(Kinder machen Zuggeräusche)*, schauen uns die Natur an und winken einer Kuh zu *(Kinder winken)*.

Plötzlich wird es finster. Der Zug hält. Wir sind im Land der Wut *(Kinder machen einen wütenden Ausdruck nach)*. Hier wohnen Menschen, die sich ungerecht behandelt fühlen. Sie sind zornig und wütend, zerfetzen Sachen, stampfen mit den Füßen, werfen sich auf den Boden, raufen sich die Haare, ballen die Fäuste. Am liebsten würden sie jemandem eine reinhauen. Endlich pfeift unser Zug wieder. Wir holen tief Luft und werden wieder ruhig. Wir steigen ein und fahren weiter *(Kinder machen Zuggeräusche nach)*.

Wir fahren und fahren und fahren ohne ein Land in Sicht. Dann endlich am Horizont ein roter Schein! Das ist das Land der Liebe *(Kinder atmen erleichternd aus)*.

Wir steigen aus und sehen uns um. Wir sehen glückliche Menschen. Menschen, die glücklich sind, weil sie Freunde und Familie haben. Freunde, die mit ihnen Fußball spielen; Omas, die mit ihnen in den Zoo gehen, Väter und Mütter, die sich Zeit für ihre Kinder nehmen. Hier sind die Leute aus dem Land der Trauer richtig. Sie steigen hier aus. Sie werden getröstet und erhalten viel Liebe.

Wir sind angekommen! *(Kinder setzen sich wieder auf ihre Plätze)* Wir sind angekommen in einem Land, in dem man mit dem anderen mitfühlt, wenn es diesem gerade schlechtgeht. In einem Land, in dem es viele Freundschaften gibt, in dem sich jemand für deine Probleme interessiert. Das Land der Liebe vermittelt ein Gemeinschaftsgefühl, denn man ist für jeden da, auch für dich. Wir alle steigen im Land der Liebe aus.

Mein Vorbild (9–12 Jahre)

Ziele	Wege finden, mit den eigenen Sorgen umzugehen. Emotionen lenken können
Varianten	Die Kinder können ihren Helden malen. Die Lehrkraft kann dieses Bild ggf. einscannen, verkleinern und laminieren und den Schülern wiedergeben; diese können dann immer, wenn sie in einer schwierigen Situation sind, ihr Bildchen ziehen
Sozialform	Gruppenübung

> Mohandas Karamchand Gandhi wurde 1869 in Indien geboren, er erhielt später den Titel „Mahatma", was so viel wie „große Seele" bedeutet, dadurch ist er heute eigentlich nur noch als Mahatma Gandhi bekannt. Indien war damals von den Engländern erobert worden, und die indischen Bürger mussten für die Engländer arbeiten. Unfaire Gesetze schränkten die Rechte der Inder völlig ein. Oft gab es Aufstände, die dann von englischen Soldaten gewaltsam unterdrückt wurden. Mahatma Gandhi setzte auf friedliche Mittel, er war der erste Pazifist, er aß auch kein Fleisch und trank keinen Alkohol. Er rief seine Landsleute etwa auf, statt Revolten zu machen die Anordnungen der Briten einfach nicht mehr zu befolgen; er rief zum gewaltlosen Widerstand auf. Die Inder weigerten sich z. B., einfach für die Briten zu arbeiten. Gandhi musste mehrfach ins Gefängnis, weil er die Inder dazu angestiftet hatte, da er aber nie Gewalt ausgeübt hatte, konnte man ihn nicht lange einsperren. Die Inder begannen rasch zu verstehen, dass seine Art von passivem Widerstand viel nützlicher ist als Kriege zu führen und dass dabei niemand sterben muss. Gandhi rief dann zu einem friedlichen Fußmarsch auf, der ihn 385 km quer durch Indien führte. Unterwegs schlossen sich Tausende Inder an. Die Engländer konnten das schließlich nicht mehr übersehen, Gandhi wurde von der britischen Regierung nach London eingeladen, und seitdem ist Indien wieder ein freies Land. Bis zum heutigen Tag feiert ganz Indien Gandhi als Nationalhelden, und er ist berühmt geworden als Begründer des friedlichen Widerstandes.

Die Kinder bekommen den Auftrag, an jemanden zu denken, den sie bewundern und der seine Probleme auf gewaltfreie Weise löst. Diese Person kann aus dem Fernsehen sein, eine Comic-Figur, ein älterer Bruder oder eine ältere Schwester, ein Nachbar, ein Freund oder die Eltern. Die Schüler erzählen im Sitzkreis von ihrem Superhelden oder ihrer Superheldin und seiner (oder ihrer) Art, mit schwierigen oder beunruhigenden Situationen umzugehen. Der Spielleiter sollte darauf achten, dass sich die Kinder kein negatives, gewalttätiges Vorbild nehmen.

4.4 · Spiele

Wie war ich? (ab 8 Jahren)

Ziele	Übung von Selbstwahrnehmung und Selbsteinschätzung
Sozialform	Einzelübung

Der Spielleiter lässt Kinder nach einer Aufgabe, einer Klassenarbeit oder anderen Herausforderungen ihre eigene Leistung nach dem Motto „Wie schätze ich mich vor der Aufgabe ein und wie habe ich sie tatsächlich gemeistert?" beurteilen. Diskutieren Sie über die getroffenen Selbsteinschätzungen, vergleichen Sie auch eventuelle Unterschiede zwischen Mädchen und Jungen. Das einzelne Kind muss seine Selbsteinschätzung nicht vor allen aussprechen. Es kann sie auch schriftlich festhalten und später modifizieren.

4. Der Kummerkasten (ab 8 Jahren)

Ziele	Selbstwertgefühl stärken
Material	Kummerkasten, am besten selbst gebastelt
Sozialform	Gruppenspiel

In einem Kummerkasten gibt es viel Platz für Sorgen. Kinder schreiben auf Zettel, was ihnen in der Gruppe oder Klasse viel Sorgen bereitet. Die Entscheidung, ob es anonym bleibt oder ob das Kind mit seinem Namen den Zettel unterschreibt, wird dem Kind selbst überlassen. Regelmäßig wird der Kummerkasten geleert. Diese Aufgabe übernimmt ein gewähltes Kind. Die Kummerzettel werden dann vorgelesen und besprochen.

Gefühlsrückblick (ab 6 Jahren)

Ziele	Gefühle in unterschiedlichen Situationen erkennen
Material	Kärtchen oder aus Zeitschriften ausgeschnittene Bilder, die unterschiedliche Gesichtsausdrücke zeigen. Hut oder eine Papiertüte
Sozialform	Gruppenspiel

Bei diesem Spiel werden verschiedene Gefühle auf Kärtchen geschrieben, z. B.:

Angst	Faszination	Neid	Trauer
Ärger	Feigheit	Neugier	Überraschung
Besorgnis	Fröhlichkeit	Scham	Unbekümmertheit
Dankbarkeit	Glück	Schüchternheit	Unruhe
Eifersucht	Hass	Schuld	Verachtung
Einschüchterung	Hilflosigkeit	Spannung	Verwirrung
Einsamkeit	Langeweile	Stärke	Vertrauen
Ekel	Liebe	Stolz	Verzweiflung
Entmutigung	Misstrauen	Stress	Wut
Enttäuschung	Mut	Sympathie	Zufriedenheit
			Zuneigung

Alternativ kann man aus Zeitschriften Bilder ausschneiden, die unterschiedliche Gesichtsausdrücke zeigen. Die Karten werden in einen Hut oder in eine Papiertüte gelegt. Jeder Spielteilnehmer zieht eine Karte und teilt den anderen mit, wie er das betreffende Gefühl einmal erlebt hat. Zur Veranschaulichung können folgende Fragen gestellt werden:
    Was ist passiert?
    Was hast du getan?
    Woran hast du gemerkt, was du fühlst?
    Wann war das?
    Wo warst du?
    Wer war bei dir?
    Warum hast du, deiner Meinung nach, dieses Gefühl gehabt?

Die anderen Kinder können dann von Situationen erzählen, in denen sie sich ebenso gefühlt haben.

Beispiel
    Wer war bei dir? „Meine Mama"
    Was hast du getan? „Wir gingen zum Zahnarzt"
    Wann war das? „Gestern"
    Wo warst du? „Beim Zahnarzt"
    Woran hast du gemerkt, was du fühlst? „Ich hatte Bauchweh und ich weinte"
    Warum hast du, deiner Meinung nach, dieses Gefühl gehabt? „Ich hatte vor der Bohrmaschine Angst"

Situationen darstellen (ab 8 Jahren)

Ziele	Gefühle in unterschiedlichen Situationen erkennen
Material	Kärtchen oder aus Zeitschriften ausgeschnittene Bilder, die unterschiedliche Gesichtsausdrücke zeigen. Hut oder eine Papiertüte
Sozialform	Gruppenspiel

Möglichst ohne Worte spielen jeweils zwei Kinder eine Situation. Die anderen Kinder raten Gefühle, die bei diesem Spiel entstehen. Die Spielleitung kann mit Kindern davor besprechen, welche Situationen gespielt werden können und welche Gefühle dargestellt werden sollen.
    Beispiele für Situationen:
- Ein Kind ist mit seiner Mutter beim Arzt. Der soll das Kind einmal gründlich untersuchen. Er möchte dem Kind etwas Blut abnehmen (Angst).
- Eine Tante kommt zu Besuch (Freude). Sie bringt ein Geschenk mit (Überraschung).
- Ein Kind zerstört absichtlich ein Spielzeug (Schadenfreude) von dem anderen Kind (Trauer).
- Ein Kind spielt mit seinen Freunden Ball (Freude). Der Ball rollt dabei in einen Nachbargarten. Ein Kind soll ihn zurückholen (Angst).
- Ein Kind soll zu Mittag Miesmuscheln essen (Ekel).
- Ein Kind hat von seinen Eltern ein Fahrrad geschenkt bekommen (Freude). Das andere Kind möchte auch ein Fahrrad haben (Neid).

Anschließend kann man mit Kindern besprechen, in welchen Situationen sie schon einmal das entsprechende Gefühl erlebt haben.

Gesichtsausdrück und Gefühle (ab 5 Jahren)

Ziele	Aus dem Gesichtsausdruck Gefühle ablesen
Sozialform	Gruppenspiel

Was ein Gesicht alles zeigen kann, können Kinder erfahren, wenn sie sich im Spiegel betrachten. Geben Sie jedem Kind in der Gruppe einen Handspiegel, damit die Kinder sich möglichst wenig gegenseitig ablenken. Die Spielleitung gibt den Kindern nacheinander Anweisungen wie:
- Legt die Stirn in Falten
- Schielt mit den Augen
- Kräuselt die Nase
- Zieht die Mundwinkel nach oben und nach unten
- Streckt die Zunge aus
- Probiert alle Grimassen aus, die euch gefallen

Bitten Sie Kinder anschließend, ein lustiges, ein trauriges, ein wütendes, ein ängstliches, ein glückliches Gesicht usw. zu machen. Haben die Kinder gewusst, wie viele Gefühle sie mit ihrem Gesicht zeigen können und wie ihr Gesicht dann aussieht?

Gefühle ausdrücken (ab 5 Jahren)

Ziele	Gefühle auf verschiedene Art und Weise darstellen Andere wahrnehmen
Material	Kärtchen mit aufgeschriebenen Gefühlen
Sozialform	Gruppenspiel

Die Kinder sitzen im Kreis so, dass sie die Gesichter von den anderen Kindern auch sehen können. Der Spielleiter nennt verschiedene Gefühle oder zeigt die Kärtchen mit den aufgeschriebenen Gefühlen. Die Kinder versuchen, Gefühle auf verschiedene Art und Weise darzustellen:
- Mit dem Gesichtsausdruck (mimisch)
- Mit dem gesamten Körper (gestisch)
- Durch den Raum gehend, unter Einsatz des gesamten Oberkörpers (Gangart)
- Mit der Stimme (Betonung). Den Satz „Sie ist da" sollen Kinder fröhlich, erschrocken, wütend, überrascht, ängstlich, angeekelt usw. ausdrücken.
- Mit Wortwahl. Bei bestimmten Gefühlen benutzt man manchmal auch bestimmte Wörter, z. B. „Igitt" (Ekel), „Wow!" (Überraschung), „Mist!!!" (Ärger).

Gefühlszustände kann man nicht nur sehen, spüren oder sprachlich erfassen, sie sind auch insbesondere an der Stimmlage zu erkennen. Es kommt manchmal vor, dass im Miteinander doppelte Botschaften gesendet werden, indem Inhalt und Stimmton nicht zusammenpassen. Stellen Sie Kindern folgende Fragen:

Wie könnt Ihr Gefühle hören?
Wie unterschiedlich kann Eure Stimme klingen?
Wie unterschiedlich kann die Stimme Eurer Eltern, Geschwister oder Freunde klingen?
Wie hört sich die Mutter/der Vater an, wenn sie/er glücklich ist?
Wie hört sich der Freund an, wenn er Angst hat?

Gefühle spielen (ab 6 Jahren)

Ziele	Gefühle mit Mimik und Körperhaltung darstellen
Sozialform	Gruppenspiel

Die Kinder sollen versuchen, durch ihre Mimik und ihre Körperhaltung unterschiedliche Gefühle darzustellen. Die Spielleiterin gibt die entsprechenden Hinweise:
- „Stell dir vor, du wärst: ganz stark; sehr glücklich; furchtbar traurig; sehr wütend; ängstlich; mutig; müde; hellwach usw."
- „Stell dir vor, du hast in Mathe eine 1; du hast in Mathe eine 5; du hast heute Geburtstag; du gehst heute ins Kino; du hast ab heute Ferien usw."

Traurig oder froh? (ab 5 Jahren)

Ziele	Bewusst eine bestimmte Stimmung in seine Stimme legen
Sozialform	Gruppenspiel

Alle Kinder sitzen im Kreis. Die Spielleitung trägt in einer neutralen Stimmung einen Text vor, den alle kennen. Als ein Beispiel kann der Text des Liedes „Alle meine Entchen" von Ernst Anschütz genommen werden.

1. Alle meine Entchen schwimmen auf dem See schwimmen auf dem See. Köpfchen in das Wasser, Schwänzchen in die Höh	2. Alle meine Täubchen gurren auf dem Dach, gurren auf dem Dach, fliegt eins in die Lüfte, fliegen alle nach
3. Alle meine Hühner scharren in dem Stroh, scharren in dem Stroh, finden sie ein Körnchen, sind sie alle froh	4. Alle meine Gänschen watscheln durch den Grund, watscheln durch den Grund, suchen in dem Tümpel, werden kugelrund

Nun versucht ein Kind, diesen Text in einer vorgegebenen, z. B. traurigen Stimme aufzusagen. Die anderen Kinder sollen diese Stimmung erraten. Wer als Erstes die gemeinte Stimmung erraten hat, wiederholt diesen Text, aber mit einer anderen Stimme, z. B.

froh. Die anderen Kinder sollen jeweils die Stimmung, in der der Text vorgetragen wird, erraten. Anschließend kann Folgendes besprochen werden: Wie schwierig ist es, eine bestimmte Stimmung bewusst in seine Stimme zu legen? Bei welcher Stimmung gelingt es besser, bei welcher schlechter? Hört sich der Text in jeder Stimmung gleich an?

Um die Aufgabe verständlicher zu gestalten, können besonders jüngere Kinder den Text zuerst gemeinsam mit der Spielleitung mit einer bestimmten Stimme aufsagen. Wenn die Kinder das Spiel verstanden haben, können sie selbst kurze Texte auswählen und stimmungsvoll vortragen.

4.4.2 Selbstmanagement: Spiele

Eine wesentliche Voraussetzung für Selbstmanagement ist die Fähigkeit, eigene Emotionen wahrzunehmen, diese zu verstehen und sich seiner eigenen Werte, Bedürfnisse und Gefühle bewusst zu sein. Der verantwortliche Umgang mit Gefühlen erfordert die Fähigkeit, die eigene Stimmung zu steuern. Dabei hilft es, sich über die eigenen Gefühle zu äußern. „Wie geht es mir heute eigentlich?" ist eine Frage, die auch wir als Erwachsene uns viel zu selten stellen; man funktioniert im Alltag einfach, ohne in sich hineinzuspüren. Schon alleine durch die lapidare Frage, wie man sich heute eigentlich fühlt, geht man in Distanz, reflektiert sich selbst und kommt sich so auf die Schliche. Eigene Gefühle wahrzunehmen macht uns zu Menschen mit der Fähigkeit zu Empathie – wenn man seine eigenen Emotionen nicht wahrnimmt, wie soll man dann verstehen, was in anderen vor sich geht? Erst wenn ein Kind sich über seine Gefühle klar ist, kann es auch diese in anderen erkennen. Unser Körper fühlt mit und reagiert. Wie sitzen Sie eigentlich da, während Sie diesen Text lesen? Ist ihr Körper wirklich entspannt dabei? Manchmal lässt man automatisch die Schultern hängen oder ballt die Fäuste. Wie immer ein Kind körperlich reagieren mag, man sollte auch die eigene Körpersprache analysieren, um die ganze Palette seiner Gefühle und Emotionen bewusster zu kontrollieren. Im Spiel „Rätselsack" werden Kinder erfahren, wie es sich anfühlt, etwas wirklich konzentriert und achtsam mit den Händen zu berühren.

Gefühle kennenlernen (5–12 Jahre)

Ziele	Mit Gefühlen vertraut werden, grundlegende Emotionen kennenlernen, über Emotionen kommunizieren können
Material	Vier Bilder der Identifikationsfigur
Variante	Als Identifikationsfigur kann eine Marionette oder eine Handpuppe verwendet werden
Sozialform	Gruppenspiel

Gemeinsam mit einer Identifikationsfigur kann es für Kinder oder Heranwachsende unter Umständen leichter werden, verschiedene Gefühle kennenzulernen. Zur Thematisierung von Emotionen kann man eine solche Identifikationsfigur verwenden, die den Kindern von ihren Gefühlen berichtet. Die Kinder lernen so gemeinsam mit der Identifikationsfigur verschiedene Gefühle kennen und sprechen über diese. Der Spielleiter kann den Kindern folgende Berichte über die Identifikationsfigur vorlesen oder eine Audioaufnahme vorbereiten.

Neutrale Emotion	Hallo, mein Name ist Kai. Ich bin 9 Jahre alt und gehe schon in die 3. Klasse. Schule ist ganz ok; man sitzt halt herum und lernt. Die Lehrer, naja, ihr kennt das ja, mal sind sie ganz nett, mal auch nicht. So ist das eben. Ich kenne einige Leute aus meiner Klasse ganz gut, und wir verstehen uns im Großen und Ganzen ganz gut; Streit gibt's ja immer mal. In den Pausen spielen wir, leider ist Fußball auf dem Pausenhof verboten, aber da ist eine Tischtennisplatte. Man kommt aber meist nicht ran, weil andere Schüler daran spielen. Oft haben wir Kleingruppen zum Lernen. Ach ja, und wir haben ein Aquarium im Klassenzimmer, um das wir uns abwechselnd kümmern müssen. Die Lehrerin sagt, das ist wichtig, um zu lernen, Verantwortung zu übernehmen. Ich soll oft einem Flüchtlingskind helfen, das nicht so gut Deutsch kann, weil ich ganz gut in Rechtschreibung bin. Den Sportunterricht mag ich meistens nicht so gerne, weil ich nicht so ein Muskelprotz bin, aber man mogelt sich halt so durch. Meine Leistungen sind durchschnittlich, mein Vater würde es gerne sehen, wenn ich fleißiger wäre, aber meine Mutter ist zufrieden mit meinen Zensuren, solange ich keine 5er und 6er auf dem Zeugnis habe, läuft's ja. *Sind in dieser Beschreibung wesentliche Gefühle enthalten?*
Wut	Hallo, ich bin's wieder, der Kai. Ich hatte heute einen richtig doofen Tag und bin immer noch total wütend. Ich erzähl euch mal, was passiert ist: In der Früh hat mich meine Mama ausgeschimpft, weil ich so lange herumgetrödelt habe und es schon zu spät war, um noch rechtzeitig in die Schule zu kommen. Auf dem Schulweg bin ich dann gerannt und gestolpert, und meine Schulhefte sind in die Pfütze gefallen, weil der Ranzen nicht richtig zu war. Logisch bin ich dann fast 10 Minuten zu spät gekommen, weil ich nur noch humpeln konnte, und das Bein tat weh wie Sau. Die Lehrerin war sauer und hat obendrein noch gesagt, dass ich eine schlechte Note in Mathe bekomme, und der dicke Klaus, den hasse ich sowieso, der hat mich dabei so blöd angegrinst, der ist nämlich total gut in Rechnen. *Kennst du das auch? Bist du auch manchmal so wütend?*
Angst	Hallo, ich bin's wieder einmal, der Kai. Ich muss dir unbedingt erzählen, was heute Nacht passiert ist. Vor dem Schlafen hat mir meine Mama noch eine gruselige Geschichte vorgelesen. Mitten in der Nacht bin ich dann aufgewacht und hatte ganz furchtbare Angst. In meinem Zimmer war nämlich ein Monster! Es war ganz groß und hat mich angeschaut. Da habe ich ganz laut geschrien. Meine Mama ist zum Glück gleich gekommen. Als sie das Licht angemacht hat, war das Monster plötzlich weg. In meinem Zimmer konnte ich trotzdem nicht mehr schlafen, deswegen habe ich dann bei meinen Eltern geschlafen. *Hast du auch schon einmal Angst gehabt?*
Trauer	Hallo, ich bin's wieder, der Kai. Also, eigentlich finde ich Mädchen ja doof, die sind zickig und gackern ständig, und sie können nicht richtig Fußball spielen. Aber ein Mädchen ist in meiner Klasse, sie heißt Tanja, die ist, naja, ganz ok. Also, ich finde sie schon irgendwie süß, und wir machen oft Aufgaben zusammen. Die hat so strahlende Augen, dass ich mich gleich wohl fühle, wenn ich sie sehe und mit ihr rede. Ich glaube, die anderen Jungs sind auch neidisch, weil sie immer mit mir zusammenarbeiten will und nicht mit denen. Und wir treffen uns auch nach der Schule manchmal und machen was. Aber heute hat sie mir gesagt, dass ihr Vater, der ist Offizier bei der Bundeswehr, versetzt worden ist, und die ganze Familie zieht nächsten Monat 500 km weit weg. Das hat mich echt umgehauen. Mir ist richtig die Luft weggeblieben, ich hab Tanja echt gerne. Ich war danach total traurig irgendwie. Sie hat mir zwar versprochen, dass wir uns Nachrichten schreiben und Fotos aufs Handy schicken können, aber das hat mich irgendwie nicht getröstet. Ich hab ne ganz *miese Stimmung jetzt*, und meine Mutter konnte mich auch nicht trösten. *Hast du schon mal jemanden getröstet?*

Freude Hallo, ich bin's, der Kai. Ich habe euch schon erzählt, warum ich mich manchmal wütend oder traurig oder ängstlich fühle. Heute will ich euch noch erzählen, wann ich mich glücklich fühle: Ich fühle mich glücklich, wenn Mama und Papa Zeit für mich haben, wenn ich meine Großeltern besuchen darf und wenn ich mit meinen Freunden spiele. Ich fühle mich außerdem glücklich, wenn ich etwas Leckeres esse, wenn ich ins Schwimmbad oder ins Kino gehe und wenn ich merke, dass mich jemand mag.
Es gibt ganz viele Gründe, wieso ich mich glücklich fühle. Wann fühlst du dich glücklich?

Vier Bilder der Identifikationsfigur:

Heute geht es mir so (6–10 Jahre)

Ziele	Über Emotionen kommunizieren können. Sich seiner eigenen Emotionen bewusst sein
Varianten	Jedes Kind bastelt eine Gefühlsuhr, auf der es seine Stimmung anzeigen kann. Weniger komplex ist ein Stimmungsbarometer (fröhlich – traurig) oder eine Stimmungsampel (fröhlich – neutral – traurig). Ein Kennenlernspiel (ähnlich wie „Ich packe meinen Koffer"): Die Kinder sitzen in einem Sitzkreis. Ein Kind sagt seinen Namen, und wie es ihm geht. Das nächste Kind wiederholt den Namen des Kindes, und wie es ihm geht. Dann sagt er seinen eigenen Namen, und wie es ihm geht. Das Ganze läuft fort, bis alle Kinder dran waren. Die Übung kann in die Konfliktbewältigung bei Streitgesprächen integriert werden.
Sozialform	Gruppenspiel

Der Spielleiter bespricht mit den Kindern verschiedene Gefühle. Dabei werden Emotionsbilder (siehe Material) eingeführt, die diese Gefühle darstellen.

Im Morgenkreis bekommt jeder Schüler die Gelegenheit zu sagen, wie es ihm geht. Hierbei können die Emotionsbilder unterstützend verwendet werden. Alternativ können Kinder auf die passende Karte deuten. Je nachdem, wie viel Zeit zur Verfügung steht, sollten die Kinder wissen, ob sie nur sagen dürfen, wie sie sich fühlen, oder ob sie auch erzählen dürfen, wieso es ihnen so geht.

Regeln:
- Ein Kind muss sich nicht äußern, wenn er nicht möchte.
- Kein Kind wird für seinen Beitrag ausgelacht.

Gefühlsuhr

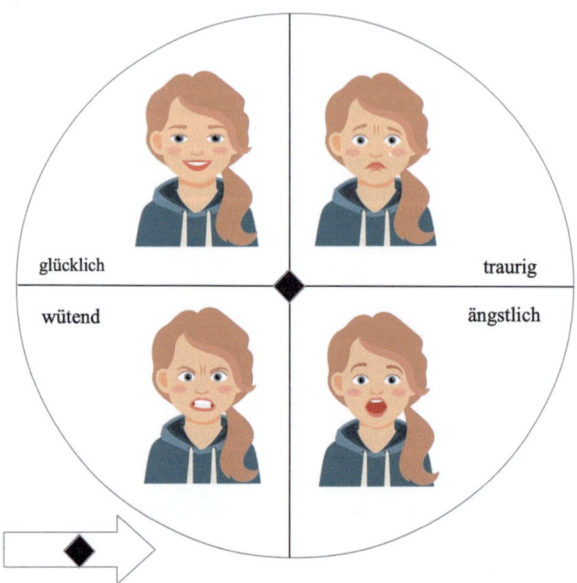

Bildquelle: ▶ www.freepik.com
kleinkindmaedchen-gesichtsausdruecke-lokalisiert-stirnrunzelnde-und-veraengstigte-aengstliche-und-veraergerte-maedchen-cartoongefuehle-vektor-illustration_81894-1955.jpg

Die Waage (6–12 Jahre)

Ziele	Das Ausbalancieren der Gefühlsstimmungen
Sozialform	Einzelspiel

Im Gefühlsleben kommt es auf die richtige Balance an. Der Spielleiter sagt: „Stell dir vor, du wärst die Waage und deine Hände wären Waagschalen. Nun schließ bitte die Augen und denke an etwas, was dir Sorgen macht. Lass alle damit verbundenen negativen Gedanken und Empfindungen aufsteigen und in deine geballte rechte Faust fließen. Wenn du glaubst, dass alle Teile des negativen Gefühls in deiner rechten Faust angelangt sind, dann stell dir die Frage: Mit welchem positiven Gefühl könnte ich meine Waagschalen ausbalancieren? Lass nun all diese angenehmen Empfindungen in die linke flache Hand fließen. Verstärke das positive Gefühl, gib ihm Farbe, Klang, Größe, Gewicht, Temperatur und alles, was dir noch dazu einfällt. Öffne deine Augen erst, wenn sich deine rechte Faust zu einer flachen Hand öffnet, und wenn beide Hände gleich schwer und entspannt sind. Bring deine Hände zueinander, lege sie behutsam auf deinem Bauch. Atme tief ein und aus. Jetzt bist du mit deinen Gefühlen im Gleichgewicht."

4.4 · Spiele

Das ABC der Gefühle (ab 7 Jahren)

Ziele	Adjektive kennenlernen, um Gefühlslage zu beschreiben. Bewusstsein für Gefühle entwickeln
Material	Eine Liste mit ABC
Variante	Mit jedem Gefühlswort können Sätze gebildet werden. Beispiel: „Meine Mutter ist besorgt, wenn ich nicht pünktlich nach Hause komme." Möglich ist auch ein Wettspiel zwischen zwei oder mehreren Gruppen: Welche Gruppe löst die Aufgabe am schnellsten?
Sozialform	Einzel- oder Gruppenspiel

Kinder sammeln gemeinsam Wörter, mit denen Gefühle ausgedrückt werden können, und stellen daraus ein ABC zusammen. So entsteht ein Spiel: Ein Kind sagt das ABC auf, ein anderes sagt bei einem Buchstaben „Stopp". Welche Gefühle fangen mit dem Buchstaben an, bei dem das Kind gerade angekommen ist?

Nachfolgend einige Beispiele:

A	Albern, aufgeregt, ängstlich, aggressiv
B	Besorgt, betrübt, beleidigt, betroffen, begeistert
C	Cool, cholerisch
D	Deprimiert, distanziert
E	Entspannt, erschrocken, erstaunt, einsam
F	Fasziniert, fröhlich, friedvoll, frech
G	Gelassen, glücklich, gelangweilt, gespannt
H	Heiter, hoffnungsvoll, hellwach
I	Irritiert, isoliert, interessiert
J	Jämmerlich, jubelnd
K	Kraftvoll, kleinlaut, kritisch, kalt
L	Leer, lustig, liebevoll, lebhaft
M	Mutig, minderwertig, motiviert
N	Niedergeschlagen, neugierig, neidisch
O	Ohnmächtig, optimistisch
P	Panisch, pessimistisch, pudelwohl
R	Ratlos, ruhig
S	Sorglos, sicher, stolz
T	Tapfer, traurig, trotzig
U	Unsicher, übermütig, unglücklich
V	Verletzt, verzweifelt, verliebt
W	Wütend, witzig
Z	Zappelig, zornig, zärtlich, zickig, zufrieden

Der Spielleiter kann Kinder bitten, die genannten Gefühle zu erklären, z. B.: *Was fühlst du, wenn du zickig bist?*

Sesam öffne dich! (5–12 Jahre)

Ziele	Impulse kontrollieren
Material	Kleine Schatztruhe mit Schätzen, z. B. glitzernder Stein, kleines Stofftier, geheime Botschaft
Variante	In eine Schatztruhe könnte auch eine geheime Aufgabe liegen, welche die Kinder auffordert, zu hüpfen (oder lachen oder singen). Wenn der Spielleiter ruft: „Sesam öffne dich!", dann hüpfen alle Kinder durch den Raum.
Sozialform	Gruppenspiel

Ein Geheimnis zu haben ist spannend und verursacht kräftiges Kribbeln im Bauch. Sowohl Kindern als auch Erwachsenen fällt es schwer, Geheimnisse zu bewahren.

Die Kinder sitzen im Kreis, und in der Kreismitte steht eine kleine glitzernde Schatztruhe. Große Neugier macht sich breit, und jedes Kind möchte wissen, welcher Schatz darin verborgen ist. Die Spannung steigt. Nacheinander darf nun jedes Kind einen Blick in die Schatztruhe werfen. Aber Achtung, alles ist streng geheim! Mit geheimnisvoller Miene gehen die Kinder auf ihren Platz zurück, bis auch das letzte Kind das Geheimnis kennt. Endlich, auf das Kommando „Sesam öffne dich!", verraten alle gemeinsam laut rufend das Geheimnis.

Eine Busfahrt mit viel Gefühl (5–8 Jahre)

Ziele	Fremde Gefühle erkennen
Variante	Das Spiel kann auch mit nur zwei Kindern gespielt werden. Dann fährt anstelle des Busses ein Auto
Sozialform	Paar- oder Gruppenspiel

Der Spielleiter teilt mehreren Kindern verschiedene Gefühlsrollen zu, indem er z. B. sagt: „Du spielst die traurige Busfahrerin, du spielst die ängstliche Oma, du einen wütenden Geschäftsmann" usw. Die Stühle stehen so in der Mitte, dass sie Bussitze repräsentieren. Die Busfahrerin geht in ihrer traurigen Stimmungslage zum Bus und setzt sich vorne hin. Los geht die Fahrt! An der ersten Haltestelle steigt die ängstliche Oma ein, an der zweiten Haltestelle der wütende Geschäftsmann usw. Während der Busfahrt kommen die Fahrgäste miteinander ins Gespräch, dabei werden sie immer vom Gefühl des zuletzt eingestiegenen Fahrgasts angesteckt. Die stimmungsvolle Busfahrt endet mit der Ansage des Fahrers: „Endstation, bitte alle aussteigen!"

Hinweis

Die verschiedenen Rollen der Fahrgäste können auch per Los gezogen werden. Nach der Busfahrt kann es ratsam sein, die Szenen auszuwerten: Wie ist es den Spielern ergangen? Welche Gefühle waren einfach, welche schwer darzustellen, und warum? Wie haben sich die Fahrgäste körperlich und stimmlich verändert?

Der Kopf und der Bauch (ab 8 Jahren)

Ziele	Eine bessere Wahrnehmung des eigenen Körpers
Sozialform	Einzelspiel

Das ist eine bekannte Koordinationsübung, die Ihrem Kind sicher viel Spaß machen wird. Das Kind soll versuchen, sich auf den Kopf zu klopfen und sich gleichzeitig kreisförmig den Bauch reiben. Das Kind soll wahrnehmen, wie es sich anfüllt, wenn man sich voll und ganz auf seinen eigenen Körper konzentriert. In erster Linie geht es nicht darum, ob die Übung richtig ausgeführt wird oder nicht, sondern vielmehr darum, wie sich das Kind fühlt. Ein Rechtshänder klopft sich mit der linken Hand mehrmals leicht auf den Kopf. Er klopft weiter und versucht dann, sich mit der rechten Hand kreisförmig den Bauch zu reiben (wenn das Kind die linke Hand zum Schreiben benutzt, kann es auch mit der rechten Hand beginnen). Sobald das Kind diese Übung ohne Fehler ausgeführt hat, kann das Niveau gesteigert werden. Sie können Ihr Kind bitten, die Übung auf einem Bein stehend auszuführen. Eine weitere Herausforderung wäre, Ihr Kind zu bitten, in Zweierschritten zu zählen (1, 3, 5 usw.), während es sich auf den Kopf klopft und den Bauch reibt.

Eine Buchlieferung (ab 8 Jahren)

Ziele	Die ganze Aufmerksamkeit auf die bevorstehende Aufgabe zu richten und zu erkennen, dass manchmal ein langsames Herangehen an eine Aufgabe besser ist als ein Versuch, schnellstmöglich damit fertig zu werden
Material	2 Bücher
Sozialform	Einzelspiel

Halten Sie zwei Bücher mit glatten Umschlägen für die Übung bereit. Bitten Sie Ihr Kind, diese beiden Bücher auf dem Kopf zu balancieren, während es durch das Zimmer geht. Das Ziel ist, es bis zur anderen Seite zu schaffen, bevor die Bücher herunterfallen. Es kann eine Weile dauern, bis Ihr Kind erkennt, dass es schneller Erfolg haben kann, wenn er etwas langsamer geht und mehr Acht gibt.

Der Rätselsack (ab 8 Jahren)

Ziele	Alltägliche Dinge achtsam und mit großer Aufmerksamkeit erledigen
Material	2 Bücher
Sozialform	Einzelspiel

Besorgen Sie sich einen (möglichst schwarzen, undurchsichtigen) Turnbeutel. Legen Sie nun eine Fülle von interessant anzufassenden Alltagsgegenständen dort hinein, z. B. ein Haargummi, einen Anspitzer, einen kurzen Bleistift, eine Mini-Taschenlampe, einen nicht mehr benötigten Schlüssel, eine Zahnbürste, eine große Schraube, ein kleines Vorhängeschloss, eine große Büroklammer, einen Radiergummi, einen eingewickelten Bonbon, ein kleines Taschenmesser und was Sie ansonsten noch im Haushalt finden. Stellen Sie dem Kind den zugeschnürten „Rätselsack" vor und geben Sie ihm den verschlossenen Beutel in die Hand, wenn es das möchte. Bei diesem Spiel soll das Kind nun eine Hand in den Beutel stecken, einen Gegenstand ergreifen und versuchen, nur anhand des Gefühls zu erraten, was das ist. Es kann eines der Objekte anfassen und so lange beschreiben, was es fühlt, bis es bereit ist, zu erraten, worum es sich handeln könnte. Geben Sie Ihrem Kind Zeit, in der es den von ihm ertasteten Gegenstand einfach nur beschreiben darf, eher es einen Tipp abgibt. Nachdem es ihn lange beschrieben hat, fragen Sie:

Kannst du mir sagen, was du erraten hast? Lass uns den Gegenstand aus der Kiste nehmen.

Erinnern Sie Ihr Kind daran, dass es nicht ums Gewinnen oder Verlieren geht, sondern lediglich darum, ganz genau darauf zu achten, wie sich etwas anfüllt. Es kann Spaß machen, den Gegenstand richtig zu erraten. Es ist auch interessant zu sehen, welche anderen Vorstellungen die Sinneseindrücke in Ihrem Kind wecken. Wenn das Kind sein Urteil abgegeben hat, zieht es den Gegenstand aus dem Beutel und schaut, ob es richtig geraten hat.

Wenn man das Spiel in einer Gruppe spielt, kommt nun das nächste Kind an die Reihe. Spielt man mit nur einem Kind, kann dieses seine Hand wieder in den Turnbeutel stecken und weiter einen Gegenstand nach dem anderen zu betasten beschreiben und anschließend erraten, was das ist. Fragen Sie:

Was hat dir geholfen, den Gegenstand zu erraten? Wie war das, etwas anzufassen, ohne zu wissen, was es ist? Wie hast du das empfunden? Hat dich irgendwas an diesem Spiel überrascht?

So wie wir uns darauf konzentrieren können, wenn wir irgendwelche Dinge sehen, schmecken, hören oder berühren, können wir unsere ganze Aufmerksamkeit auf all die anderen Empfindungen richten, die wir haben, während wir etwas tun. Sprechen Sie darüber, welche Möglichkeiten es gibt, alltägliche Dinge achtsam und mit großer Aufmerksamkeit zu erledigen. Bitten Sie Ihr Kind, sich eine Sache zu überlegen, die es noch am selben Abend vor dem Schlafengehen tun wird und bei der es auch achtsam sein könnte, z. B. das Zähneputzen.

Ich mache so … (ab 5 Jahren)

Ziele	Gefühle körperlich darstellen
Sozialform	Gruppenspiel

Kinder sitzen im Kreis. Ein Kind beginnt das Spiel mit den Worten „Wenn ich wütend bin, mache ich so …" und macht eine Geste, die seine Wut widerspiegelt, z. B. stampft es mit dem Fuß. Das nächste Kind wiederholt die Geste und fügt eine neue hinzu, z. B. stampft es mit dem Fuß oder zeigt den Stinkefinger. Reihum wiederholt dann jedes Kind die Gesten aller Kinder vor ihm und fügt eine neue hinzu.

Spielideen für die weiteren Runden: Wenn ich fröhlich bin, mache ich so, wenn ich traurig bin, mache ich so usw.

4.4.3 Beziehungsmanagement

Kindertagesstätte und Schule sind Orte, an denen ein großer Teil des gemeinsamen Lernens und Lebens stattfindet. Es treffen viele unterschiedliche Kinder zusammen, die sich diesen begrenzten Raum miteinander teilen und sich arrangieren müssen. Täglich kommt es zu Streitigkeiten, die häufig handgreiflich oder mit Benutzung von Schimpfwörtern einhergehen. Hierfür können verschiedene Gründe ausschlaggebend sein, wobei es sich oft auch um läppische Missverständnisse handelt. Viele Kinder fühlen sich viel zu schnell angegriffen, weil ihnen ein Verständnis für andere noch fehlt. Es geht aber auch ohne Schimpfwörter, das kann man lernen! Durch persönliche Informationen und das Feststellen von Unterschieden und Gemeinsamkeiten lernen die Kinder sich besser kennen. Indem Kinder üben, ihrem Gegenüber wirklich zuzuhören, können Missverständnisse vermieden werden. Beim aktiven Kräftemessen können eventuell aufgestaute Gefühle zugelassen und herausgelassen werden. Mit dem Kooperativspiel „Der kooperative Roboter" können Kinder erkennen, dass die Leistung einer Person Teil einer Gruppenleistung ist. Wenn man kooperiert, gibt es keinen individuellen Erfolg oder individuelles Versagen: Entweder alle gewinnen oder alle verlieren. Die folgenden Spiele machen Spaß und helfen Kindern, sich besser in der leistungsorientierten Gesellschaft durchzuschlagen.

Zusammen einen Elefanten malen (9–12 Jahre)

Ziele	Rücksicht aufeinander nehmen; – Kräfte regulieren; – Aushalten, dass ein anderer Schüler seine Vorstellung durchsetzt; – Kreativität entwickeln
Material	– 1 Blatt Papier (DIN A4) pro Paar – 1 Stift pro Paar
Varianten	Statt eines Elefanten können auch andere Motive gewählt werden; die Kinder können sich vor Beginn der Übung auf ein Motiv einigen
Sozialform	Gruppenspiel

Die Kinder bilden Paare und nehmen zusammen ein Blatt Papier und einen Stift. Ein Kind sitzt und nimmt einen Stift in die Hand, das andere steht hinter ihm und umfasst und führt die Hand des Sitzenden. Die Paare bekommen den Auftrag, einen Elefanten zu malen. Beide Kinder sollen versuchen, ‚ihren' Elefanten zu malen. Danach wird getauscht. Das andere Kind nimmt den Stift, und es wird wieder ein Elefant gemalt.
Mögliche Reflexion:
− Konntest du deine Vorstellung durchsetzen?
− Was war leichter: Selbst den Stift zu halten oder deine Hand führen zu lassen?
− Wie hast du dich dabei gefühlt?

Nach der Reflexion sollte jedem Schüler die Möglichkeit gegeben werden, seine eigene Vorstellung zu verwirklichen und alleine einen Elefanten zu malen.
Regeln:
− Sich so verhalten, dass das andere Kind sich nicht wehtut
− Nicht miteinander reden und sich absprechen

Hinweis: Es ist sinnvoll, wenn die Kinder in einem Paar möglichst gleich stark und evtl. befreundet sind.

Schimpfen gestattet (ab 5 Jahren)

Ziele	Wut-Abbau
Sozialform	Gruppenspiel

Es gibt Augenblicke, in denen man am liebsten fluchen oder scheußliche Schimpfworte schreien möchte, um die aufgestaute Wut abzulassen.

Die Kinder bilden Pärchen. Sie dürfen sich ganz laut beschimpfen, aber ohne einander zu berühren. Es werden dabei ausgefallene Schimpfwörter benutzt. Beispiele: stinkender Nasenbär, alte Bananenschale, klebriger Schneckenschleim. Nur respektlose Schimpfwörter mit sexuellem Hintergrund werden verboten. Erst dürfen die Kinder so laut schimpfen, wie sie wollen. Dann steuert die Spielleitung den Lautstärkepegel, bis zum Schluss nur noch geflüstert wird. Es können auch andere Schimpfwort-Felder vereinbart werden.

Eventuell kann eine Jury aus einigen Kindern und/oder dem Spielleiter die Ergebnisse zusammentragen und einen Gewinner verkünden.

Kräfte messen (ab 6 Jahren)

Ziele	Wut und Aggressionen ablassen
Variante	Als bekannte Übungen bieten sich auch „Armdrücken" und „Fingerhakeln" an
Sozialform	Paarspiel

„Ringen und Kämpfen" bietet den Kindern die Möglichkeit, kontrolliert ihre Kräfte miteinander zu messen. Diese Übung kann im Rahmen einer Unterrichtseinheit eingeführt und immer wieder zwischendurch im Sportunterricht eingesetzt werden.

Mit diesem sportlichen Wettkampf kann man Wut abreagieren. Vor dem Kampf erläutert der Spielleiter den Kindern die Fairness-Regeln: Schlagen, Treten, Beißen und Kratzen sind verboten. Nur Ringen ist erlaubt. Ein Kind, das diese Regeln missachtet, verliert den Kampf automatisch und wird disqualifiziert.

Die folgenden Übungen lassen sich in der Turnhalle oder auch auf dem Schulhof durchführen:

1. Für das Spiel „Aus dem Kreis schieben" markiert der Spielleiter auf dem Schulhof mit Kreide einen großen Kreis. Zwei Kinder gehen in den Kreis und versuchen, sich gegenseitig aus dem Kreis zu schieben. Sobald ein Kind die Kreislinie übertreten hat, sind zwei andere Kinder an der Reihe.
2. Für das Spiel „Über die Linie ziehen" markiert der Spielleiter auf dem Schulhof mit Kreide eine Linie. Zwei Kinder stehen sich gegenüber, zwischen ihnen befindet sich die Linie. Sie versuchen nun, sich gegenseitig über die Linie zu ziehen. Hat ein Kind die Linie überschritten, sind zwei andere an der Reihe.

Variante: Die beiden Kontrahenten stehen in einem auf dem Boden markierten Kreis mit dem Rücken gegeneinander. Sie beugen sich so weit nach vorne, dass ihre Pos sich

berühren. Jetzt versuchen beide, sich gegenseitig mit voller Kraft aus dem Kreis zu drücken. Schnell weicht die Wut, und das Lachen ist garantiert.
3. „Tauziehen" ermöglicht allen Kindern gleichzeitig, ihre Kräfte zu messen. Der Spielleiter zeichnet eine Linie mit Kreide auf den Schulhof und teilt die Klasse in zwei Gruppen ein. Beide Gruppen nehmen je eine Seite des Seils und versuchen, die anderen über die Linie zu ziehen.
4. „Ringkampf": Nun treten die Ringkämpfer paarweise auf eine Weichbodenmatte. Beim Ertönen des Gongs beginnt die Runde.

Gewinner ist derjenige, dem es gelingt, seinen Kontrahenten so auf die Matte zu werfen, dass beide Schultern die Matte berühren.
Hinweis: Die Ringkämpfer sollen möglichst gleich stark sein.

Wirkung der Schimpfwörter (ab 5 Jahren)

Ziele	Keine wirklich verletzenden Schimpfwörter benutzen
Material	Kleine Zettel, Stifte
Sozialform	Paarspiel

„Du fette Qualle!", schreit die 15-jährige Linda ihre zwei Jahre jüngere Schwester Jasmin wütend an. Jasmin bricht sofort in Tränen aus, rennt die Treppe hoch, knallt die Tür von ihrem Zimmer zu und wirft sich weinend auf ihr Kinderbett. Sie weiß, dass sie zu dicklich ist, aber warum muss ihre sportliche und gertenschlanke Schwester ihr das immer vorhalten?

Jeder ist verletzlich und hat seine „Achillesferse"; manchmal sind es Worte, die einen tiefer ins Herz treffen als jedes Schwert es könnte. Jedes Kind überlegt, welche Schimpfwörter es persönlich wirklich wütend, traurig oder ärgerlich machen, und schreibt sie auf einen Zettel. Anschließend werden die Zettel vorgelesen und besprochen: Was sind das für Wörter? Welche Bedeutung haben sie? Welche Gefühle lösen sie aus? Die anderen Kinder überlegen bei jedem genannten Wort, ob dieses sie ebenfalls trifft. So wird den Kindern klar, dass ein unbedacht geäußertes Schimpfwort wirklich sehr verletzend sein kann. Anschließend werden die Zettel zerknüllt und landen dort, wo sie hingehören – im Müll. Die Schimpfwörter sind somit entsorgt und können nicht mehr benutzt werden.

Hinweis
Für die Kinder ist es oft sehr schwer und unangenehm, die Wörter laut vorzulesen oder die Bedeutung zu klären. Deshalb ist es sehr wirkungsvoll, zu reflektieren, in welchen Situationen Schimpfwörter benutzt werden – nämlich dann, wenn eine Situation emotional sehr aufgeladen ist.

Unterschiede und Gemeinsamkeiten (ab 6 Jahren)

Ziele	Akzeptanz des Andersseins von anderen
Material	Symbolkärtchen (Tiere, Buchstaben, Farben usw.), Stifte, DIN-A3-Blätter, Abbildung
Variante	Weitere Themen für die Übung: Spiele, Bücher, Freizeit, Freunde
Sozialform	Paarspiel

Der Spielleiter teilt anhand der Symbolkästchen die Arbeitsblätter zu. Die Schüler arbeiten zu zweit. Dann wird ein Thema vorgestellt, z. B.:
- Was magst du gern? Was mögt ihr beide gern? Was mag einer von euch nicht so gerne?
- Was kannst du gut? Was könnt ihr beide gut? Was kann einer von euch nicht so gut?
- Wie hast du das Wochenende verbracht? Was habt ihr das Wochenende beide gemacht?

Die Kinder notieren Unterschiede und Gemeinsamkeiten (Schnittmenge) auf dem Arbeitsblatt.
Die Paare stellen ihr Ergebnis der Klasse vor.

▶ www.freepik.de
illustration-einer-gruppe-von-gemischten-kindern_1308-1615.jpg

Schatzsuche (ab 8 Jahren)

Ziele	Das aufmerksame Betrachten der Mitmenschen
Sozialform	Gruppenspiel

Ein Kind verlässt den Raum, während ein Schatz (z. B. ein Spielzeug) von den anderen Kindern an einem Ort versteckt wird. Wenn das Kind den Raum wieder betritt, versuchen die anderen Kinder, nur mit ihren Blicken den Suchenden zum Schatz zu führen. Wörter und Gesten sind nicht erlaubt.

4.4 · Spiele

Echo (ab 5 Jahren)

Ziele	Aktives Zuhören
Variante	Kinder können sich gegenüber in zwei Reihen aufstellen und abwechselnd in einer „Zickzacklinie" das Echo weitergeben lassen
Sozialform	Gruppenspiel

Die Kinder sitzen im Kreis. Ein Kind beginnt und teilt seinen Mitschülern etwas mit (z. B. über sein Gefühlszustand, seine Hobbys usw.). Der rechte oder der linke Sitznachbar wiederholt nun das, was das letzte Kind gesagt hat, und fügt einen Beitrag hinzu. *„Mia ist heute fröhlich, weil sie ihre neuen Schuhe anhat. Ich bin heute verärgert, weil ..."* Das folgende Kind wiederholt jetzt ebenfalls den vorangegangenen letzten Beitrag und teilt etwas Eigenes mit. Die Übung ist beendet, wenn alle Kinder an der Reihe waren.

Befreuungsschrei (ab 5 Jahren)

Ziele	Negative Gefühle rauszulassen und Spannungen in der Gruppe abbauen
Sozialform	Gruppenspiel

Die Kinder stehen im Kreis, mit dem Rücken zur Kreismitte, sodass sie sich nicht ansehen und ablenken können. Die Spielleitung gibt ihnen die Anweisung: *„Stellt euch vor, ihr seid wütend. Am liebsten würdet ihr laut schreien. Also schreit alle erstmal los."* Nachdem alle geschrien haben: *„Werdet nun wieder ruhig und sucht nach eurem ganz persönlichen Zauberbefreuungsschrei. Sucht nach einem Schrei, der eure Wut, eure Enttäuschung, eure Angst oder das, was ihr gerade empfindet, lösen kann. Wir üben jetzt, den hilfreichsten Zauberbefreuungsschrei zu finden. Überlegt euch ein Wort, das ihr schreien möchtet. Es kann auch ein Fantasiewort sein. Probiert erst mal leise unterschiedliche Wörter, das ihr schreien möchtet."* Jedes Kind kann zum Schluss schreien, was es möchte (z. B. „Huuuuuh!", „Waaaaa!!!" „Määääh!", „Zabbadack!!!", „Rummsdidumms"). Auf ein Zeichen der Spielleitung hin sind alle still: *„Jetzt, nachdem ihr euren Frust hoffentlich rausgelassen habt, atmet ihr noch ein paar Mal tief ein und aus. Beim letzten Ausatmen macht einen langen Seufzer und lasst euch dabei auf den Boden fallen."*

Hinweis: Wegen des zu erwartenden Lärmpegels ist es eventuell sinnvoll, diese Übung im Bewegungsraum oder in der Turnhalle durchzuführen.

Der kooperative Roboter (ab 8 Jahren)

Ziele	Erkenntnis, dass die Leistung einer Person Teil einer Gruppenleistung ist
Sozialform	Gruppenspiel

Dieses Spiel wird mit drei Kindern gespielt. Das jüngste Kind stellt sich in die Mitte und fasst die anderen an den Händen. Alle drei Kinder müssen jetzt als eine Person zusammenarbeiten. Das Kind in der Mitte ist das „Gehirn", und die anderen müssen seine Hände koordinieren und machen, was das Gehirn will. Kinder probieren verschiedene Handlungen aus. Beispiele: das Zimmer aufräumen, die Waschmaschine beladen, ein Telefonat durchführen. Lustig wird es, wenn die Spieler ein einfaches Gericht kochen und zusammen essen.

Fang das Lächeln (ab 5 Jahren)

Ziele	Gute Laune mit einem Lächeln erzeugen
Variante	Besonders spaßig wird das Spiel, wenn man es durch übertriebene Gesten und Mimik begleitet: – Beim „Werfen" des Lächelns mit dem Kopf kreisen, um Schwung zu holen, tief Luft holen usw. – Beim Fangen des Lächelns zunächst erstaunt gucken, den Kopf zurückneigen, kräftig blinzeln – Beim Verarbeiten des Lächelns deutlich schlucken, sich schütteln, schultern kreisen
Sozialform	Gruppenspiel

Alle Kinder sitzen mit ernsten Gesichtern im Stuhlkreis. Ein Kind beginnt das Spiel: Es blickt nun ein anderes Kind an, zaubert ein deutliches Lächeln auf sein eigenes Gesicht und wirft es darauf dem angeschauten Mitschüler zu. Der fängt es anschließend auf (die entsprechenden Gesten sind erlaubt: kräftig Blinzeln, den Kopf zurückneigen usw.) und wirft es nun weiter zu einem anderen Kind. Das Kind, das das Lächeln abgegeben hat, wird wieder ernst.

4.4.4 Verantwortungsvolle Entscheidungen

Im Kindergarten und auch in der Schule kommt es oft zu Streitigkeiten, die häufig mit der Benutzung von Schimpfwörtern oder sogar handgreiflich einhergehen. Die Gründe hierfür können unterschiedlich sein, wobei es sich oft um Missverständnisse handelt. Viele Kinder fühlen sich schnell angegriffen, weil ihnen der richtige Blick auf ihre Kameraden fehlt.

Beim Spiel „Gedanken Ping-Pong" werden optimistische und pessimistische Gedanken direkt gegenüber gestellt. Einige Psychologen betrachten Pessimismus als eine der größten Gesundheitsbedrohungen für unsere Kinder in der heutigen Zeit und als Ursache für Depressionen. Kinder können lernen, optimistisch zu sein. Optimismus leitet sich von realistischen Gedanken sowie von Bewältigung anstrengender Herausforderungen ab.

Das Feststellen von Dingen, die andere mögen oder nicht mögen, wie im Spiel „Ich mag das, und was magst du?", trägt deutlich zur Akzeptanz des Andersseins der Kameraden bei. Durch die Überlegung, was Kinder wütend oder aggressiv macht, werden die Streitauslöser verbalisiert, sodass jeder sich dementsprechend vorsichtig verhalten kann. Beim Kräftemessen können eventuell aufgestaute Aggressionen abgebaut werden. Die Kinder lernen Möglichkeiten kennen, in einer Wutsituation wieder „runterzukommen". Durch aktives Zuhören (Spiel „Echo") entsteht eine zwischenmenschliche Bindung. Es ist eine Grundvoraussetzung für eine offene und lösungsorientierte Verständigung.

Gedanken Ping-Pong (ab 8 Jahren)

Ziele	Optimistische und pessimistische Gedanken direkt gegenüberstellen
Sozialform	Gruppenspiel

Optimismus ist eine Angewohnheit, positiv zu denken, eine Neigung, mehr die günstige Seite von Ereignissen oder Bedingungen zu sehen und von dem günstigen Ausgang auszugehen. Der Unterschied zwischen pessimistischen und optimistischen Gedanken liegt in der Art, wie Optimisten und Pessimisten die Ursachen von guten und schlechten Ereignissen erklären. Der Optimist glaubt, dass positive, glückliche Ereignisse über lange Zeit in verschiedenen Situationen stattfinden. Der Pessimist denkt genau andersherum: Gute Ereignisse sind vorübergehend, schlechte sind dauerhaft.

Bei diesem Spiel stellen sich optimistische und pessimistische Gedanken direkt gegenüber. Man braucht drei Menschen, die nebeneinander auf einer Couch oder auf drei nebeneinander aufgestellten Stühlen sitzen. Außerdem wird eine Karteikarte mit einem „+" und einem „−" drauf benötigt. Zu Beginn des Spiels sitzt der jüngste Spieler in der Mitte. Der nächstälteste Spieler hält die „−"-Karte und der älteste Spieler die „+"-Karte. Der Spieler in der Mitte stellt sein Problem dar. Der Spieler mit der „−"-Karte sagt etwas Negatives oder Pessimistisches zu dem Problem. Der Spieler mit der „+"-Karte sagt etwas, was den negativen Kommentar bestreitet. Das muss nicht nur eine positive Äußerung sein, sie muss realistisch und „beweisbar" sein. Ein Kommentar wie „Du solltest es versuchen" ist eine Aufmunterung. Optimismus ist eine positive und realistische Art, das Problem zu betrachten.

Beispiel: Das Problem lautet: „Ich bin schlecht in Mathe und werde wahrscheinlich meine Prüfung nicht bestehen."

Negative Äußerung	Positive Äußerung
Mathe ist nicht dein Ding. Wieso machst du dir überhaupt die Mühe, es zu versuchen?	Wenn du mehr lernst und eventuell Nachhilfe in Anspruch nimmst, wirst du die Prüfung schaffen
Mathe ist trocken und langweilig. Die Bücher sind schwer verständlich	Du kannst doch Bücher finden, die interessant und leicht zu lesen sind. Außerdem gibt es im Internet zahlreiche Videos, die dir den Stoff gut erklären können
Egal was du unternimmst, du wirst eine schlechte Note bekommen oder sogar durchfallen	Falls du in Mathe eine schlechte Note kriegst, kannst du sie doch mit einer guten Note in Geschichte ausgleichen. In anderen Fächern hast du keine Schwierigkeiten

Der Spieler in der Mitte, der das Problem ursprünglich gestellt hat, sollte jede negative und positive Äußerung auf das Punktblatt schreiben und jede positive Bemerkung nur dann einkreisen, wenn sie sowohl zutreffend als auch realistisch ist. Jede Runde dauert 5 Minuten, und dann tauschen die Spieler die Rollen. Der Spieler in der Mitte stellt nun ein neues Problem vor und schreibt die negativen und positiven Äußerungen der beiden Mitspieler auf. Das Spiel sollte ungefähr 20 Minuten dauern.

Fallschirmspiel (6–12 Jahre)

Alter	Ab 6 bis 12 Jahre
Ziele	Gegenseitiges Vertrauen. Sich aufeinander einstellen und zusammenarbeiten. Sich gemeinsam für etwas stark machen. Erkennen, dass jeder in der Gruppe wichtig für das Ergebnis ist
Material	Tuch (Größe variiert mit Anzahl der Teilnehmer)
Varianten	– Ein Ball wird auf das Tuch gelegt. Der Auftrag an die Kinder ist, dass der Ball den Boden nicht berühren darf – Es wird eine Plastikplane verwendet und ein wenig Wasser darauf geschüttet. Der Auftrag an die Schüler ist, dass das Wasser nicht von der Plastikplane laufen darf – Die Varianten können jeweils auch von zwei Schülern mit einem kleinen Tuch gespielt werden
Sozialform	Gruppenspiel

Die Kinder stehen in einem Kreis. Sie halten ein rundes Tuch an den Rändern fest und bewegen es auf und ab. Der Spielleiter gibt verschiedene Aufträge, z. B.: Ein Kind läuft unten durch, alle Kinder mit roter Kleidung laufen unten durch.

Mögliche Reflexion:
- Wie war es, als alle Jungen unten durchgelaufen sind?
- Wie war es, als nur noch wenige das Tuch gehalten haben?

Wut – Hitliste (ab 6 Jahren)

Ziele	Konfliktauslöser verbalisieren
Material	Kleine Zettel, Stifte, rotes Tuch, Tonpapier
Sozialform	Gruppenspiel

Jedes Kind schreibt auf kleine Zettel Dinge oder Situationen, die ihn wütend machen. Danach werden die beschrifteten Zettel unter dem Tuch, das auf dem Boden liegt, gesammelt. Wenn alle Kinder fertig sind, werden die Zettel von den Kindern hervorgeholt, vorgelesen und sortiert. Dabei stellen die Kinder fest, dass es Dinge gibt, die mehrere Kinder wütend machen. Die Kinder fassen dies in einer Wut-Liste zusammen, die auf einem Plakat präsentiert werden kann.

Abschließend können die Kinder die Konsequenzen für ihr Verhalten im Umgang mit ihren Kameraden verbalisieren, die sie aus der Wut-Liste ziehen.

Ich mag das, und was magst du? (6–12 Jahre)

Ziele	Gemeinsamkeiten/Unterschiede bei nicht befreundeten Kindern feststellen Die Mitschüler besser kennenlernen. Kommunikation unter den Kindern anstoßen Vorlieben bzw. Abneigungen von anderen anerkennen, respektieren und nicht gleich bewerten. Sich aufeinander einstellen und zusammenarbeiten
Material	Stifte, Arbeitsblatt: Ich mag das, was magst du?
Varianten	Ergebnisse aufmalen, auf einem Poster oder in einer Collage festhalten
Sozialform	Gruppenspiel

4.4 · Spiele

Der Spielleiter bildet Dreier- oder Vierer-Gruppen aus nicht miteinander befreundeten Kindern, d. h. Kindern, die sich noch nicht besonders gut kennen. Die Kleingruppen überlegen sich:

1. Drei Dinge, die alle Gruppenmitglieder nicht mögen (z. B.: Schulprüfung, allein sein, früh ins Bett gehen).
2. Drei Dinge, die alle Gruppenmitglieder mögen (z. B.: Schokoladeneis, Geburtstagsfeiern, Wochenenden).
3. Etwas, was nur einer der Schüler nicht mag (z. B.: Spargel, Kuss von seiner Oma, Diktate).
4. Etwas, was nur einer der Schüler mag (z. B.: früh aufstehen, Kirchbesuche, Jazz).

Diese Ergebnisse werden schriftlich auf einem Arbeitsblatt festgehalten.
   Mögliche Reflexion:
- Wie fühlte es sich an, Gemeinsamkeiten und Unterschiede zu einem ‚Nichtfreund' festzustellen?
- Gab es Überraschungen?
- Was konnte aus der Übung für die Zukunft gelernt werden?
- War es leicht, an der eigenen Meinung festzuhalten?

Arbeitsblatt: Ich mag das, was magst du?

1. Schreibe Dinge auf, die Ihr alle mögt:
   _____
   _____

2. Schreibe Dinge auf, die Ihr alle **nicht** mögt:
   _____
   _____

3. Schreibe Dinge auf, die nur einer von euch mag:

1. Tom mag	Schokolade
2. _____ mag	
3. _____ mag	
4. _____ mag	
5. _____ mag	

4. Schreibe Dinge auf, die nur einer von euch **nicht** mag:

1. Tom mag nicht	Spinat
2. _____ mag nicht	
3. _____ mag nicht	
4. _____ mag nicht	
5. _____ mag nicht	

Labyrinth (6–12 Jahre)

Ziele	Positives soziales Miteinander einer Gruppe
Material	Mehrere lange Seile, Befestigungsmaterial, Augenbinden
Variante	Die Intensität erhöht sich, wenn das Sprechen verboten ist
Sozialform	Paarspiel

Mehrere Seile werden in Handlaufhöhe entlang verschiedener Bäume (in der Sporthalle: Stangen, Kästen etc.) so befestigt, dass sich ein Labyrinth ergibt. Es wird nur ein kleiner Ausgang offen gelassen. Die Kinder bilden Paare. Ihnen werden die Augen verbunden. Sie werden paarweise in die Mitte des Labyrinths gebracht und sollen nun zusammen herausfinden. Nachdem alle Kinder durch das Labyrinth gegangen sind, findet in der Gruppe eine Auswertung statt.
  Mögliche Reflexion:
- Wie habe ich mich orientiert?
- Was war mir eine Hilfe?
- Habe ich anderen Kindern Hilfe angeboten?

Ich kenne ein Kind (6–12 Jahre)

Ziele	Suche nach positiven Eigenschaften bei anderen (auch nicht gemochten) Personen. Förderung des prosozialen Verhaltens. Ein anderes Kind genau betrachten
Variante	Senkung des Schwierigkeitsgrades: Der Spielleiter kann Bereiche, aus denen die positiven Äußerungen kommen sollen, vorgeben (z. B.: Mitarbeit in der Schule) Senkung des Schwierigkeitsgrades: Vor dem Spiel für jedes Kind eine positive Beschreibung erarbeiten
Sozialform	Gruppenspiel

Das Spiel ist angelehnt an das Spiel „Ich sehe was, was du nicht siehst, und das ist …". Die Kinder sitzen in einem Sitzkreis. Ein Kind überlegt sich eine positive Charaktereigenschaft eines Mitschülers und hängt diese Eigenschaft an den Satz: „Ich kenne ein Kind, und das …" an.
  Die anderen Kinder raten, um welchen Mitschüler es sich hierbei handelt.
  Ein Beispiel: „Ich kenne ein Kind, und das lacht viel, wenn wir auf dem Schulhof sind."
  Mögliche Reflexion:
- Ist es einfach, über andere Leute etwas Positives zu sagen?
- Warum ist es bei manchen Personen einfacher und bei anderen Personen schwieriger, positive Charaktereigenschaften zu nennen?

4.4 · Spiele

- Ist es wichtig, anderen Menschen hin und wieder etwas Positives zu sagen?
- Was magst du lieber, wenn jemand sagt: „Das kannst du gut!" oder wenn jemand sagt: „Das kannst du nicht gut!"?

Hinweise:
Das Spiel eignet sich, um stärkere und schwächere Schüler mehr miteinander zu vereinen. Auch Außenseitern und Kindern in persönlichen Krisen kann wieder neuer Mut mit auf den Weg gegeben werden.

Kompliment machen, Loben, Schmeicheln (6–12 Jahre)

Ziele	Suche nach positiven Eigenschaften bei anderen (auch nicht gemochten) Personen. Förderung des prosozialen Verhaltens. Ein anderes Kind genau betrachten
Variante	Senkung des Schwierigkeitsgrades: Der Spielleiter kann Bereiche, aus denen die positiven Äußerungen kommen sollen, vorgeben (z. B.: Mitarbeit in der Schule, Fleiß, Sportlichkeit, hübsches Aussehen, besonders gut in Bio) Senkung des Schwierigkeitsgrades: Vor dem Spiel für jedes Kind eine positive Beschreibung erarbeiten
Sozialform	Gruppenspiel

Bei diesem Spiel sollen sich die Kinder gegenseitig Komplimente machen.

Alle Kinder sitzen in einem Stuhlkreis. Zuerst wird die Bedeutung eines Kompliments geklärt und anschließend ein Beispiel von dem Spielleiter vorgegeben („…, du lachst immer so schön!"). Dann bekommt das erste Kind die Kompliment-Muschel und die anderen machen diesem reihum Komplimente. Anschließend gibt er die Muschel seinem Nachbarn, und dieser ist an der Reihe. Das Spiel wird so lange gespielt, bis jedes Kind an der Reihe war.

Zum Schluss möchte der Spielleiter von jedem Kind wissen, wie es ihm dabei ergangen ist, ein Kompliment zu machen, und vor allem auch wie es ist, ein Kompliment zu erhalten.

Mögliche Reflexion:
- Wie fühlt es sich an, einem Mitschüler, den man nicht sehr gerne mag, etwas Freundliches sagen zu müssen?
- Wie fühlt es sich an, öffentlich so viele positive Worte annehmen zu müssen?

Hinweise:
- Es werden nur positive Eigenschaften genannt.
- Ungebetene, verletzende Kommentare sind nicht erlaubt.
- Der Spielleiter sollte darauf achten, dass detaillierte, bezeichnende Komplimente geäußert werden.
- Wiederholende Komplimente vermeiden.
- Die Kinder können ermutigt werden, das Kind, das sie ansprechen, auch anzuschauen.

Probleme aufschreiben (ab 6 Jahren)

Ziele	Wege finden, mit den eigenen Problemen umzugehen
Material	Problempostkasten (dieses kann eine Kiste, ein Pappkarton sein) Leere Zetteln, die neben dem Problemkasten liegen
Varianten	– Der Spielleiter erhält den Brief sofort und liest ihn sich durch. Im Anschluss spricht er mit dem Kind über das Problem und sucht gemeinsam mit ihm eine Lösung dafür – Die Kinder schreiben ihre Probleme in eine Art Problemtagebuch
Sozialform	Gruppenspiel

Die Kinder verfassen in Problemsituationen einen Brief. Sie schreiben, warum sie Probleme haben, was sie dabei fühlen und was ihnen helfen würde, ihr Problem zu beseitigen. Anschließend legen sie diesen Brief in einen Problempostkasten. Regelmäßig, z. B. einmal pro Woche, wird der Problempostkasten geleert. Gemeinsam mit dem jeweiligen Kind bespricht der Spielleiter, ob das Kind sein damaliges Problem gut gelöst hat oder was er hätte besser machen können

Hinweise
Der Spielleiter, Erzieher oder Lehrer führt den Problempostkasten in einer separaten Stunde ein. In den folgenden Wochen und Monaten erinnert er sie immer wieder an diese Möglichkeit der Emotionsregulation.
- Nicht jedem Schüler und nicht in jeder Situation hilft die Möglichkeit des Problembriefes. In diesen Situationen sollte die Lehrkraft andere Maßnahmen anbieten (z. B. ein klärendes Gespräch).

Mein Vorbild (ab 6 Jahren)

Ziele	Wege finden, mit den eigenen Sorgen umzugehen. Emotionen lenken können
Varianten	– Ein möglicher Einstieg wäre eine Fantasiereise: „Stell dir einen tollen Held vor … jemanden, den du bewunderst und der vielleicht mit seinen Problemen immer ganz toll fertig wird …" – Die Schüler können ihren Helden malen. Die Lehrkraft kann dieses Bild einscannen, klein machen, laminieren und den Schülern wiedergeben; diese können dann immer, wenn sie in einer schwierigen Situation sind, ihr Bildchen ziehen.
Sozialform	Gruppenspiel

Die Kinder bekommen den Auftrag, an jemanden zu denken, den sie bewundern und der seine Probleme auf gewaltfreie Weise löst (siehe auch die Übung „Vorbild"). Diese Person kann aus dem Fernsehen sein, eine Comic-Figur, ein älterer Bruder oder eine ältere Schwester, ein Lehrer oder Erzieher, ein Nachbar oder die Eltern.

Einen Blinden führen (ab 7 Jahren)

Ziele	– Gegenseitiges Vertrauen – Sich auf Führung einlassen und den eigenen Willen zurückstellen können – Verantwortung übernehmen
Varianten	– Steigerung des Schwierigkeitsgrades: Der Führungswechsel geschieht nach eigenem Ermessen – Senkung des Schwierigkeitsgrades: Das erste Kind darf notfalls, wenn es Angst bekommt, die Augen kurz öffnen
Sozialform	Paarspiel

Das Unterbinden der visuellen Wahrnehmung und Orientierung in diesem Spiel führt dazu, dass die anderen Sinne verstärkt aktiviert und zum Orientieren genutzt werden. Durch Geruchserlebnisse, kinästhetische Erfahrungen und verfeinertes Hören wird die sinnliche Erfahrung bereichert. Gleichzeitig lernen Kinder, sich aufeinander zu verlassen, sich anzuvertrauen und Verantwortung zu übernehmen.

Das Spiel erinnert an das Blinde-Kuh-Spiel, doch die Regeln sind anders. Ein Kind schließt die Augen und legt eine Hand flach auf den Rücken des anderen Kindes. Das zweite, sehende Kind führt es durch ein Zimmer. Während das erste Kind Hindernisse vermeidet, verlässt das „blinde" Kind sich zunehmend auf die physische Führung des vor ihm gehenden Kindes. Zuerst mag sich das erste Kind dem Gefühl der Hilflosigkeit und Abhängigkeit widersetzen, aber allmählich akzeptiert es dieses Gefühl und findet sogar Spaß daran. Auf ein vereinbartes Zeichen hin geschieht der Führungswechsel.

Besprechen Sie mit den Kindern nach dem Spiel, wie es ihnen gegangen ist. Was war besonders schön? Wodurch haben sie sich besonders sicher gefühlt? Wann wurde es eher unsicher? Welche Erfahrungen haben sie gemacht?

4.4.5 Soziales Bewusstsein

Kontakt aufnehmen, Stimmungen richtig deuten, deutliche Signale aussenden – soziales Bewusstsein ist eine wichtige Grundlage, um im Leben klarzukommen. Auf der Regel „Höflich sein und nette Wörter benutzen" basiert ein friedvolles und respektvolles Miteinander. Die Kinder lernen durch den Umgang mit Komplimenten (Übung: „Ein Korb mit Komplimenten"), wie gut diese tun. Indem Kinder im Team arbeiten, gemeinsame Erfahrungen machen und Verantwortung füreinander übernehmen (Übung: „Das doppelte Lottchen"), werden die Kooperation und auch die gegenseitige Toleranz gefördert. Kinder sollen sich darüber bewusst werden, wie eine nette Begegnung aussehen soll und welche Bedeutung einer netten Begrüßung (Übung: „Höflicher Alltag"), Gestik und Mimik zukommt. In einer Kita-Gruppe oder in einer Schulklasse treffen verschiedene Kinder mit unterschiedlichen Fähigkeiten und Bedürfnissen zusammen. Nicht alle Kinder sind miteinander befreundet und werden es vielleicht auch niemals sein. Deshalb sollen Kinder lernen, sich gegenseitig zu akzeptieren. Diese Akzeptanz wird erhöht, indem man z. B. die anderen auf eigene Bedürfnisse und Wünsche aufmerksam macht (Übung: „Zauberstab"). Durch neue Begegnungen (Übung: „Pressekonferenz") lernen sich die Kinder kennen.

Das sinnliche Gesicht (7–12 Jahre)

Ziele	Verschiedene Empfindungen mimisch darstellen
Material	Zetteln mit Aufgabestellungen
Varianten	Zwei Gruppen stehen mit dem Gesicht zueinander. Der Spielleiter geht zwischen beide Reihen, zeigt aber nur einer Reihe seinen Zettel mit der pantomimischen Aufgabe, z. B. „Verliebt sein". Nach dem Lesen dreht sich die Reihe um und konzentriert sich auf die pantomimische Umsetzung. Auf ein Signal hin drehen sich alle wieder um und zeigen ihre Darbietung. Die gegenüberstehende Reihe errät das Gefühl, und das Spiel geht im Wechsel weiter.
Sozialform	Gruppenspiel

In einem Gesicht kann man wie in einem Buch lesen. Dort stehen zwar keine Wörter, aber viele verschiedene Empfindungen.

Der Spielleiter teilt Kinder in fünf Sinnesgruppen: Sehen, Hören, Schmecken, Tasten, Riechen. Jede Gruppe erhält von ihm ein Blatt mit verschiedenen Aufgaben. Die Kinder sollen sie genau durchlesen und versuchen, sie lautlos mimisch – also nur mit dem Gesicht – darzustellen. Die Gruppe soll sich auf die beste Mimik einigen. Denn nun werden die Mitspieler aus den anderen Gruppen erraten müssen, welche Empfindung mimisch dargestellt wird.

Beispiele für die Aufgabenzettel:

1. Gruppe: Ich sehe… – Meine Eltern – Ein Monster – Ein totes Tier – Einen Trick von einem Clown	2. Gruppe: Ich höre… – Lustige Lieder – Eine traurige Geschichte – Kinderlachen – Einen großen Hund kommen
3. Gruppe: Ich rieche… – Stinkende Socken – Mein Lieblingsgericht – Eine wohlriechende Blume – Hundekot	4. Gruppe: Ich schmecke… – Eine saure Zitrone – Leckeres Eis – Eine zu heiße Suppe – Mein Lieblingsgericht
5. Gruppe: Ich taste… – Einen Eiswürfel – Eine heiße Herdplatte – Eine wabbelige, ekelerregende Masse – Das weiche Fell eines Kaninchens	

Ein Korb mit Komplimenten (ab 6 Jahren)

Ziele	Stärkung des Selbstwertgefühls Suche nach positiven Eigenschaften bei anderen (vielleicht auch nicht gemochten) Personen
Material	Zettel, Stifte und Arbeitsblatt mit dem Komplimente-Korb
Variante	Der Spielleiter entscheidet, wer für wen einen ‚Ein Korb mit Komplimenten' gestaltet
Sozialform	Gruppenspiel

Der Spielleiter bereitet kleine Zettel vor, auf die die Schüler ihren Namen schreiben. Die Zettel werden eingesammelt und erneut verteilt, sodass jedes Kind einen Zettel mit dem Namen eines anderen Kindes hat. Die Kinder bearbeiten das Arbeitsblatt ‚Ein Korb mit Komplimenten' (siehe unten) für den von ihnen gezogenen Schüler.

Hinweise:
- Den Korb schön farblich gestalten
- Es werden nur positive Eigenschaften genannt
- Es werden gezielte und persönliche Kommentare gegeben

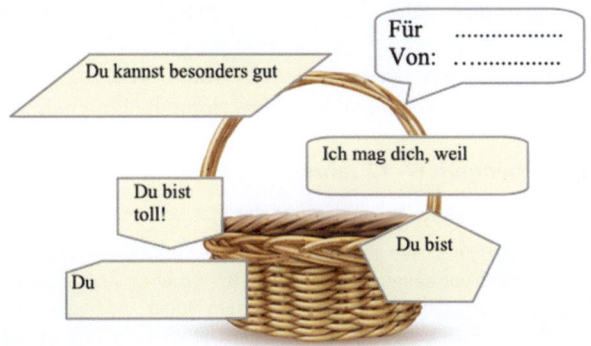

Bildquelle: ▶ www.freepik.de
basket-realistische-seitenansicht-bild_1284-15065.jpg

Wichteln (ab 6 Jahren)

Ziele	Positives soziales Miteinander einer Gruppe
Material	Zettel, Stifte und ein Korb
Sozialform	Gruppenspiel

Alle Kinder scheiben ihren Namen auf Zettel. Gefaltet werden sie in einen Korb gelegt und kräftig gemischt. Jetzt zieht jedes Kind einen Zettel. Steht darauf sein eigener Name, so muss es erneut ziehen. Der Spielleiter legt eine Zeitspanne fest, z. B. einen Tag oder eine Woche, in der jedes Kind seinem Wichtelpartner – also dem Kind, dessen Namen es gezogen hat – möglich viel Gutes zukommen lässt. Alles geschieht aber heimlich, d. h., kein Kind darf wissen, wer sich als Wichtel kümmert. So bleibt die Spannung über die Zeitspanne hinweg erhalten. Gute Wichteltaten können sein: ein nettes Wort an Morgen, die Frage nach dem gestrigen Tag, eine zärtliche Umarmung zum Abschied, Hilfe bei den Schularbeiten oder Abgeben von Süßigkeiten. Nun passt jedes Kind auf, um seinen Wichtel zu erraten. Um falsche Spuren zu legen, ist es auch Fremdwichteln erlaubt. Nach Ablauf der Frist gilt es, die Wichtel zu enttarnen. Jedes Kind äußert seine Vermutung, und der angesprochene Wichtel bestätigt oder verneint die Annahme.

Das doppelte Lottchen (5–12 Jahre)

Ziele	Auf seinen Partner abstimmen und verlassen können
Variante	Bei schweigenden Doppelten Lottchen brauchen Kinder viel Empathie, denn jetzt herrscht Redeverbot. Po-an-Po können sich die Paare auch bewegen
Sozialform	Paarspiel

Zwei Kinder sitzen mit den Rücken aneinander gelehnt auf der Erde. Nach dem Startkommando des Spielleiters versucht jedes Doppelte-Lottchen sich gemeinsam vorwärts zu bewegen und dabei so weit wie möglich zu kommen, ohne seine Rücken-an-Rücken-Haltung je aufzugeben. Das ist gar nicht leicht, aber lustig und dabei vertrauensbildend, denn jeder Mitspieler muss sich auf seinen Partner einstimmen und verlassen können. Nur so kann Das doppelte Lottchen weit kommen.

Der gefühlvolle Flaschengeist (7–12 Jahre)

Ziele	Gefühlsstimmungen anderer beobachten und verstehen
Variante	Ein Kind dreht selbst die Flasche. Es liegt zusammengerollt in der Mitte und lässt sich von seinen Mitspielern im Kreis drehen. Auf den Mitspieler, bei dem es zu stoppen kommt, zeigt es mit dem Finger und fragt mit geheimnisvoller Stimme: „Ich bin der gefühlvoller Flaschengeist. Sag an, wie fühlst du dich und wie kann ich dir helfen?" Das angesprochene Kind erläutert nun seine Gefühlsstimmung und äußert seinen Hilfewunsch. Je nach Wunsch kann der Flaschengeist allein helfen, oder er bittet die Mitspieler um Hilfe.
Sozialform	Gruppenspiel

Das Kind schreibt heimlich seine derzeitige Gefühlsstimmung auf einen Zettel und steckt diesen in eine leere Flasche. Die Gruppe sitzt auf der Erde, und die in der Mitte liegende Flasche wird kräftig gedreht. Wenn sie ausgedreht hat, zeigt ihr Flaschenhals auf ein Kind. Nun erklärt der Spieler mit tiefer, wohliger Stimme: „Öffne den Korken und befreie mich aus der Flasche! Ich bin der gefühlvolle Flaschengeist, und ich bringe dir eine geheime Botschaft. Lies den Zettel und sage mir, wer in eurem Kreis so fühlt!" Das angesprochene Kind versucht gemeinsam mit der Gruppe herauszufinden, welches Kind sich wohl wie auf dem Zettel beschrieben fühlen könnte.

Flaschenbotschaften können gemalt werden. Werden unangenehme Gefühle, wie Angst ausgedrückt, so fragt die Gruppe: „Wie können wir dir helfen?" Dabei sollte der Spielleiter darauf achten, dass die Kinder solche Wünsche äußern, die kostenlos durch mitmenschliches Verhalten erfüllt werden können.

Geschichten erzählen (ab 5 Jahren)

Ziele	Emotionsregulation, Empathie, mit eigenen Sorgen umgehen können, über negative Emotionen sprechen
Material	Beispielgeschichten in diesem Abschnitt oder Vorfälle aus dem Alltag als Geschichten
Variante	Die Geschichten werden in Form einer Audioaufnahme präsentiert
Sozialform	Gruppenspiel

4.4 · Spiele

Der Spielleiter liest den Kindern eine Geschichte über ein Kind vor, das unterschiedliche Emotionen zeigt. Die Kinder überlegen gemeinsam, was das Kind tun kann, damit es ihm in negativen Situationen bessergeht.

Geschichten
Traurigkeit
1. Ich hatte Carola, meine beste Freundin, eingeladen, und wir wollten mit meinen Eltern in den Zoo gehen. Das Wetter war toll. Aber gerade als wir losfahren wollten, um Carola abzuholen, rief ihre Mutter an. Sie sagte, meine Freundin wäre plötzlich krank geworden und könnte nicht mitkommen. Alleine mit meinen Eltern in den Zoo zu gehen machte mir nicht so viel Spaß.
2. Mit Monika, meiner besten Freundin, haben wir immer zusammen gespielt. Aber jetzt ist sie weggezogen. Jetzt finde ich manchmal niemanden mehr zum Spielen.
3. Anna darf am Sonntag mit ihren Eltern ins Kino gehen. Aber am Samstag muss sie dauernd niesen. Als sie Samstagmorgen aufwacht, hat sie auch noch Fieber bekommen. Die Mutter sagt, dass sie jetzt doch nicht ins Kino gehen können. Anna fängt an zu weinen.

Freude
1. In der Schulpause spielen wir immer viele Spiele. Manchmal darf sich ein Kind ein Spiel aussuchen. Heute war ich endlich auch mal dran. Ich hab mir mein Lieblingsspiel ausgesucht, und allen hat es Spaß gemacht.
2. Ich wollte so gerne mit meiner Oma in den Zoo gehen. Aber meine Oma wohnt sehr weit weg und kommt uns nur ganz selten besuchen. Heute habe ich Geburtstag. Meine Oma kam zu Besuch und ist mit mir und meine besten Freunden in den Zoo gegangen.

Angst und Traurigkeit
1. Zum Geburtstag habe ich eine Uhr geschenkt bekommen. Mama hat mir erlaubt, sie mit in die Schule zu nehmen. Zum Spielen im Sandkasten hab ich sie lieber abgezogen, damit sie nicht kaputtgeht. Jetzt ist Mama da, um mich abzuholen, aber ich finde die Uhr nicht mehr. Sie ist weg.

Angst
1. Gestern Abend war ich alleine zu Hause. Ich sollte um 21:00 Uhr ins Bett gehen, aber ich habe länger Fernsehen geguckt. Es gab einen Gruselfilm. Am Anfang fand ich ihn ganz lustig, aber er wurde immer gruseliger, und ich bekam immer mehr Angst. Als ich ins Bett ging, konnte ich nicht einschlafen, weil ich Angst hatte, etwas Schlimmes zu träumen.
2. Florian ist heute zum ersten Mal alleine zu Hause. Er ist ganz aufgeregt und spielt in seinem Zimmer. Doch plötzlich hört er Blitz und Donner. Er kriegt Angst.

Wut

Mit der Klasse haben wir einen Ausflug gemacht. Ich habe mich als Erstes am Bus angestellt. Da kam ein Mädchen und hat angefangen, mich zu schubsen. Sie wollte sich vordrängeln. Ich hab sie zurückgeschubst, und wir haben uns laut gestritten. Da kam eine Lehrerin und hat uns beide ganz nach hinten geschickt. Und das, obwohl ich doch als Erstes da war. Das fand ich echt ungerecht!

Schuld

Tim ist etwas richtig Blödes passiert. Er hat sich heimlich das neue Fahrrad, das sein Bruder zum Geburtstag geschenkt bekommen hatte, ausgeliehen, weil er damit auch mal fahren wollte. Dummerweise ist er dabei gestürzt, Tim ist nichts passiert, aber der Lack vom Fahrrad ist ganz zerschrammt. Er hat ein richtig schlechtes Gewissen und weiß nicht, wie er das Unglück seinem Bruder beibringen soll.

Ich bin dran (ab 7 Jahren)

Ziele	Sich seiner Gefühle bewusst werden und sich zu trauen, sie zu zeigen
Sozialform	Gruppenspiel

Für dieses Spiel müssen Zettel mit verschiedenen Aufgaben vorbereitet werden, mindestens einer pro Kind. Der Stapel mit Zetteln wird gemischt und mit der Rückseite nach oben auf den Tisch gelegt. Der Reihe nach nimmt jedes Kind einen Zettel, liest die Anweisung durch und führt die Aufgabe aus. Nach einer erfüllten Aufgabe kann das Kind den Zettel auch unter den Stapel legen, einen zweiten Zettel nehmen und dann diese Aufgabe ausführen.

Beispiele:
- Was findest du toll an deiner Freundin oder deinem Freund?
- Wann und wovor hattest du schon mal Angst?
- Nenne drei Schimpfwörter, die du nicht schlimm, sondern witzig findest.
- Welche Dinge findest du an dir gut?
- Nenne zwei nette Wörter, die du schön findest.
- Was hilft dir, wenn du traurig bist?
- Erzähle einen Witz, der dich zum Lachen bringt.
- Warst du schon mal richtig wütend? Was hat dich damals wütend gemacht?

Höflicher Alltag (ab 5 Jahren)

Ziele	Höflicher und netter Auftritt in Alltagssituationen
Sozialform	Paar- oder Gruppenarbeit

Es gibt viele Situationen, in denen ein höflicher Umgang miteinander selbstverständlich sein sollte. Es können verschiedene Situationen erprobt und bewusst gemacht werden, wie das Entschuldigung-Sagen, wenn man sich verspätet, eine Begrüßung oder eine Danksagung. Der Spielleiter wählt ein Thema aus und legt eine Partner- oder Gruppenarbeit fest. Die Kinder überlegen nun gemeinsam mit ihrer Gruppe, eine Möglichkeit der Aktion zu finden, und üben diese für ein Rollenspiel ein. Hier ist eine höfliche Ansprache in den jeweiligen Situationen besonders wichtig. Zum Abschluss werden einige Rollenspiele präsentiert, die Aktionsmöglichkeiten vorgestellt und von den Zuschauern reflektiert.

Beispiel: Ein Schüler kommt zu spät in die Klasse und setzt sich, ohne ein Wort zu sagen, an seinen Platz.

Zauberstab (ab 5 Jahren)

Ziele	Die anderen auf eigene Bedürfnisse und Wünsche aufmerksam machen
Sozialform	Gruppenarbeit

Ein Kind hat den Zauberstab in der Hand und berührt damit Kinder, denen es etwas sagen möchte. Es spricht dabei seine persönlichen Zauberwörter, wie z. B. „Ich verzaubere dich in jemanden, der …"
- sein Spielzeug mit mir teilt.
- immer fröhlich ist.
- immer hilfsbereit ist.
- ein guter Freund ist.

Die verzauberten Kinder müssen sich das anhören, ohne ein Wort zu sagen. Nach dem Zauberspruch verbeugen sich beide Kinder respektvoll voreinander, und das Kind mit dem Zauberstab geht zu einem anderen Kind. Anschließend kann die Spielleitung mit Kindern folgende Fragen diskutieren: Braucht man Mut, um den Zauberstab überhaupt zu benutzen? Wie fühlt man sich, wenn man etwas Unangenehmes gesagt bekommt und nicht dagegen argumentieren darf?

Pressekonferenz (ab 8 Jahren)

Ziele	Mit Menschen in Kontakt zu treten, sie kennenzulernen und zwischenmenschliche Beziehungen aufzubauen
Sozialform	Gruppenarbeit

Ein Kind steht im Rampenlicht, und die anderen stellen ihm Fragen, als wäre es ein Star und sie die Reporter. Vor dem Spiel bespricht die Spielleitung mit Kindern die möglichen Fragen und achtet während des Spiels auf einen geordneten Ablauf.
Mögliche Gesprächsthemen:
- Interessen und Hobbys
- Was man in den Ferien gemacht hat
- Filme, Computerspiele
- Freundeskreis und Bekannte
- Schulische Erlebnisse

Mögliche Fragen zum Thema „Ferien":
- Wo und mit wem hast du deine Ferien verbracht?
- Was hast du unternommen?
- Was hast du erlebt?
- Was hat dir an deinen Ferien gefallen?

4.5 Lösungen

Lösungen zu den Geschichten

4.2.6 Was für ein Glück, dass es dich gibt
1. a) Sie ist glücklich. 2. c) Sie ist traurig. 3. b) Sie ist wütend.

4.2.7 Streit im Auto
1. Sie sind verärgert. 2. Jede will das Tablet für sich haben. 3. Man soll versuchen, keine Schimpfwörter zu verwenden, weil sie den anderen verletzen können. 5. Jetzt sind die Schwestern glücklich.

4.2.8 Die Spieleckengrenze
1. Peter ist stolz. 2. Jeder will die Spielecke für sich haben.

4.2.9 Zusammen sind wir stark
1. Leonie ist verletzt, 2. Weil Brenda zum Geburtstag von Toni nicht eingeladen wurde. 3. Brenda soll mit Leonie spielen. 4. Alia ist froh. 5. Ja. 7. Fabrizio ist empört. 8. Camillo fühlt sich schlecht. 9. Joel ist froh, dass er mitspielen darf. 10. Brenda hat es gut gemacht. 11. Brenda hat sich richtig entschieden.

4.2.10 Vicky und die bösen Jungs
1. Vicky hatte Angst. 2. Sie hat Mitleid mit Paul. 4. Das war eine gute Idee.

4.2.11 Sag laut und deutlich „Nein"
1. c) Sie sagt: „Nein, ich muss dir meinen Riegel nicht geben, weil er mir und nicht dir gehört."
2. a) Sie sagt: „Nein, ich mag nicht bei dir auf dem Schoß sitzen."
3. c) Martina sagt: „Ich gehe nach Hause. Ich darf nicht mit einem Erwachsenen mitgehen, den meine Eltern nicht gut kennen."
4. a) Martina ruft laut ihre Eltern, und der fremde Mann verschwindet.
5. a) Martina sagt: „Ich habe dich sehr gern, aber ich mag es nicht, wenn du mich drückst."
6. b) Martina sagt: „Vielen Dank für deine Geschenke. Sie mir nicht böse, aber ich mag keine Küsse."

4.2.14 Max hat keine Angst im Dunkeln
1. Gleich (sonst macht er sich in die Hose). 2. Man sollte sich nach jedem Toilettenbesuch die Hände waschen. 3. Weil er Angst im Dunkeln hat. 4. Das ist etwas anderes, weil Max das Zimmer seines Bruders gemütlich findet, er hat dort keine Angst, und Felix kann Witze erzählen. 5. Die Brüder sollen mit der Unterhaltung sofort aufhören und versuchen einzuschlafen. 6. Das ist nicht das Gleiche, aber was Ähnliches. 7. Es gibt keinen Sinn, die Taschenlampe und das Licht gleichzeitig einzuschalten. 8. Weil die Taschenlampe leuchtet.

4.2.15 Ella ist wütend
1. Ihr Wunsch wurde nicht erfüllt. 3. Laut schreien, jemanden anbrüllen oder hauen, irgendwas zerfetzen oder irgendwo gegentreten.

4.2.17 Lisas Kuscheltier
1. Sie ist traurig, weil ihr Kuscheltier weggenommen wurde. 2. Ich würde versuchen, die Jungs zu überreden, Lisa das Kuscheltier zurückzugeben. 3. Weil Kai und Peter sich falsch benehmen. 6. Die Lehrerin ärgert sich über das falsche Benehmen von Kai und Peter. 7. Wenn jemand einem anderen etwas Böses tut. 8. Ja.

4.2.18 Arzt spielen
1. Lukas und Paula. 2. Beide wollen Doktor sein. 3. Nein, sie bleibt ruhig. 4. Einer der beiden Kinder soll nachgeben. 5. Kinder haben angefangen, zusammen zu spielen.

Lösungen zu den Übungen
4.3.2 Umgang mit eigenen Emotionen (5–12 Jahre)
Altersgruppe 5–7 Jahre:
1. b), c), 2. c), 3. a), d), 4. b), 5. a), c), 6. a), b), 7. b), d), 8. c), d), 9. b), c), 10. b).

Altersgruppe 8–10 Jahre:
1. d), 2. a), 3. b), 4. b), 5. a), d), 6. a), d), 7. b), c), 8.c), d), 9. a), b), c), 10. a), d).

Altersgruppe 11–12 Jahre:
1. a), d), 2. a), 3. a), b), 4. d), 5. a), c), 6. b), c), 7. b), d), 8. b), 9. b), c), 10. b), c).

4.3.4 Emotionen einordnen (5–12 Jahre)
Altersgruppe 5–7 Jahre:
1. a), 2. c), 3. b), 4. a), 5. b), 6. b), 7. a), 8. c).

Altersgruppe 8–10 Jahre:
1. c), 2. c), 3. b), 4. a), 5. b), 6. a), 7. b), 8. a).

Altersgruppe 11–12 Jahre:
1. c), 2. c), 3. c), 4. b), 5. c), 6. b), 7. c), 8. a).

4.3.6 Positive und negative Gedanken (ab 8 Jahren)
1. b), 2. b), 3. a), 4. b), 5. a), 6. a), 7. b), 8. b), 9. a), 10. b), 11. b), 12. a), 13. a), 14. b), 15. b), 16. b).

4.3.11 Von kleinen und großen Gefühlen
1. traurig, 2. froh, 3. verliebt, 4. ängstlich, 5. mutig, 6. erschrocken, 7. glücklich.

4.3.12 Veränderungen (5–12 Jahre)
Altersgruppe 5–7 Jahre:
1. c), 2. d), 3. a), 4. b), 5. a), 6. c), 7. b), 8. d), 9. b), 10. c).

Altersgruppe 8–10 Jahre:
1. a), 2. c), 3. d), 4. c), 5. c), 6. c), 7. b), 8. a), 9. a), 10. c).

Altersgruppe 11–12 Jahre:
1. c), 2. d), 3. b), 4. c), 5. c), 6. c), 7. b), 8. a), 9. d), 10. b).

4.3.13 Umgang mit Emotionen (5–12 Jahre)
Altersgruppe 5–7 Jahre:
1. c), 2. b), c), 3. b), d), 4. a), b), 5. c), 6. c), 7. a), 8. b), c), 9. b), c), d), 10. b), d).

Altersgruppe 8–10 Jahre:
1. b), d), 2. c), 3. d), 4. a), c), 5. b), c), 6. b), 7. c), 8. c), 9. d), 10. d).

Altersgruppe 11–12 Jahre:
1. a), b), 2. a), b), 3. b), c), 4. c), 5. a), d), 6. a), d), 7. b), d), 8. b), 9. a), b), d), 10. a), c).

4.3.14 Gesichtausdrücke (5–12 Jahre)
Altersgruppe 5–7 Jahre
1. b), 2. c), 3. d).

Altersgruppe 8–10 Jahre
1. b), 2. b), 3. b).

Altersgruppe 11–12 Jahre
1. a), 2. c), 3. d).

4.3.18 Fragebogen Freundschaft (ab 5 Jahren)
Antwortmöglichkeiten
1. Ich bin gern mit ihm/ihr zusammen; er/sie hält zu mir; er/sie spielt mit mir; ich kann mit ihm/ihr reden; ich freue mich für ihn/sie. Unterstützung, Hilfe, Beratung, stabiler Kontakt, Akzeptanz, Spaß, Gemeinsamkeiten.
2. Um Spaß zu haben; um zusammen spielen zu können; damit jemand zu einem hält; um jemandem Geheimnisse anzuvertrauen; damit man beschützt und getröstet wird.
3. Einem Freund vertraut man; mit ihm unternimmt man etwas.
Bekannter: Interessen, zeitweise Kontakt; Freunde: Außerhalb von der Schule, ausgewählt, Gegenseitigkeit, starkes Ausmaß an Vertrauen, mit einem Freund kann man über alles reden, mit einem Bekannten nicht, einem Freund teilt man auch Geheimnisse mit und kann sich auf ihn verlassen.
4. Vertrauen, Freude, Spaß, Rücksicht.
5. Geheimnisse verraten; lügen; petzen; schlagen; ärgern. Hintergehen, ärgern, belügen, ausschließen, beleidigen, Vertrauen missbrauchen, unmoralische Angebote machen.
6. Nein.

7. Man kann sich streiten; man muss auf die Wünsche und Bedürfnisse von Freunden Rücksicht nehmen; manchmal will man auch alleine sein.
8. Auf andere zugehen, Vorschläge machen, Initiative ergreifen, Interesse zeigen, ehrlich sein.

4.3.20 Konfliktsituationen (ab 10 Jahren)
Startegie 1. a) Ansprechen, b) Nicht ansprechen, c) Ansprechen, d) Nicht ansprechen, e) Ansprechen, f) Nicht ansprechen.
Strategie 2. a) Beachten, b) Nicht beachten, c) Beachten, d) Nicht beachten.

Weiterführende Literatur

Apenrade, S., & Cordes, M. (2008). *Ich bin stark, ich sage laut nein! So werden Kinder selbstbewusst.* Würzburg: Arena Verlag GmbH.
Barrett, P., & Turner, C., et al. (2003). *Freunde für Kinder. Trainingsprogramm zur Prävention von Angst und Depressionen.* München: Reinhardt.
Benson, B. (1989). *Der Weg ins Glück.* München: Verlagsgruppe Droemer Knaur GmbH & Co.KG.
Cuno, S., & Weller, A.-M. (2010). *Das ist meins!* München: Verlag arsEdition GmbH.
Dosch, E., & Grabe, A. (2014). *77 Ideen – Soziales Lernen in der Grundschule: Praxisratgeber mit Spielen und Materialien.* Mülheim an der Ruhr: Verlag an der Ruhr.
Friedlander, B. S., Elias, M. J., & Tobias, S. E. (2000). *EQ für Eltern. Kinder erziehen und fördern mit emotionaler Intelligenz.* Berlin: Verlag Gesundheit.
Galata, S., Mayrock, K., Sawatzki, K., Stein, S., Weisel, A., & Wollensak, S. (2011). *Förderung emotional-sozialer Kompetenz.* München: Lehrstuhl für Pädagogik bei geistiger Behinderung und Verhaltensstörungen, Ludwig-Maximilians-Universität München.
Grob, A., Reimann, G., Gut, J., & Frischknecht Marie-Claire. (2013): *IDS. Intelligenz- und Entwicklungstest für das Vorschulalter. Manual.* Göttingen: Hogrefe.
Hille, A., & Schäfer, D. (2005). *Mächtig mutig! Das Angst-weg-Buch.* Freiburg im Breisgau: Velber-Verlag Family Media GmbH & Co. KG.
Hobbs, N. (2000). *Project Charlie: Unit 1 – Primary, PUO 44.* London: Learning Design.
Kasten, E. (2018). *Mein Trainingsbuch Lebensfreude.* Dortmund: verlag modernes lernen.
Kreul, H. (2005). *So mutig bin ich!* Bindlach: Loewe Verlag GmbH.
Lantieri, L, & Goleman, D. (2009). *Ein Übungsprogramm, um innere Stärke aufzubauen.* München: Verlagsgruppe Random House GmbH.
Liebertz, C. (2004). *Das Schatzbuch der Herzensbildung.* München: Don Bosco.
Meens Estelle. (2012). *Lillis allergrößter Wunsch.* Gießen: Brunnen.
Mönter, P., & Spanjardt, E. (2004). *Sophie wehrt sich.* Freiburg im Breisgau: KeRLE im Verlag, Herder.
Nöstlinger, C. (1999). *Willi und die Angst.* Wien: Dachs-Verlag GmbH.
Paschke-Müller, M., Biscardi, M., Rauh, R., Fleischhacker, C., & Schulz, E. (2017). *TOMASS – Theory-of-Mind-Training bei Autismusspektrumstörungen.* Berlin: Springer-Verlag GmbH Deutschland.
Portmann, R. (2016). *Die 50 besten Spiele zur emotionalen Intelligenz.* München: Don Bosco medien GmbH.
Senninger, T. (2000). *Abenteuer leiten – In Abenteuern lernen.* Münster: Ökotopia.
Snoek, C. (2004). *Darf ich niemals wütend sein? Daniel und seine Gefühle.* Gießen: Brunnen.
Theißen, B. (2012). *Selbstvertrauen entwickeln. Starke Spiele für starke Kita-Kinder.* Mülheim an der Ruhr: Verlag an der Ruhr.
Tielman, C. (2016). *Max hat keine Angst um dunkeln.* Hamburg: Carlsen.
Watzlawik, P. (2005). *Anleitung zum Unglücklichsein.* München: Piper.
Wilken, B. (2018). *Methoden der Kognitiven Umstrukturierung: Ein Leitfaden für die psychotherapeutische Praxis.* Stuttgart: Kohlhammer.
Wimmer, E. (2016). *Welche Farbe hat das Glück?* Wien: G & G Kinder- und Jugendbuch.
Zöller, E., Kolloch, B., & Wechdorn, S. (2005). *Du hast angefangen! Vorlesegeschichten vom Streiten und Sich-Vertragen.* Hamburg: Heinrich Ellermann GmbH.

MIX
Papier aus verantwortungsvollen Quellen
Paper from responsible sources
FSC® C105338

If you have any concerns about our products,
you can contact us on
ProductSafety@springernature.com

In case Publisher is established outside the EU,
the EU authorized representative is:
**Springer Nature Customer Service Center GmbH
Europaplatz 3, 69115 Heidelberg, Germany**

Printed by Libri Plureos GmbH
in Hamburg, Germany